KB182268

시작하는 사람들을 위한
고진감래 C 언어
C Language for Starter

KURUSHINDE OBOERU C-GENGO
by MMGames

시작하는 사람들을 위한
고진감래 **C** 언어

초판 1쇄 발행 2016년 11월 30일

지은이 MMGames
옮긴이 박윤미, 박상욱
펴낸이 장성두
펴낸곳 제이펍

출판신고 2009년 11월 10일 제406-2009-000087호
주소 경기도 파주시 회동길 159 3층 3-B호
전화 070-8201-9010 / **팩스** 02-6280-0405
홈페이지 www.jpub.kr / **원고투고** jeipub@gmail.com
독자문의 readers.jpub@gmail.com / **교재문의** jeipubmarketer@gmail.com

편집부 이민숙, 황혜나, 이 슬, 이주원 / **소통·기획팀** 민지환, 현지환
본문디자인 성은경 / **표지디자인** 미디어픽스
용지 신승지류유통 / **인쇄** 한승인쇄 / **제본** 광우제책사

ISBN 979-11-85890-63-0 (93000)
값 24,000원

제이펍은 독자 여러분의 아이디어와 원고 투고를 기다리고 있습니다. 책으로 펴내고자 하는 아이디어나 원고가 있으신 분께서는
책의 간단한 개요와 차례, 구성과 제(역)자 약력 등을 메일로 보내주세요.   jeipub@gmail.com

시작하는 사람들을 위한
고진감래 C 언어

C Language for Starter

MMGames 지음 | 박윤미, 박상욱 옮김

제이펍

차례

옮긴이 머리말

요즘 세계적으로 코딩 열풍이 불고 있다. 스티브 잡스는 "생각하는 방법을 알려 주기 때문에 모든 사람은 프로그래밍을 배워야 한다"라고도 강조했고, 많은 개발자가 우대받는 시대가 되었다. 이런 상황 속에서 언어의 기본이라고 할 수 있는 C 언어에 사람들은 많은 관심을 보이고 있다.

C 언어는 1972년 미국에서 개발된 프로그래밍 언어다. 처리 속도나 리소스 등의 관리 측면에서도 다양한 이점이 있어 많은 OS에 널리 사용되고 있는 언어로 알려져 있다. C 언어에 뿌리를 두고 있는 언어인 C#, C++도 Microsoft를 비롯해 다양한 곳에서 사용되고 있음을 알 수 있다.

이 책은 이런 C 언어를, 아니 프로그래밍을 전혀 알지 못하는 초보자도 쉽게 C 언어 프로그래밍을 이해할 수 있도록 구성되어 있다. 깊이 있게 기술을 다룬다기보다 원리를 이해하고 개념을 파악할 수 있도록 구성되어 있고, 개념을 이해한 후 예제 코드를 직접 실행함으로써 C 언어를 완벽하게 이해할 수 있도록 설명하고 있다. 또한, 정확히 이해하고 있는지 한 번 더 머릿속에서 정리할 수 있도록 연습문제를 제공하고 있다.

무엇보다 C 언어를 통해 프로그램의 기본을 확실히 공부할 수 있고, 컴퓨터란 무엇인지 프로그램이란 어떤 것인지 아주 쉽게 풀어 이야기하고 있으며, C 언어에서 가장 어렵다고 하는 포인터에 대해서도 비전공자도 이해할 수 있는 정도로 쉽게 설명하고 있어 C 언어 공부를 포기했거나 다시 시작하는 분, 그리고 C++이나 C#을 하려는 분에게 꼭 추천하고 싶다. 이 책을 통해 C 언어를 마스터하길 바란다.

감사의 글

저의 여섯 번째 출간을 위해 수고해 주신 많은 분들께 정말 감사의 마음을 전하고 싶다. 매번 부족한 저에게 번역의 기회를 주시고 일정을 맞추지 못했지만 너그럽게 이해해 주셨던 제이펍 출판사의 장성두 대표님 그리고 이슬 님께 감사의 말씀을 드리고 싶다. 언제나 꼼꼼한 편집을 해 주시는 성은경 님께도 감사의 말씀을 전하고 싶다. 바쁜 아빠를 위해 응원해 준 첫째 지민이, 둘째 지유에게도 이 자리를 빌려 사랑한다는 말을 전하고 싶다. 마지막으로 이번 작업은 사랑하는 저의 아내와 함께하게 되어 다른 책보다 더욱 보람이 있고 즐겁게 작업했다. 다시금 모든 분께 정말로 감사드린다.

옮긴이 박윤미, 박상욱

베타리더 후기

고승광(플랜티넷)

C 언어는 입사 초기에 사용한 후 정말 오랜만에 다시 보게 되었습니다. 제가 배웠을 당시와 책 분위기가 엄청 달라졌더군요. 덕분에 C 언어, 포인터, 어려움이라는 선입견에서 벗어나서 쉽게 읽을 수 있었습니다. 요즘엔 C 언어를 많이 안 하긴 하지만(심지어 공대에서도 C 언어를 안 배우는 경우도 있더군요), 아직도 서버, 임베디드 쪽에서는 많이 쓰이고 있으므로 쉬운 C 입문서를 읽어 보게 되어 반가웠습니다.

김용현(Microsoft MVP)

쉬운 것과 깊이 있는 것은 트레이드오프 관계이기 때문에 자칫 한쪽으로 치우치기 쉽습니다. 이 책은 나름대로 까다롭다는 C 언어를 쉽게 설명하면서도 기본적이고 필수적인 내용의 전달을 잃지 않게 구성되어 있습니다. 표와 이론만을 좇지 않고 실습과 쉽게 풀어쓴 설명, 별도의 칼럼은 호기심을 가지게 해 줍니다. 가볍게 읽고 좀 더 난이도 있는 책으로 넘어갈 수 있는, 징검다리의 첫 번째 돌이 되기를 소망합니다.

김인숙(가비아)

베타리딩을 하면서 코드를 직접 치면서 따라 하다 보니 잊어버린 C 언어가 다시 떠올랐습니다. 이 책은 처음 C 언어를 접하는 사람에게 유용한 책입니다. 쉽게 설명되어 있어서 이해하기 쉽고, 연습문제로 배운 내용을 복습하고 응용할 수 있습니다. 두세 번 반복하다 보면 항상 씁쓸하게 다가왔던 C라는 언어를 달콤하게 익힐 수 있지 않을까요?

이보라(아주대학교 소프트웨어특성화대학원 석사)

그동안 다양한 C 언어 책을 거쳤습니다. 그 책 중에는 "이 내용은 다음에 배우므로 궁금해하지 말고 일단 넘어가세요"라고 말하는 책이 많았습니다. 그러나 이 책은 그런 책을 접했던 저자가 독자의 입장에서 쓴 책입니다. 허투루 넘어가는 것 없이 새로운 코드가 나오면 그 자리에서 바로 설명해 줍니다. 어려운 과정을 거쳐 C 언어를 마스터하게된, 말 그대로 '고진감래' 끝에 얻은 저자의 C 언어 학습 노하우를 녹여 낸 책이라 생각합니다.

전찬주(원티드랩)

오랜만에 참 읽기 쉽고 이해하기 쉬운 C 언어 책을 만난 것 같습니다. C 언어로 프로그래밍을 시작하면 초반에는 쉽지만, 뒤로 갈수록 이해하기 어렵고 초심자의 입장에서는 포기하게 되는 경우가 많습니다. 하지만 이 책은 가장 어렵다는 포인터 부분까지 이해하기 쉽게 잘 설명되어 있습니다.

제이펍은 책에 대한 애정과 기술에 대한 열정이 뜨거운 베타리더들로 하여금
출간되는 모든 서적에 사전 검증을 시행하고 있습니다.

이 책에 대하여

이 책의 개요

이 책은 C 언어 프로그래밍 입문서다. 입문서이기 때문에 이 책의 내용으로만 완벽한
게임을 만들거나 편리한 도구나 앱을 만들 수는 없을 것이다. 그러나 프로그래밍을 위
한 첫걸음만은 확실하게 디딜 수 있을 것이다.

누가 읽어야 하는가

이 책은 C 언어로 프로그래밍을 시작하려는 분이나 이미 다른 C 언어 책으로 배우려 했
으나 성공하지 못한 분들이 C 언어의 주요 기능을 제대로 배울 수 있도록 기획되었다.

일본에서 인기가 많은 인터넷 C 언어 강좌를 고스란히 옮긴 이 책은 그 어떤 책보다 요
소 하나하나에 대해 확실하게 설명한다. 이미 다른 C 언어 입문서를 읽어 봤지만 아직
도 C 언어가 뭔지 잘 모르겠다고 생각하는 분들이 읽었으면 한다.

이 책을 읽기 위해 필요한 지식

프로그래밍 지식이나 경험은 결코 필요하지 않다. 그러나 컴퓨터를 사용하고 특히 키보
드로 문자를 익숙하게 칠 수 있어야 한다. 또한, 개인용이 아니더라도 자유롭게 소프트
웨어를 설치할 수 있는 컴퓨터 한 대가 필요하다. 프로그래밍을 공부할 때는 자신이 직
접 프로그램을 입력해서 테스트해 보는 것이 가장 중요하다.

이 책을 읽는 방법

이 책은 C 언어의 기본 기능부터 시작해 처음부터 끝까지 순서대로 설명한다. 또한, 앞에서 다룬 이야기를 기반으로 후반부 내용을 설명하므로 흥미가 있는 내용이나 알고 싶은 내용만 발췌해서 보는 식은 맞지 않을 수 있다. 처음부터 끝까지 순서에 맞춰 읽는 것을 권장한다.

그러나 현재 페이지 내용을 모두 외우고 다음 페이지로 넘어가라는 이야기는 아니다. 어쨌든 처음에는 이해하시 못해도 좋으니 한 번은 끝까지 읽어 주길 바란다. 한 번을 끝까지 읽으면 어느 정도 내용이 머릿속에 남을 것이다. 그 상태에서 또 한 번 읽으면 처음 읽을 때 몰랐던 내용을 이해할 수 있을 것이다. 이런 식으로 여러 번 반복하는 것이 효과가 없을 것 같지만 가장 효과적인 방법이다. 그리고 각 장의 마지막에는 연습문제를 추가하였다.

이 책의 구성

이 책에서 프로그램이라고 표시된 부분은 프로그램 코드를 나타낸다. 그 내용을 그대로 입력하면 프로그램으로 동작한다. 그러나 프로그램이 너무 길어지지 않도록 한 부분만 나타낸 프로그램도 있으니 주의하기 바란다.

💻 프로그램 0.1

```
int main(void) {return 0;}
```

또한, 실행 결과라고 표시된 부분은 바로 전 프로그램의 실행 결과를 나타낸 것이다. 여러분이 정확하게 프로그램을 입력했다면 컴퓨터에도 같은 실행 결과가 표시될 것이다. (실제 컴퓨터에서는 해당 프로그램과 관련이 없는 내용도 함께 표시될 수 있다.)

☑️ 실행 결과

```
Hello world
```

서식이라고 표시된 부분은 '이렇게 써야만 한다'는 C 언어의 문법 규칙이다.

📋 서식

형명 함수명 (인수) {처리}

그리고 이 책에는 칼럼도 있다. 칼럼의 내용을 알지 못해도 C 언어를 공부하는 데 문제
는 없지만, 알고 있으면 C 언어나 컴퓨터에 대한 이해도를 높일 수 있다.

Hello, world

Hello, world는 대부분의 입문서에 등장한다. 그런 의미에서 세계에서 가장 유명한 프로그램이
라고 할 수 있다.

다음과 같이 포인트(POINT) 아이콘으로 표시된 부분은 C 언어를 공부하는 데 중요한
내용을 설명한다. 대부분 중요한 내용을 강조하고 반복한다.

 C 언어 프로그램의 구조

C 언어 프로그램은 함수가 모여 만들어진 것이다.

다음과 같이 키워드(KEYWORD) 아이콘으로 표시된 부분은 해당 항목을 이해하는 데
도움이 되는 중요 단어를 간단하게 설명한다.

 프리포맷

프로그램을 작성에 제한이 적고 자유롭다.

계속해서, 각 장의 개요를 소개한다.

장별 안내

0장 컴퓨터란 무엇인가?

태어나서 처음 프로그래밍을 접하는 독자를 대상으로, 컴퓨터의 특징과 프로그래밍의 개념 등 컴퓨터만의 특별한 개념을 설명한다.

1장 세상에서 가장 작은 프로그램

C 언어를 처음 대면한 독자를 위해 '실행 결과가 없는 프로그램'을 설명한다. 실행 결과를 출력하지 않아도 멋진 프로그램이다.

2장 프로그램 작성법

C 언어는 어려운 제약 없이 누구나 자유롭고 편하게 코드를 작성할 수 있지만, 대부분의 개발자가 사용하는 공통된 규칙을 가지고 있다. 그 규칙에 대해 자세히 설명한다.

3장 화면에 문자 표시하기

화면에 문자를 표시하는 프로그램을 설명한다. 화면에 문자를 표시함으로써 처음으로 계산 결과를 확인할 수 있다. 뒤에서 계속 사용할 내용이므로 잘 기억해 두길 바란다.

4장 수치 표시와 계산

컴퓨터는 계산을 위한 기계다. 4장에서는 C 언어로 계산하는 방법을 설명한다. 계산은 어떤 프로그램에서든 중요한 요소다.

5장 수치 기억과 계산

계산 결과를 저장하거나 다른 계산에 이용하는 방법을 설명한다. 이를 통해 공식만으로 계산할 수 없던 것도 간단하게 계산할 수 있으므로 꼭 기억해 두길 바란다.

6장 키보드를 사용한 입력

계산할 때마다 프로그램을 작성하는 것은 불편한 일이다. 6장에서는 키보드로 수치를 입력할 수 있는 방법을 설명한다. 키보드 입력이 가능해지면 계산 프로그램은 완벽해진다.

7장 비교와 판단

조건에 따라 계산 방법 자체를 바꾸는 내용에 대해 설명한다. 모든 수치를 판단한다는 개념이 어려울 수 있겠지만, 공부해 둔다면 여러 종류의 프로그램을 작성할 수 있다.

8장 조건에 따른 처리

7장에서 공부한 프로그램 작성법을 기반으로 보다 편리하고 알기 쉬운 작성법을 설명한다. 이 방법으로 어떤 계산이든 생각한 대로 처리할 수 있다.

9장 정해진 횟수의 반복

계산을 몇 번이고 반복하는 방법에 대해 설명한다. 예를 들어, 컴퓨터는 수만 번의 반복 계산도 수행하기 때문에 반복 프로그램을 익히면 프로그램이 훨씬 편리해진다.

10장 횟수를 알 수 없는 반복

계산해 보지 않으면 몇 번 반복되는지 알 수 없는 경우를 설명한다. 공식은 알 수 없지만 몇 번이고 계산하면 반드시 답이 나오는 계산에 컴퓨터를 사용하여 답을 얻을 수 있다.

11장 함수 생성 방법

프로그램 일부를 부품화하는 방법을 설명한다. 프로그램을 서로 연결할 수 있으며, 대규모 프로그램에서는 필수 기술이므로 꼭 기억해 두어야 한다.

12장 변수의 수명

5장에서 변수에 대해 이미 다뤘지만, 11장에서 함수를 공부했으므로 그에 따른 변수 처리 방법을 설명한다. 프로그램을 부품으로 만들기 위해 아주 중요한 개념을 설명한다.

13장 여러 변수의 처리

5장에서 변수를 하나하나 별도로 처리했지만, 13장에서는 많은 변수를 한 번에 계산하는 방법을 설명한다. 9~10장에서 공부한 반복처럼 이를 이용하면 편리한 계산을 할 수 있다.

14장 문자열을 다루는 방법

지금까지는 수치만 다뤘지만 이제 프로그램으로 문장을 처리하는 방법을 설명한다. 프로그램으로 문자를 합성할 수 있게 되면 프로그램의 활용도는 더욱 넓어진다.

15장 포인터 변수의 구조

C 언어에서 가장 어렵다고 하는 포인터에 대해 설명한다. 이 책에서는 다른 입문서처럼 포인터의 겉만 설명하지 않고, 포인터의 기능과 정체를 철저하게 파헤친다.

16장 여러 변수형을 하나로 묶음

종류가 다른 변수를 한 번에 계산하는 방법을 설명한다. 지금까지는 계산 결과가 여러 종류일 경우 많은 변수를 사용했지만, 이를 한 번에 처리하면 프로그램이 정말 읽기 쉬워진다.

17장 파일 처리

계산 결과를 디스크에 파일로 저장하는 방법을 설명한다. 파일로 저장하면 의외로 간단하게 자신이 만든 프로그램의 계산 결과를 엑셀에 저장할 수 있다.

18장 매크로 기능

정해진 수치나 공식을 이해하기 쉽게 작성하는 방법을 설명한다. 지금까지는 변수나 함수로 처리한 수치와 수식도 매크로를 사용하면 보다 간단하고 이해하기 쉽다.

19장 동적 배열

13장에서 여러 변수를 한 번에 처리하는 방법을 공부했지만, 여기서는 요소의 개수를 자유롭게 조절하는 방법을 설명한다. 규칙만 잘 지키면 꽤 쉬우므로 꼭 기억해 두자.

20장 여러 소스 파일

11장에서는 함수라는 형태로 프로그램을 부품으로 만들었지만 여기서는 함수보다 더 높은 부품화 방법에 대해 설명한다. 이를 통해 길게 작성된 프로그램을 자유롭게 결합할 수 있다.

21장 키보드 입력 더 알아보기

6장을 보충하는 내용이다. 입력 실수를 방지하기 위해 키보드를 이용한 안전한 입력 방법을 설명한다.

부록

C 언어에 대한 간단한 레퍼런스 모음이다. 단위와 기호, 표준 라이브러리 함수, ASCII 코드로 구성되어 있다.

컴파일러 소개

이 책은 프로그래밍 입문자를 위해 C 언어를 설명한다. 그러나 영어도 그렇지만 단순히 문법이나 명령어를 외운다고 해서 C 언어로 프로그래밍을 할 수 있는 것은 아니다. 그래서 실제로 프로그래밍을 만들어 보거나 자주 연습하는 것이 가장 중요하다.

여기서 연습이란, 프로그램을 실제로 만들어 보고 그 프로그램을 동작시켜 보는 것이다. 그러기 위해서는 프로그램을 작성하는 소프트웨어와 프로그램을 동작시키는 소프트웨어가 필요하다. C 언어 프로그램을 동작시키는 소프트웨어를 컴파일러(compiler)라고 한다. 컴파일러를 사용하면 C 언어로 만들어진 프로그램을 동작시킬 수 있다.

세상에는 수많은 컴파일러가 있다. 이 책에서는 범용 C 언어를 설명하고 있으므로 어떤 C 언어 컴파일러에서도 동작할 것이다. 여러분 중에는 학교나 회사에서 C 언어를 공부할 수도 있으며, 아마도 학교나 회사의 컴파일러를 사용하게 될 것이다.

그리고 집에서 개인적으로 공부하고 싶은 독자도 있을 것이다. 그러나 아직 개인 컴파일러가 없는 분이 많을 것이다. C 언어를 공부하기 위해서는 자신의 손으로 직접 입력한 프로그램을 컴파일러를 사용해서 동작시켜 봐야 한다. 이를 위해 여기서는 C 언어 공부를 위한 추천 컴파일러를 아주 간단하게 소개한다.

앞서 언급한 대로, 이 책에서는 범용 C 언어를 중심으로 설명하므로 여러 종류의 컴파일러 설치 방법이나 사용 방법 등을 따로 다루지 않고 간단한 소개로 대신하도록 한다.

또한, 요즘은 편집기(프로그램을 작성하는 소프트웨어)와 컴파일러(프로그램을 동작시키는 소프트웨어)의 기능을 모두 가진 소프트웨어가 일반적이다. 그 소프트웨어를 통합 개발 환경 혹은 IDE(Integrated Development Environment)라고 부른다.

Eclipse IDE for C/C++ Developers

설치 환경: Windows, Linux, Mac OS X

다운로드: http://www.eclipse.org/downloads/packages/eclipse-ide-cc-developers/mars1

공개 소프트웨어 기반의 개발 플랫폼으로 C 언어, Java 등 다양한 언어를 지원하는 범용 응용 소프트웨어 플랫폼이다. C/C++, Java, PHP 패키지 등을 제공한다.

Microsoft Visual Studio Community 2015

설치 환경: Windows

다운로드: https://www.visualstudio.com/ko-kr/products/visual-studio-express-vs.aspx

Windows 업체인 Microsoft 통합 개발 환경이다. 커뮤니티 버전이지만 매우 강력한 개발 환경 도구다. 초보자는 다루기 어려울 수 있지만 회사나 학교에서 사용한다면 이 도구를 사용하는 것도 좋을 것이다.

Apple Xcode 7

설치 환경: Mac OS X

다운로드: https://developer.apple.com/xcode/download

Mac 업체인 Apple의 통합 개발 환경이다. Apple답게 개발자를 위한 소프트웨어이면서 사용자 인터페이스를 매우 강조한 것이 특징이다. iPhone 애플리케이션 개발에도 사용되므로 향후 iPhone 애플리케이션 개발을 염두에 두고 있다면 이 도구를 공부해 두는 것이 좋다.

FSF GNU Compiler Collection

설치 환경: Linux 등

다운로드: https://gcc.gnu.org

Unix용 컴파일러로 오랫동안 커뮤니티에서 개발된 컴파일러다. 많은 플랫폼을 지원하는 것이 가장 큰 특징이다. Linux/Unix 계열의 OS를 사용한다면 이 컴파일러는 기본으로 설치되어 있을 것이다. 그러나 초보자용이라고 하기 어려우며, IDE(마우스로 조작 가능한 편집기)는 포함되어 있지 않아 별도로 설정해야 하는 어려움이 있다.

Ideone 온라인 컴파일러

설치 환경: 별도의 설치 없이 웹 브라우저에서 사용할 수 있다.

접속 URL: http://ideone.com

별도의 설치 없이 웹 브라우저에서 온라인 컴파일러에 접속하여 C 언어 샘플 코드를 실행할 수 있다. C 언어 이외에 Python, PHP, Perl, Java, Ruby 등을 사용할 수 있다.

컴퓨터란 무엇인가?

C programming

컴퓨터란 무엇인가?

0.1.1 현대인과 컴퓨터

내가 프로그램을 시작했을 때는 아직까지 컴퓨터가 일반화되지 않았었다. 물론, 계산기를 모르는 사람은 없었으며, 사무실에서는 컴퓨터 전문가가 아니더라도 사무용 컴퓨터나 워드프로세서를 사용하는 것이 별로 드문 일이 아니었고, TV 게임기로 오락을 하는 아이들도 많았다. 그러나 지금과 비교해 보면 그것들은 컴퓨터이기보다는 단순한 계산기, 사무용 기기, 문서 작성기, 장난감 같은 형태의 편리한 기계로 인식되었던 것 같다.

그러나 지금은 Windows로 대표되는 개인용 컴퓨터를 누구나 가지고 있고, 많은 사람이 그것을 컴퓨터라고 인식하며 사용하고 있다. 또한 초등학생 때부터 핸드폰을 가지고 전화를 거는 것이 당연하게 여겨지는 시대이기도 하다. 컴퓨터도 옛날처럼 단순한 화면이 아니라 전문가가 아니더라도 사용할 수 있도록 만들어져 있다.

가깝기 때문에 발생하는 어려움

한편으로, 지금의 컴퓨터는 도구로서 잘 사용되고 있지만 그 본질은 완전히 숨어 있어 이해하기가 점점 더 어려워지는 것 같다. 프로그래밍 공부도 마찬가지로, 평소에는 컴퓨터를 잘 다루더라도 컴퓨터 프로그래밍과 그것을 이해하는 것은 더 어려운 일이다.

컴퓨터를 이해하다

이 장에서는 지금의 컴퓨터가 감추고 있는 컴퓨터의 본질에 초점을 맞추어 설명하겠다. 프로그래밍을 습득할 수 없는 사람 중에는 프로그래밍이 너무 어려워서 힘들다기보다는 처음부터 컴퓨터라는 기계에 대한 오해가 있기 때문이라고 생각한다. 이런 사람들은 프로그래밍을 배워도 제대로 된 프로그래밍을 할 수 없을 것이다. 이 장에서는 컴퓨터라는 기계의 정의, 프로그램 정의, 그리고 실제로 여러분이 사용하는 컴퓨터의 기능 정의 등을 통해 컴퓨터의 본질을 설명한다.

0.1.2 컴퓨터란?

컴퓨터란 도대체 무엇일까? 컴퓨터를 우리말로 번역하면 전자계산기다. 결국 전기를 사용하여 계산하는 기계라는 것이다.

컴퓨터가 할 수 있는 것은 계산뿐이다. 컴퓨터는 계산만 가능하다. 계산 이외의 것은 아무것도 할 수 없다. 여기서 계산이란 '1+1=2' 같은 것을 말한다.

여러분이 컴퓨터로 네트워크에 연결하거나 화면에 그림을 그리고 문서를 작성하는 다양한 기능은 컴퓨터 계산에 의해 이루어진다.

수학과 다른점

계산이라고 말했지만, 이 기능이 모두 수학 공식만으로 처리되는 것은 아니다. 물론, 수학 공식도 사용되지만 그것만으로 컴퓨터의 복잡한 기능을 구현하는 것은 불가능하다.

컴퓨터는 여러 개의 계산식을 조합할 수 있다. 하나의 계산식으로 불가능한 계산이 있더라도 수백 개, 수천 개, 수만 개의 계산식을 조합해서 계산을 할 수 있다. 물론 답도 하나가 아니다. 수백 개, 수천 개, 수만 개의 답을 기억하는 것이 가능하며, 계산식의 답을 다른 계산에 재이용하는 것도 가능하다.

또한, 계산식 자체를 계산 결과에 맞추어 변경하는 것도 가능하다. 여러분도 공식을 모르는 수학 문제를 풀 때, 먼저 적당한 수를 대입하여 계산해 보고 틀리면 또 다른 수를 대입해서 문제를 푼 경험이 있을 것이다.

수학에서야 이 방법이 잘못된 방법이지만, 현실 세계의 문제는 매우 복잡하여 공식을 간단히 적용시킬 수 있는 문제가 결코 많지 않다. 따라서 적당한 수를 대입하여 답이 나올 때까지 계산하거나 계산 결과에 맞춰 계산식 자체를 계속 바꿔 보는 방법이 꼭 필요하다. 그리고 수학 세계에서는 이 방법이 문제가 될지 모르지만 컴퓨터 세계에서는 이것이 옳은 방법이다.

계산식도 계산한다

컴퓨터는 수만 개의 계산식과 계산 결과를 기억하며, 수만 개의 계산식 순서를 자유롭게 변경하고, 그 수만 개의 계산식으로 수만 개의 계산 결과를 낼 수 있다. 이것이 컴퓨터의 특징이며, 공식만으로 계산할 수 없는 것을 컴퓨터가 계산할 수 있는 이유다.

0.1.3 CPU란?

0.1.2절의 내용만으로도 이미 컴퓨터에 대한 이해는 충분해 보이지만, 더 나아가 실제로 여러분이 사용하는 컴퓨터와의 관계를 설명하여 더 깊은 이해를 끌어내고자 한다.

여러분이 사용하는 컴퓨터에는 반드시 CPU가 탑재되어 있다(MPU라고도 부른다). 컴퓨터 매장에 가면 카탈로그 사양에 CPU가 반드시 기재되어 있으며, 인텔의 텔레비전 광고에서도 많이 보았을 것이다.

이 CPU가 계산을 하고 있다는 것은 여러분도 알고 있을 것이다. 0.1.2절에서 설명한 것처럼 CPU는 수만 개 이상의 계산식을 인간과 비교도 안 되는 아주 빠른 속도로 계산한다.

얼마나 빠른가?

현재 CPU는 2~3GHz(기가헤르츠) 정도의 속도를 가진다. 참고로 헤르츠는 '1초에 몇 번' 동작할 수 있는지를 나타내는 단위다. 그리고 G(기가)는 '10억'을 나타내는 접두사다. 즉, 여러분이 사용하는 컴퓨터는 1초에 20~30억 번 정도의 계산을 할 수 있다는 의미다.

그리고 CPU는 계산뿐만 아니라 0.1.2절에서 설명한 계산식의 순서를 자유롭게 바꿀 수 있는 능력도 함께 가지고 있다. 0.1.2절에서 설명한 것처럼 계산과 계산식의 순서를 자유롭게 바꾸는 기능이야말로 컴퓨터의 중요한 부분이며, 그 두 가지의 기능을 모두 가진 CPU는 컴퓨터의 중요한 부품이라 할 수 있다.

0.1.4 메모리란?

지금까지 CPU가 컴퓨터에 얼마나 중요한 것인지 설명했지만, 실제로 CPU가 컴퓨터의 역할을 모두 해내기는 역부족이다. CPU에는 계산을 수행하는 기능과 계산 수행 순서를 자유롭게 변경하는 기능이 있다. 그러나 0.1.2절에서는 계산을 수행하고, 계산 결과를 기억하고, 계산식 자체를 변경하는 기능이 컴퓨터의 가장 중요한 부분이라고 설명했다.

그렇다. CPU는 계산을 하는 것은 가능하지만, 계산 결과를 기억할 수는 없다. 수학 시험을 볼 때 시험지 가장자리에 쓰면서 계산하는 것처럼, CPU에도 약간의 계산 결과를 기억하는 기능이 있지만 안타깝게도 조금밖에 저장할 수 없다. 이 저장 공간으로는 CPU가 계산한 수만 개의 계산 결과를 모두 기억할 수는 없다.

얼마나 기억할 수 있을까?

벌써 알고 있듯이, 이 계산 결과를 기억하는 것은 메모리다. 메모리도 컴퓨터의 카탈로그 사양이므로 익숙할 것이다. 요즘 컴퓨터는 2~4GB 정도의 메모리가 일반적이다. 바이트는 0~255 범위의 수 중의 하나를 나타내며, 앞서 말했듯이 기가는 10억이다. (엄밀히 말하면 2^{30}이다) 즉, 여러분이 사용하는 컴퓨터는 대략 세 자리 숫자 20~40억 개를 기억할 수 있는 것이다.

이 메모리가 많으면 많을수록 컴퓨터는 많은 계산 결과를 기억할 수 있다. 계산 결과를 기억하는 것은 같은 계산식을 반복하지 않아도 된다는 의미이기도 하고, 컴퓨터의 속도 향상에도 관련이 있다.

0.2 프로그램이란 무엇인가?

0.2.1 프로그램이란

지금까지 컴퓨터라는 기계의 특징(계산을 실행한다, 계산 결과를 기록한다, 계산식을 변경한다)을 설명했다. 이 설명은 소프트웨어, 즉 프로그램의 개념 중에서도 가장 본질적인 부분에 초점을 둔 것이다. (회로의 이야기나 하드웨어에 대한 이해는 프로그래밍에서 불필요한 지식이므로 따로 설명하지 않는다.)

그래서 지금까지 설명한 컴퓨터의 특징이 곧 프로그램의 특징이기도 하다. 편리한 컴퓨터에 익숙해지면 프로그램에 대해서도 편리한 것을 만들어 내는 좋은 도구로 생각할 수 있을 것이다. 실제로, 프로그래밍에 익숙해진다면 여러 가지 편리한 프로그램을 만들 수 있다. 그러나 프로그램의 본질은 계산이다.

그리고 프로그래밍을 하려면 프로그래밍을 위해 만들어진 프로그래밍 언어를 배울 필요가 있다. 컴퓨터의 세계에는 셀 수 없을 정도로 많은 프로그래밍 언어가 있다(비주류 언어도 포함). 앞으로 여러분이 배울 C 언어는 프로그래밍 언어 중에서도 가장 유명하고 폭넓게 활용된 프로그래밍 언어라고 해도 될 것이다.

인간이 사용하는 한국어, 일본어, 영어 등의 언어를 자연어라고 부르고, 프로그래밍 언어는 인공 언어라고 불린다. 그리고 프로그래밍 언어는 인간과 인간의 소통을 위해 있는 것이 아니라 컴퓨터의 계산을 위해 만들어졌다. 프로그래밍 언어는 감정이나 뉘앙스, 의미나 의도 같은 개념은 하나도 표현할 수 없다. 할 수 있는 것이라고는 그저 계산뿐이다.

그래서 프로그래밍 언어는 계산을 표현하는 것에 특화되어 있다. 계산 이외의 표현은 모두 생략되어 있고, 계산을 위한 표현에 집중되어 있다. 이를 통해 자연어와 프로그래밍 언어가 같은 언어이긴 하지만, 그 표현 방법이 전혀 다르다는 것을 알 수 있다.

결국 프로그래밍 언어와 자연어의 차이가 프로그래밍 언어를 배우는 데 첫 번째 걸림돌이며, 동시에 그 차이를 이해하는 것이 프로그램을 이해하는 데 매우 중요하다고 말할 수 있다. 여기서는 구체적인 예를 통해 자연어와 프로그래밍 언어의 차이를 설명한다.

0.2.2 단순한 문법

첫 번째 차이는 프로그래밍 언어가 자연어보다 문법이 단순하다는 것이다. 프로그래밍 문법은 단어의 배열 순서가 정해져 있다. 여기서부터는 예를 들어 설명하고자 한다. 다음을 보자.

프로그램 0.1

```
REFLECT HELLO
```

이 프로그램은 화면에 "HELLO라는 단어를 보여줘"라는 의미다. 이 프로그램을 우리 말로 적으면 이렇게 된다.

프로그램 0.2

```
보여줘 안녕하세요
```

이 역시 화면에 "'안녕하세요'라는 단어를 보여줘"라는 의미다. 두 단어뿐이지만 이것이 프로그래밍 언어의 문법인 것이다. 프로그래밍 언어에서 사용되는 품사는 실제로 동사와 목적어가 대부분이다. 조금 전 프로그램에서는 '보여줘'가 동사, '안녕하세요'가 목적어에 해당 된다고 말할 수 있다. 또 동사를 먼저 가져오는 것은 컴퓨터가 대부분 영어권 나라에서 발전해 왔기 때문이다.

바로 앞의 프로그램을 우리말로 번역하면 다음과 같다.

🖵 프로그램 0.3

| 화면에 '안녕하세요'라는 단어를 보여줘. |

이 두 가지를 비교해 보면 프로그래밍 문법의 단순함을 알 수 있다.

자연어	화면에 '안녕하세요'라는 단어를 보여줘.
프로그래밍 언어	REFLECT HELLO
우리말 표현	보여줘 안녕하세요

프로그래밍 언어에 익숙하지 않은 사람은 이 단순함에 의문을 가질 것이다. 그러나 앞에서 언급한 것처럼, 프로그래밍 언어는 컴퓨터로 계산을 하는 언어다. 즉, 컴퓨터에 계산 명령만 표현할 수 있다면 충분하다.

그런데 이 프로그래밍 언어에는 '보여줘'는 있어도 '화면에'라는 말은 어디에도 없다. 이것은 '보여줘'에 이미 '화면에'라는 의미가 포함되어 있기 때문이다. 어디에 보여줘야 하는지를 명확하게 표현할 때는 다음과 같이 표기한다.

🖵 프로그램 0.4

| 보여줘 화면 안녕하세요 |

이 방법이라면 '안녕하세요'를 보여줄 수 있는 대상을 변경할 수 있다.

🖵 프로그램 0.5

| 보여줘 프린터 안녕하세요 |

이처럼 변경하면 이번에는 프린터로 인쇄된다.

0.2.3 명확한 의미

앞서 프로그래밍 언어의 문법이 정말 단순하다고 설명했지만, 프로그래밍 언어와 자연어의 차이점은 그뿐만 아니다. 두 번째 차이는 프로그래밍 언어가 자연어와 비교하여 의미가 명확하다는 것이다. 모호한 표현이 전혀 없으며 엄격하고 확실한 의미가 정해져 있다.

앞에서 프로그래밍 언어란 계산 언어라고 설명했다. 그런데 이전 예제에서는 화면에 글자를 표시하라는, 언뜻 계산과 관계없는 것처럼 생각되는 프로그램을 만들었다. 하지만 실제로 '보여줘'라는 명령에는 이미 능숙한 개발자가 만들어 둔 화면에 글자를 표시하기 위한 계산 명령이 가득 담겨 있는 것이다.

프로그래밍 언어는 매우 정확하고 엄격한 계산만 할 수 있다. 그래서 화면에 글자를 표시하라는 단순한 명령에도 (아마도 여러분의 상상을 뛰어넘는) 엄청난 계산이 필요하다. 그러나 전 세계의 프로그래머가 항상 그런 방대한 계산 명령을 쓰는 것은 매우 성가신 일이다. 그래서 '화면에 글자를 보여줘'처럼 누구라도 사용할 수 있는 유형에 대해서는 이미 컴퓨터 제조사의 개발자가 만들어 둔 계산 내용이 내장되어 있다.

그래서 우리는 거기까지는 정확하고 엄격하게 생각하지 않아도 프로그래밍을 실행할 수 있다. 그러나 정확하고 엄격한 계산이 프로그래밍의 본질이며, 이를 이해하지 못한다면 프로그래밍도 이해할 수 없을 것이다. 여기서는 화면에 삼각형을 그리는 예제를 통해 컴퓨터 세계의 치밀함과 엄격함이 일상 생활과 얼마나 다른지 설명한다.

예를 들어, 삼각형을 그린다고 생각해 보자. 사람이라면 삼각형을 그린다는 것만으로 의미가 통하지만, 컴퓨터의 경우 삼각형이라는 언어는 너무 추상적이고 모호하다. 명확하게 어떤 순서로 어떻게 삼각형을 그려야 하는지를 모호함 없이 명확한 순서로 명령해야 한다.

어디서부터 어떻게 삼각형을 그릴지 명령해 보자. 우선, '어디'라는 위치부터 모호함 없이 명령해야 한다. 지구상에서 위치를 완벽하게 지정하기 위해 위도와 경도를 사용하듯이, 여기서는 비슷한 방법으로 화면의 '왼쪽 위에서부터 오른쪽으로 몇 밀리미터, 이어서 그

아래로 몇 밀리미터'와 같이 명령한다. 이 위치를 삼각형 모양이 되도록 정하면 삼각형을 그릴 수 있다. 다음은 가상의 프로그래밍 언어로 나타낸 삼각형 그리기 예제다.

💻 프로그램 0.6

```
LINE 50, 50 - 250, 100
LINE 250, 100 - 120, 160
LINE 120, 160 - 50, 50
```

이를 우리말로 표현하면 다음과 같다.

💻 프로그램 0.7

```
선 50, 50 부터 250, 100
선 250, 100 부터 120, 160
선 120, 160 부터 50, 50
```

다시, 이를 우리말로 번역하면 다음과 같다.

💻 프로그램 0.8

```
화면 왼쪽 위에서부터 오른쪽으로 50밀리미터, 아래로 50밀리미터 위치부터,
오른쪽으로 250밀리미터, 아래로 100밀리미터 위치까지 선을 긋는다.
화면 왼쪽 위에서부터 오른쪽으로 250밀리미터, 아래로 100밀리미터 위치부터,
오른쪽으로 120밀리미터, 아래로 160밀리미터 위치까지 선을 긋는다.
화면 왼쪽 위에서부터 오른쪽으로 120밀리미터, 아래로 160밀리미터 위치부터,
오른쪽으로 50밀리미터, 아래로 50밀리미터 위치까지 선을 긋는다.
```

이 순서대로 정확하게 그리면 다음과 같은 그림이 그려진다. 여기서는 1밀리미터를 하나의 점으로 생각하고 있다.

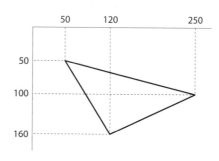

이처럼 매우 명확한 순서로 명령하는 것이 프로그래밍 언어의 특징이다. 그 순서에는 모든 동작을 아주 정확하게 자세히 명령해야 한다.

또 다른 예로, 로봇에게 컵라면을 만들게 하려면 '컵라면을 만들어'라는 말로는 불가능하다. '1미터 전진, 오른쪽으로 90도 회전, 10센티미터 앞으로 손 내밀어' 같은 동작부터 '라면을 꺼내, 주전자에 물을 넣고, 불을 켜고, 그릇에 물을 부어'까지의 모든 동작을 마치 무선 조종기를 조작하는 것처럼 모든 동작을 상세하고 정확하게 지시해야만 한다.

컴퓨터에게는 이러한 동작이 단순한 동작일 뿐이다. 컴퓨터에게 각 개별 동작은 모두 독립된 동작이며, 그 전체 동작이 컵라면을 만드는 일이라고 인식하지 않는다. 단순히 배운 대로 계속 움직이는 정도일 것이다. 만약 그 사이 주전자의 물을 쏟아 버리는 일이 발생하더라도 이는 단순한 동작의 하나이며 그 동작을 실수라고 인식하지 않는다.

0.2.4 모호한 표현

지금까지 설명한 내용만으로도 컴퓨터가 인간에 비하면 매우 엄격하고 정확하다고 생각할 것이다. 하지만 더 놀라운 것은 앞에서 소개한 순서가 컴퓨터 입장에서는 매우 모호한 순서라는 것이다. 사실 '선을 긋는다'는 것이 컴퓨터에게는 이미 모호한 명령이다. 컴퓨터는 직선을 그리는 계산 방법을 모른다. 직선이 어떤 내용의 계산인지를 우리가 컴퓨터에게 알려줘야 한다.

여러분도 알다시피 컴퓨터 화면은 (도트(dot)라 불리는) 점의 모임이다. 컴퓨터에는 화면 하나하나의 점에 대해 어느 점을 그릴지 명령해야만 한다. 만약 그렇게 완벽하고 정확하게 명령을 실행하려면 다음과 같이 점을 그리라는 명령을 계속 반복해야 한다.

🖥 프로그램 0.9

```
DOT 50, 50
DOT 51, 50
DOT 52, 50
DOT 53, 50
DOT 54, 51
```

```
DOT 55, 51
DOT 56, 51
    :
```

이 정도가 너무하다고 생각할 수도 있겠지만, 컴퓨터가 요구하는 치밀함은 이 정도로 끝나지 않는다. 실제로 컴퓨터에겐 '점을 그려라'도 모호한 명령이다. 컴퓨터는 점을 계산하는 방법을 알지 못한다. 인간이 미리 컴퓨터에게 점을 그리는 것이 어떤 계산인지 다음과 같이 완벽하고 명확하게 알려줘야만 한다.

🖥 프로그램 0.10

> 컴퓨터에 접속되어 있는 00번째 장치가 기억하고 있는 수치 중에서, 32050번째 수치를 1로 설정해라.

이것이 터무니없는 명령으로 보이지만 이 계산 방법은 완벽하고 명확하다. 오해의 여지가 절대 없는 명령이다. 컴퓨터에 접속되어 있는 장치 번호는 그 컴퓨터의 회로에 의해서 결정되므로 컴퓨터가 어느 장치인지 알 수 없는 경우는 발생하지 않는다.

너비 640도트의 디스플레이를 예로 생각해 보면, 32050번째는 화면 왼쪽 위에서부터 오른쪽으로 50, 아래로 50의 위치를 의미한다. 00번째 장치에 디스플레이(정확하게는 비디오 카드)가 연결되어 있다고 생각해 보자. 그리고 '1로 설정'라는 것은 빛을 밝히라는 것이다. 이 컴퓨터에 접속되어 있는 디스플레이는 컴퓨터에 접속되어 있는 00번째 장치의 메모리에 저장되어 있는 수치가 0이라면 그 점을 빛나게 하지 않고, 1이라면 그 점을 빛나게 하도록 만들어져 있다.

프로그래밍 언어 수준에 알맞는, 정확하고 치밀하게 표현된 삼각형을 화면에 그리는 계산은 다음과 같다.

🖥 프로그램 0.11

> 컴퓨터에 접속되어 있는 00번째 장치가 기억하고 있는 수치 중에서, 32050번째 수치를 1로 설정해라.
> 컴퓨터에 접속되어 있는 00번째 장치가 기억하고 있는 수치 중에서, 32051번째 수치를 1로 설정해라.
> 컴퓨터에 접속되어 있는 00번째 장치가 기억하고 있는 수치 중에서, 32052번째 수치를 1로 설정해라.

컴퓨터에 접속되어 있는 00번째 장치가 기억하고 있는 수치 중에서, 32053번째 수치를 1로 설정해라.
컴퓨터에 접속되어 있는 00번째 장치가 기억하고 있는 수치 중에서, 32690번째 수치를 1로 설정해라.
컴퓨터에 접속되어 있는 00번째 장치가 기억하고 있는 수치 중에서, 32691번째 수치를 1로 설정해라.
컴퓨터에 접속되어 있는 00번째 장치가 기억하고 있는 수치 중에서, 32692번째 수치를 1로 설정해라.
       :

이 명령을 점을 찍는 모든 곳에 반복하는 것이다. 그리고 컴퓨터는 실제로 이런 계산 명령이 몇 억 개라도 모두 순서대로 계산해서 화면에 삼각형을 그려준다.

이와 같이 프로그래밍 언어는 매우 엄격하고 정확한 계산 명령을 수행한다. 그리고 그 계산에서 인간은 의미를 찾으려 하지만, 컴퓨터는 단지 계산만을 실행한다. 결과적으로 화면에 삼각형이 그려지지만, 컴퓨터는 단지 지정된 순서대로 1을 기억하고 있을 뿐이다.

이미 언급한 바와 같이, 실제로 컴퓨터 제조업체의 개발자에 의해 이처럼 엄격하고 정확한 프로그램이 이미 내장되어 있고, 우리는 이처럼 프로그램을 작성하는 것만으로 간단히 직선을 화면에 찍을 수 있다.

🖥 프로그램 0.12

```
LINE 50, 50 - 250, 100
```

그러나 컴퓨터에 내장되지 않은 새롭고 편리한 프로그램을 만들려면 우리도 엄격하고 정확한 프로그램을 작성해야만 한다. 생각대로 프로그램을 만드는 것이 어려운 것은 우리가 일반적으로 생각하는 것이 매우 모호하고, 그것을 이렇게 정확하고 엄격한 계산으로 표현하는 것이 어렵기 때문이다.

그래서 프로그램을 반복해서 작성해 봄으로써 실력을 쌓을 수밖에 없다. 또한, 여기서는 컴퓨터를 생각하는 대로 움직이는 것이 이처럼 엄격하고 정확한 계산이 필요하다는 것을 인식하는 것만으로 프로그램 언어의 다양한 특성을 이해하는 데 도움이 될 것이다.

추상화

여러분 중에는 컴퓨터의 엄격함에 놀람과 동시에 벌써부터 머리가 아픈 독자가 있을 것이다. 그러나 이것이 바로 컴퓨터다. 컴퓨터는 처음부터 완벽하게 엄격한 기계였다. 이제 컴퓨터의 엄격함은 충분하다. 오히려 추상화가 더 되었으면 한다.

사실 C 언어는 컴퓨터를 추상화하는 방법 중 하나다. 컴퓨터의 작성 방법대로라면 프로그래밍도 모두 숫자로만 실행해야 하지만, C 언어에서는 데이터에 이름을 붙일 수 있다. 이는 C 언어가 숫자와 이름을 처리하기 위한 표를 자동적으로 준비하는 구조를 가지고 있기 때문이다.

이처럼 숫자로 표현할 수 있는 것을 일부러 표를 만들어 숫자 이외의 방법으로 표현하는 것을 추상화라고 부른다. 프로그래밍 역사는 곧 추상화의 역사이기도 하다. C 언어는 여러 기능을 가지고 있지만, 모든 기능은 컴퓨터의 엄격한 구조를 추상화하기 위해 존재한다.

옛날부터 컴퓨터를 아주 잘 다루는 사람들도 컴퓨터의 엄밀함에 힘들어 했었다. 그래서 컴퓨터를 보다 추상화하기 위한 구조를 만들어 온 것이다. 여러분이 실제로 프로그래밍을 할 때도 숫자를 그대로 사용하는 것이 아니라 항상 인간에게 의미 있는 형태로 표현할 수 있는가를 생각해야 한다. 결국 여러분이 만드는 프로그래밍을 사용하는 것은 바로 인간이기 때문이다.

1

세상에서 가장 작은 프로그램

C programming

실행 결과가 없는 프로그램

1.1.1 C 언어의 구조

이제부터 C 언어로 첫 프로그램을 만들어 보기로 하자. 그러나 처음부터 여러 기능을 가진 프로그램을 만들 수는 없기 때문에 우선 아무 기능도 하지 않는 실행 결과가 없는 프로그램을 만드는 것부터 시작한다.

C 언어 프로그램을 만들기 위해서는 어떤 지식이 필요할까? 어떤 프로그램이든 그 구조를 모르면 만들 수 없을 것이다. 책장을 만들기 위해 책장의 설계 구조를 알아야 하는 것처럼 C 언어도 그 구조를 파악해야 한다.

그럼 C 언어의 구조란 도대체 무엇일까? 기계를 만들 때는 여러 부품을 조합하여 만든다. 이와 마찬가지로 프로그램에서도 부품을 조합하여 만드는데, 그 부품을 함수라고 부른다. 즉, 여러 함수가 모여 만들어진 것을 C 언어 프로그램이라고 한다.

 C 언어 프로그램의 구조
C 언어 프로그램은 함수가 모여 만들어진 것이다.

여기서 주의해야 할 것은 함수가 나열되어 있는 것이 아니라 함수의 집합이라는 점이다. 나열은 순서를 가지고 있지만 집합은 순서가 없다.

C 언어의 함수는 일부를 제외하면 순서 개념이 전혀 없다. C 언어 프로그램 구조는 여러 종류의 함수가 한 덩어리로 만들어진 구조이고, 각각의 함수는 순서에 상관없이 사용할 수 있다.

1.1.2 함수 생성 방법

C 언어 프로그램 구조는 함수의 집합임을 알았다. 그리고 그다음 알아야 할 것은 함수의 작성일 것이다. C 언어 함수는 아주 명확한 구조를 가지고 있다. 다음은 C 언어 함수의 구조다.

📋 서식 **함수의 구조**

형명 함수명 (인수) {처리}

형명이란, 함수가 계산 결과를 반환할 때 사용하는 수치의 종류다. 여기에서는 일단 int 라는 형을 기억해 두자. int란 정수를 의미한다.

함수명이란, 말 그대로 함수의 이름이다. 이름을 부여하는 방법에는 다음과 같은 규칙이 있다.

함수명 규칙

① 알파벳, 숫자, _(언더바)를 사용할 수 있다.
② 첫 번째 문자에는 숫자를 사용할 수 없다.
③ 미리 정해진 예약어는 사용할 수 없다.

예약어란 C 언어에서 사용되는 키워드다. 그러나 이 예약어는 외울 수 있을 만큼 수가 많지 않다. 이 규칙을 만족한다면 어떤 이름이든 사용 가능하지만, 여기서는 main[2]이 라는 이름을 사용하기로 한다.

인수란 함수에게 전달하는 수치의 종류(형)를 말한다. 함수는 전달받은 수치로 계산을 수행하고 그 결과를 반환할 수 있다. 그러나 처음 언급했듯이, 이 절의 목표는 실행 결

---

1 int: integer(정수)의 약자

2 main: 주된, 가장 큰

과가 없는 프로그램을 만드는 것이다. 실행 결과가 없는 프로그램에 수치를 전달할 필요는 없다. 그래서 이 장에서는 수치가 없다는 것을 나타내는 void[3]를 사용한다.

처리란 그 이름 그대로 처리를 말한다. 앞서 말했듯이 이 장의 목표는 실행 결과가 없는 프로그램을 만드는 것이지만, 함수를 종료시키는 처리를 반드시 해야 한다. 함수를 끝내려면 return[4]문을 사용한다. 또 return문은 계산 결과의 수치를 반환하는 기능이 있지만, 여기서는 실행 결과가 없는 프로그램을 만들기 때문에 일단 0으로 설정한다.

예약된 식별자

C 언어에서는 예약어 외에 예약된 식별자도 이름으로 사용할 수 없다. 예약된 식별자는 내부에서 사용되는 이름으로, 언더바에 대문자가 이어지는 이름이나 C 언어 표준으로 사용되고 있는 이름은 사용할 수 없다.

이를 토대로 프로그램을 만들면 다음과 같은 함수가 완성된다.

🖥 프로그램 1.1

```
int main(void) {return 0;}
```

이 프로그램에서 사용되었으나 아직 설명하지 않은 {}(중괄호)와 ;(세미콜론)에 대해서는 뒤에서 설명하도록 한다.

1.1.3 특별한 main 함수

이제 앞서 만든 함수를 사용하여 프로그램을 만들어 보자. 그런데 그전에 꼭 알아 둬야 할 것이 하나 있다. 1.1.1절에서 함수에는 순서가 없다고 설명했는데, 프로그램을 만

---

3 void: 빈 공간, 하나도 없는, 무효의

4 return: 복귀

들 때 한 가지 문제가 발생한다. 제일 먼저 어떤 함수로 시작할 것인가? C 언어에서는 이 문제를 매우 간단하게 해결하고 있다. C 언어에는 main이라는 이름의 함수가 가장 먼저 동작하도록 정해져 있다.

main 함수

C 언어에서는 main 함수가 가장 먼저 동작한다.

만약 프로그램 안에 main 함수가 어디에도 없다면, 가장 먼저 동작할 함수가 없으므로 그 프로그램은 동작하지 않는다. 거꾸로 말해서 main 함수만 있다면 C 언어 프로그램은 동작 가능하다. 앞에서 만든 함수는 이름이 main이기 때문에 프로그램을 동작시킬 수 있다.

1.1.4 프로그램 동작

그럼 이제 프로그램을 실행해 보자. 앞서 만든 실행 결과가 없는 프로그램이다.

프로그램 1.2

```
int main(void) {return 0;}
```

이 프로그램을 보이는 그대로 입력한다. 가능한 한 제공된 코드를 복사해서 사용하지 말고 프로그램이 익숙해질 수 있도록 키보드를 사용하여 직접 입력한다. 입력 후 바로 동작시켜 보자. 이 프로그램의 실행 결과는 다음과 같다.

실행 결과

실행 결과에는 아무것도 표시되지 않는다. 목표한 대로 실행 결과가 없는 프로그램이 되었다. 어떤 개발 환경에서는 여러 텍스트가 출력될 수도 있는데, 그것은 프로그램 동작과는 관계없는 텍스트이므로 신경 쓰지 않아도 된다.

컴파일러는 번역 소프트웨어

1.2.1 모든 것은 기계어

1.1절에서 실행 결과가 없는 프로그램을 작성했다. 이 장에서는 프로그램 동작에 대해 보다 자세하게 설명하도록 하겠다. 여러분이 방금 작성한 프로그램은 일반 문자열에 지나지 않는다. 컴퓨터는 2진수로 동작한다는 말을 들은 적이 있을 것이다. 왜 2진수로 움직이는 컴퓨터가 문자열을 인식하고 동작하는 것일까? 원래 컴퓨터가 이해할 수 있는 것은 2진수로 쓰인 명령뿐이다. 2진수로 쓰인 명령, 즉 기계어 말이다.

📟 프로그램 1.3 **기계어 표시**

```
0001010011010101010100101010
0001010101010101010100010110100
1010100010101011010101010110
0001010010101010101001001101
0001010010101010101000000101
```

이것은 순서 없이 0과 1을 입력한 내용이지만 기계어도 분명 이런 식으로 표현될 것이다. 세상의 어떤 컴퓨터든 이런 형태의 명령만 인식할 수 있다.

1.2.2 프로그래밍 언어의 등장

컴퓨터가 이해할 수 있는 것은 기계어뿐이다. 실제로 초창기 컴퓨터에는 토글 스위치(toggle switch)를 똑딱똑딱하면서 방대한 수의 0과 1을 입력했다.

그러나 이런 작성 방법은 시간과 손이 많이 간다. 그래서 보다 편하게 작성하기 위해 가장 먼저 생각해 낸 것이 숫자의 자릿수를 줄이는 것이었다.

💻 프로그램 1.4 **16진수의 기계어**

```
01  85  AD  7F  7C  A4  FA  6B  AD
06  F5  AB  74  7E  DC  18  FA  A4
01  7F  A7  C5  D8  6B  4E  A4  FA
```

이 방식이 이른바 16진수라고 하는 표현 방법이다. 2진수 4행을 16진수에서는 1행으로
표현할 수 있기 때문에 프로그램이 짧아진다. 그리고 이 숫자 하나하나를 기호화한 어
셈블러(assembler)도 만들 수 있게 되었다.

💻 프로그램 1.5 **어셈블러**

```
MOV    AH, BH
ADD    AX, 70
JPN    AF, 01
```

이 기호화로 프로그래밍은 상당히 효율적으로 바뀌었지만, 여전히 보통 사람이 취급하
기에 어려운 기호임은 틀림없다. 이를 크게 바꾼 세계 최초의 프로그래밍 언어가 바로
포트란(FORTRAN)이다.

💻 프로그램 1.6 **포트란**

```
    DO 10 I=1, 10000
      READ *, X
      IF(X, GT, MAX)MAX=X
 10 CONTINUE
```

이러한 프로그래밍 언어는 영어 단어와 수식을 사용하며, 일반인도 공부를 한다면 충분
히 이해할 수 있다. C 언어도 영어 단어와 수식을 사용한 고급 언어 중 하나다.

고급 언어
인간이 알기 쉽게 쓸 수 있는 프로그래밍 언어를 말한다. 이에 반해, 기계어와 어셈블리를 저
급 언어라고 부른다.

1.2.3 C 언어 번역 소프트웨어

고급 언어는 인간이 만들어 낸 언어이므로 컴퓨터는 이해할 수 없다. 그러므로 이것을 컴퓨터가 이해할 수 있도록 번역을 해야 한다. 영어를 한국어로 번역하는 것과 기본적으로 같다. 이 작업은 인간이 수작업으로 하는 것도 가능하지만, 그렇게 되면 기계어로 프로그래밍하는 것과 다를 바 없다. 그래서 기계어로 번역하기 위한 소프트웨어가 존재한다.

번역 방법은 주로 두 종류가 사용되는데, C 언어의 경우에는 전부를 한 번에 번역하는 방법을 사용한다. 이 번역을 컴파일(compile), 번역을 실행하는 소프트웨어를 컴파일러(compiler)라고 부른다.

 컴파일러
C 언어로 작성된 문자열 파일을 기계어로 번역하는 소프트웨어

동시 번역

C 언어 이외의 언어 중에는 동시 번역을 하는 유형도 있다. 이러한 방식을 인터프리터(interpreter)라고 부르며, 자유로운 구성이 가능하지만 속도가 느리다.

C 언어 인터프리터

C 언어에도 인터프리터 방식의 환경이 있다. 프로그램을 하나하나 확인하면서 실행할 수 있어 오류 수정이 매우 편리하지만, C 언어의 가장 큰 장점인 속도가 저하되므로 실무 프로그래밍에서는 사용되지 않는다.

컴파일러는 3단계 구조로 동작한다. 먼저, 전처리기라는 소프트웨어로 문자열 조정이 진행된다. 공백, 줄바꿈 결합, 기호 치환 등을 통해 프로그램을 해석하기 쉽게 만든다. 또한, 뒤에서 설명할 #define 전처리 지시자 등도 이 단계에서 처리된다.

다음은 컴파일러에 의해 컴파일이 진행되는데, 이때 최적화가 이루어진다. 같은 C 언어 프로그램에서도 번역 방법에 따라 동작 속도가 달라지기 때문에 컴파일러는 더 빨리 동작할 수 있는 방향으로 번역을 실행한다.

최적화
보다 빠르게 동작하도록 기계어로 번역하는 기능

마지막으로, 번역된 기계어 프로그램이 링커(Linker)라는 소프트웨어에 의해 결합된다. 링커로 결합하는 것을 링크(link)라고 부른다. 링크됨으로써 기계어 데이터가 실행 가능한 파일이 된다. 실행 가능 파일(EXE 파일)이 된 파일은 애플리케이션으로 실행할 수 있다.

이러한 일련의 작업은 완전히 자동화되어 있고, 우리는 특별히 신경 쓰지 않아도 버튼을 누르는 것만으로 동작 가능한 애플리케이션이 만들어진다.

컴파일 순서

다음은 컴파일 순서를 보여 준다. 전처리기, 컴파일, 링크를 합쳐 컴파일이라고 하며, 실행 가능 파일을 생성하는 단계까지 합쳐 빌드(build)라고 한다.

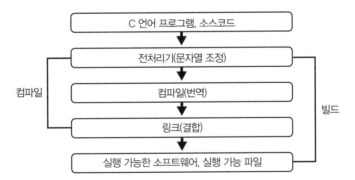

개념

1. C 언어 프로그램은 OO의 집합으로 만들어진다. OO은 무엇인가?

2. 문제 1에서 OO의 구조는 네 가지 기능의 조합으로 되어 있다. 네 가지 기능은 무엇인가? 순서와 구분 기호까지 답해라.

3. C 언어는 인간을 위한 언어이기 때문에 컴퓨터는 이해할 수 없다. 이를 위해 C 언어에는 컴퓨터가 이해할 수 있는 언어로 번역하는 소프트웨어가 있다. 그런 소프트웨어를 무엇이라고 부르는가?

프로그램 만들기

4. 실행 결과가 없는 main 함수만으로 이루어진 프로그램을 작성해라.

주관식

5. C 언어에서는 함수에 자유롭게 이름을 지정할 수 있지만, 반드시 하나는 main이라는 이름의 함수여야 한다. 그 이유를 간단히 써라.

2

프로그램 작성법

C programming

프로그램 작성 방법과 규칙

2.1.1 토큰

한국어의 문장은 문자, 단어, 문장, 단락과 같이 문장을 구성하고 있는 다양한 요소로 분할하여 볼 수 있다. C 언어 프로그램도 이와 같이 분리할 수 있다.

문법적으로 C 언어 프로그램을 분할했을 때 최소 단위는 토큰(token)이다. 토큰은 단어라고 볼 수 있다. 예를 들어, 다음 프로그램을 보자. (이 프로그램은 1장에서도 작성했었다.)

🖥 프로그램 2.1

```
int main(void) {return 0;}
```

이 프로그램을 토큰 단위로 분할하면 다음과 같다.

🖥 프로그램 2.2 **토큰 분리**

```
int
main
(
void
)
{
return
0
;
}
```

토큰을 최소 단위로 정한 이유는 더 분할하게 되면 다른 의미로 바뀌어 버리기 때문이다. 예를 들어, return을 ret와 urn으로 분할하면 오류가 출력되고 프로그램은 동작하지 않는다.

2.1.2 프리 포맷

C 언어는 프리 포맷(Free Format), 즉 자유 서식이다. 프로그램 작성에 거의 제한이 없기 때문에 자유롭게 작성할 수 있다.

프리 포맷
프로그램 작성에 제한이 거의 없어 자유롭게 쓸 수 있다.

C 언어 프로그램을 작성하는 데 내가 가장 중요하다고 느끼는 규칙은 딱 하나다. 토큰끼리 인접하여 작성하면 안 된다. 예를 들어, 앞서 작성한 프로그램을 다음과 같이 작성해서는 안 된다.

🖥 프로그램 2.3

```
intmain(void) {return 0;}
```

이 예제의 문제는 int와 main이 연결되어 있다는 것이다.

그러나 앞서 작성한 프로그램을 보면 알 수 있듯이 예외는 존재한다. 바로, 기호는 연결하여 작성해도 된다는 것이다. 프로그램 2.1에서 (), {}, ; 등은 다른 토큰에 연결되어 있다.

그 이유는 기호가 미리 정해진 한 글자이므로 연결하여 써도 구별할 수 있기 때문이다. intmain은 어떻게 봐도 intmain이라는 토큰으로밖에 보이지 않는다. 그러나 main(void)라면 main, (), void인 것을 알 수 있다.

C 언어 프로그램의 작성 규칙은 아주 간단하다. 일단 기호 이외의 토큰을 연결하지 않고 작성한다는 것만 기억하면 된다. 다음 프로그램은 정상적이지는 않지만, 작성 규칙을 따르고 있어 오류 없이 컴파일이 가능하다.

```
int
main
(
void
)
{
return
0
;
}
```

2.1.3 다른 규칙

C 언어에는 앞에서 설명한 규칙 외에 별도의 작성 규칙이 있다. 먼저 C 언어는 대문자와 소문자를 구별한다. 예를 들어, main, MAIN, maIN은 C 언어에서 전혀 다른 토큰으로 해석된다. 따라서 프로그램을 입력할 때 대문자와 소문자를 주의해야 한다.

또한 C 언어의 문장 끝에는 ; 기호를 사용하게 되어 있다. 방금 전 프로그램에서는 return문 마지막에 ;이 있었다. 이 규칙을 지키지 않는다면 오류가 발생하므로 기억해 두길 바란다.

작성 방법 연습

2.2.1 함수 작성 방법

2.1절에서 설명한 내용처럼 아무리 C 언어가 프리 포맷이라고 해도 모두가 각자의 방식대로 작성한다면 프로그램은 읽기가 어려워진다. 그래서 C 언어에는 프로그램 작성에 대한 관습이 있다.

앞에서 작성해 온 프로그램은 다음과 같이 모든 내용을 한 줄에 작성하였다.

🖥 프로그램 2.5

```
int main(void) {return 0;}
```

그러나 이 작성 방법은 읽기 어려워 좋은 프로그램이라고 볼 수 없다. 함수는 일반적으로 다음과 같이 작성하는 것이 좋다.

🖥 프로그램 2.6

```
int main(void)
{
    return 0;
}
```

이렇게 작성하면 함수의 시작과 끝을 쉽게 이해할 수 있다.

2.2.2 들여쓰기

다음 프로그램을 다시 한 번 보도록 하자.

```
int main(void)
{
    return 0;
}
```

return문이 오른쪽으로 밀려 있다. 이것은 들여쓰기라고 불리는 C 언어의 특징적인 작성 방법이다.

 들여쓰기
계층을 표현하기 위해 오른쪽으로 밀어서 쓰는 방법

들여쓰기는 계층적 구조를 표현하기 위해 사용된다. C 언어는 {}로 둘러싸인 문장을 오른쪽으로 들여쓰기하는 것이 관습이다. 또한, 오른쪽으로 들여쓰기를 할 때는 탭 키 (Tab)를 사용하는 것이 관습이다. 스페이스로 들여쓰기하는 것이 아니라 탭 키를 사용해서 들여쓰기하도록 한다.

최근 개발 환경이나 텍스트 편집기에는 {}를 입력할 때 자동으로 들여쓰기가 되는 기능이 있다. 가능하면 이러한 편집기를 사용하여 자동으로 들여쓰기하는 것이 편리할 것이다.

간편하게 프로그래밍하기

개발자에게 가장 중요한 것은 간편한 프로그래밍이다. 컴퓨터가 할 수 있는 것은 모두 컴퓨터가 하도록 해야 한다. 손이 많이 가는 반복적인 작업들은 컴퓨터에 맡기고 인간은 보다 창조적인 작업을 하도록 한다.

2.2.3 주석

간단한 프로그램이라면 그 내용을 바로 알 수 있지만, 복잡한 프로그램은 그 내용을 한눈에 알기가 어렵다. 이런 경우 프로그램 안에 설명을 달아 두면 프로그램을 쉽게 읽을 수 있다.

C 언어에서는 프로그램에 설명을 달아 두는 기능이 있으며, 이를 주석이라고 한다.

주석

프로그램 안에 적는 설명문. 프로그램 동작에는 아무런 영향을 주지 않는다.

C 언어에서는 /*와 */ 사이에 주석을 쓴다. 이 주석은 프로그램 실행에는 아무런 영향을 주지 않는다.

🖥 프로그램 2.8

```
int main(void)
{

    return 0;
}
```

이와 같이 프로그램 안에 설명을 포함할 수 있다. 또 한 번 말하지만, 주석은 프로그램 동작에 아무런 영향을 주지 않는다.

주석은 여러 행으로도 쓸 수 있으며, 프로그램의 어디든 쓸 수 있다.

🖥 프로그램 2.9

```
int main(void)
{



    return 0;
}
```

주석을 작성하는 데는 특별히 통일된 관습이 없다. 주석을 많이 쓰는 사람도 있고 조금씩 쓰는 사람도 있다. 그러나 길이가 긴 프로그램을 작성할 때 주석을 사용하지 않으면, 자신이 작성한 프로그램 내용을 잊어버리기 쉽다.

앞으로 이 책에서 설명하는 프로그램에는 필요한 부분에 주석을 달도록 한다. 여러분도 직접 작성한 프로그램에는 주석을 달아 두는 것이 좋을 것이다.

C++ 주석 기능

C 언어 확장판인 C++에서는 여기서 소개한 작성 방법 외에 다음과 같은 주석을 사용한다.

🖵 프로그램 2.10

```
// 이 줄은 주석입니다.
```

C++에서는 이처럼 한 행에 주석을 쓸 수 있다. 이 작성 방법은 매우 편리하여 C 언어 컴파일러에서도 사용할 수 있는 경우가 많다.

1. C 언어 문법의 최소 단위는 무엇인가?

2. C 언어 프로그램은 자유롭게 작성할 수 있다. 이러한 특징을 무엇이라 부르는가?

3. C 언어는 대문자와 소문자를 구분하는가?

4. 프로그램 안에 탭을 넣는 것으로 계층을 표현하는 작성 방법을 무엇이라 부르는가?

   (사람에 따라 탭 키를 사용하지 않는 경우도 있지만 이는 오래된 방식이다.)

5. 프로그램 안에 쓸 수 있는 설명문을 무엇이라고 부르는가?

프로그램 만들기

6. 실행 결과가 없는 main 함수만의 프로그램을 작성해라. 단, 관습에 따라 작성하고 들여쓰기도 사용해야 한다.

3.1 문자열 표시

3.1.1 필수 사항

이제 화면에 문자열을 표시하는 방법을 설명한다. 이 내용은 앞으로 다양한 내용을 설명하는 데 반드시 필요한 내용이다.

프로그램에서 다양한 처리를 하는 것은 간단하지만, 그것을 인간이 알 수 있도록 하는 것은 어려운 일이다. 왜냐하면, 컴퓨터 내부 처리는 전기 신호로만 존재하기 때문이다. 그러나 다행히도 현재는 컴퓨터에 디스플레이가 연결되어 있어 처리 내용을 쉽게 표시할 수 있다. 처리 내용이 표시되지 않는다면 프로그래밍 학습은 불가능하다. 프로그램이 무엇을 하고 어떻게 처리되었는지 알 수 없기 때문이다.

따라서 앞으로 프로그래밍 학습을 위해 화면에 문자열을 표시하는 방법은 배워 둘 필요가 있다. 화면에 문자열을 표시하는 것은 프로그래밍 학습을 위한 준비라고 볼 수 있다.

3.1.2 printf 함수

C 언어로 문자열을 표시하려면 printf[1] 함수를 사용한다. printf 함수는 다음과 같이 사용한다.

📋 서식

```
printf("문자열");
```

---

1 printf: print formatted(서식화된 출력)의 약자

예를 들어, Hello, world를 표시하려면 다음과 같이 작성한다.

💻 프로그램 3.1

```
printf("Hello, world");
```

이 문장을 프로그램 안에 쓰면, 화면에 Hello, world[2]가 표시된다. 그럼 이 프로그램을 어디에 써야 할까?

Hello, world

Hello, world는 대부분의 입문서에 등장한다. 그런 의미에서 세계에서 가장 유명한 프로그램이라고 할 수 있다.

3.1.3 어디에 쓸까?

3.1.2절에서 설명한 것처럼 printf 함수를 사용하면 화면에 문자가 표시된다. 그러나 처음에 설명했듯이 C 언어는 main 함수부터 시작된다. 즉 printf 함수만으로는 실행할 수 없으며 반드시 main 함수가 필요하다. 일단 앞서 작성한 main 함수 프로그램을 생각해보자.

💻 프로그램 3.2

```
int main(void)
{
    return 0;
}
```

C 언어는 main 함수에서 시작한다고 설명했지만 그 함수 안에서 어떤 순서로 프로그

---

2 Hello, world: 안녕, 여러분

램이 동작하는지는 설명하지 않았다. 함수 안에서는 단순하게 위에서부터 순서대로 동
작하도록 되어 있다. 그리고 return문에 도착하면 함수 실행을 종료한다. 예를 들어, 다
음과 같은 프로그램을 생각해 보자.

🖥️ 프로그램 3.3

```
int main(void)
{
    문장1;
    문장2;
    return 0;

    문장3;
}
```

프로그램은 문장1 → 문장2 순서로 동작한다. 문장3에 도달하기 전에 return에서 함수
가 끝나기 때문에 문장3은 동작하지 않는다. 이런 점을 생각하면 printf 함수가 들어가
야 할 곳을 알 수 있다. 즉, 다음과 같이 쓰면 된다.

🖥️ 프로그램 3.4

```
int main(void)
{
    printf("Hello, world\n");

    return 0;
}
```

3.1.4 설명서 넣기

3.1.3절에서 printf 함수를 사용한 프로그램을 만들었으나 그 프로그램은 아직 완전하
지 않아 동작한다고 해도 화면에 문자가 표시되지 않는다. (어떤 컴파일러에서는 동작할 수
도 있다.)

사실 printf 함수는 C 언어 자체 기능은 아니다. 다시 말해, C 언어 컴파일러는 printf라
는 함수를 전혀 모른다. 그러므로 printf 함수만으로는 동작하지 않는 것이다. 이 함수

를 동작시키려면 컴파일러에 printf 함수 설명서를 읽게 해야 한다.

C 언어에는 설명서를 전달하기 위한 특별한 명령이 준비되어 있다. 바로 #include[3] 전처리 지시자다. #include 전처리 지시자는 다음과 같이 사용할 수 있다.

전처리 지시자

전처리 지시자는 프로그램 코드가 아니라 명령이다. #include는 printf 함수 등을 사용할 수 있도록 준비하는 명령으로, 이 명령은 기계어로 번역되기 전에 처리된다.

📋 서식

```
#include <설명서의 파일명>
```

printf 함수 설명서는 stdio.h[4]라는 파일이다. 즉 다음과 같은 프로그램을 추가하면 printf 함수를 사용할 수 있다.

🖥 프로그램 3.5

```
#include <stdio.h>
```

그렇다면, 이 명령은 어디에 쓰면 좋을까? 이 명령은 프로그램의 설명서를 전달하기 때문에 프로그램이 실행되기 전에 있어야만 한다. 프로그램이 실행된 후에 설명서를 전달하면 너무 늦는다.

이 점을 생각한다면, 맨 앞에 (main 함수보다 먼저) 작성하는 것이 좋을 것이다. 그러므로 printf 함수로 화면에 문자열을 표시하는 프로그램은 다음과 같다.

---

3 include: 포함, 넣다.

4 stdio.h: standard input/output header(표준 입력과 표준 출력에 대한 설명서)의 약자

프로그램 3.6

```
#include <stdio.h>

int main(void)
{
    printf("Hello, world");
    return 0;
}
```

또한, #include는 전처리 지시자이므로 함수 외부에서도 쓸 수 있다.

3.1.5 드디어!

드디어 화면에 문자열을 출력하는 프로그램이 완성되었다.

프로그램 3.7

```
#include <stdio.h>

int main(void)
{
    printf("Hello, world");
    return 0;
}
```

이 프로그램의 실행 결과는 다음과 같다.

실행 결과

```
Hello, world
```

이 책의 특징

C 언어 입문서에서는 1장부터 지금까지의 설명을 생략하고 갑자기 이 프로그램을 소개하는 경우가 많다. 또한, #include는 C 언어에서 정해져 있는 구문이라는 이유로 설명을 뒤로 미루기도 한다. 처음부터 복잡한 내용을 설명하면 입문자들에게 혼란을 줄 것이라 여기기 때문일 거다. 하지만 이 책에서는 가능한 한 그때그때 설명하고자 한다.

3.2 줄바꿈 문자

3.2.1 줄바꿈 문제

3.1절에서는 printf 함수를 사용하여 화면에 문자열을 표시했다. printf 함수를 사용하면 얼마든지 화면에 문자열을 표시할 수 있다. 그렇다면, 다음 프로그램을 실행하면 어떨까?

🖥 프로그램 3.8

```
#include <stdio.h>

int main(void)
{
    printf("Hello");
    printf("world");
    return 0;
}
```

실행 결과는 다음과 같다.

☑ 실행 결과

```
Helloworld
```

이 결과를 보면 한 가지 중요한 내용을 알 수 있다. 실행 결과가 줄바꿈되어 있지 않다는 것이다. 이 프로그램으로는 내용을 나란히 표시할 수밖에 없다. 화면 오른쪽 끝까지 출력하면 결국 줄바꿈되겠지만 더 편한 방법은 없을까?

3.2.2 이스케이프 스퀀스

화면에 문자열을 표시할 때, 줄바꿈을 할 수 없으면 매우 불편하다. 그래서 C 언어는 원하는 위치에 줄바꿈을 할 수 있는 기능을 제공하고 있다.

C 언어 프로그램에서 줄바꿈을 하려면 이스케이프 시퀀스(escape sequence)를 사용한다. 이스케이프 시퀀스란, 화면에 표시할 수 없는 제어를 위해 사용되는 특수문자다. 이스케이프 시퀀스 중에 ₩n[5]이 있는데, 이것이 줄바꿈을 가능하게 한다.

이스케이프 시퀀스
화면에 표시할 수 없는 제어를 하기 위해 사용되는 특수문자

₩n이라는 문자를 문자열 안에 쓰면 화면상에는 ₩n이 있는 위치에 줄바꿈이 표시된다.

그리고 해외에서는 ¥(엔 기호)나 ＼(역슬래시) 기호를 사용한다. 이렇게 각기 다른 기호를 사용하는 것은 컴퓨터 문자가 언어에 따라 다르기 때문이다. 그러나 내부적으로는 모두 똑같은 문자로 취급하기 때문에 문제는 발생하지 않는다.

다음 프로그램은 이스케이프 시퀀스 ₩n을 사용하여 줄바꿈을 하는 예제다.

💻 프로그램 3.9

```
#include <stdio.h>

int main(void)
{
    printf("Hello\n");
    printf("world\n");
    return 0;
}
```

---

5 ₩n: new line(줄바꿈)의 약자

이 프로그램 결과는 다음과 같다.

```
Hello
world
```

이 줄바꿈 문자는 원하는 위치에 원하는 만큼 사용할 수 있다. 예를 들어, 앞의 프로그램을 다음과 같이 바꿔도 결과는 같다.

프로그램 3.10

```
#include <stdio.h>

int main(void)
{
    printf("Hello₩nworld₩n");
    return 0;
}
```

조금 이해하기 어려울지 모르지만, 문장 가운데에 ₩n이 있다. 대부분의 경우 1행을 표시할 때마다 줄바꿈을 하는 것이 보기 쉬우므로 앞으로는 특별한 이유가 없는 한 1행 끝에는 반드시 줄바꿈을 하도록 하겠다.

그 밖에도 다양한 이스케이프 시퀀스가 있지만 사용되는 것은 그렇게 많지 않다. 줄바꿈 문자 이외에도 수평 정렬을 위해 탭을 삽입하는 ₩t[6]가 자주 사용된다. 다음 프로그램은 ₩t로 수평 정렬을 실행한 예이다.

프로그램 3.11

```
#include <stdio.h>
```

---

6 ₩t: horizontal tab(수평 탭)의 약자

```
int main(void)
{
    printf("Windows    Microsoft\n");
    printf("OS X    Apple\n");
    return 0;
}
```

이 프로그램 실행 결과는 다음과 같다.

☑ 실행 결과

```
Windows Microsoft
OS X    Apple
```

두 번째 단어가 수평 정렬되어 표시된다.

'\n'을 표시하고 싶을 때

'\n'을 표시하고 싶은 경우에는 어떻게 해야 하는지 궁금할 것이다('\n'을 쓰면 표시가 되지 않고 줄바꿈되므로). 물론, 방법은 있다. '\\n'이라고 '\'를 두 번 반복해서 쓰면 이 문자가 가진 특수한 의미를 무효화할 수 있다. 이런 방식을 이스케이프라고 부른다.

또한 '\'를 한 글자로 표시하고 싶은 경우에도 '\\'라고 쓴다. 이스케이프 시퀀스는 여기에서 언급한 것 외에도 많은 종류가 있다. 그 목록은 부록에 정리해 두었으며 관심이 있는 분들은 확인해 보길 바란다.

개념

1. C 언어에서 화면에 문자열을 표시할 때 사용하는 함수는 무엇인가?

2. 문제 1의 함수를 사용하려면 컴파일러에 설명서를 전달해야 한다. 설명서를 전달하기 위한 전처리 지시자와 설명서 파일명은 무엇인가?

3. 문제 1의 함수로 문자열을 표시할 때, 줄바꿈을 하려면 기호를 사용해야 한다. 그러한 종류의 기호를 무엇이라 부르는가?

프로그램 읽기

4. 다음 프로그램을 실행하면 어떤 결과가 표시되는가?

프로그램 3.12

```
#include <stdio.h>

int main(void)
{
    printf("The pen is mightier\n than the sword\n");
    return 0;
    printf("Time is money\n");
}
```

5. 다음 프로그램을 실행하면 어떻게 표시되는가?

[힌트] 이스케이프, 줄바꿈

프로그램 3.13

```
#include <stdio.h>
```

```
int main(void)
{
    printf(" C Language \n");
    printf(" \\n is NewLine Symbol ");
    printf(" \\t is Tab Symbol ");
    return 0;
}
```

6. 화면에 다음과 같이 출력되는 프로그램을 작성해라. 두 번째 단어가 수평 정렬되었
  다면 공백 수는 상관없다.

☑ 실행 결과

```
Intel    : Core i7
AMD      : Phenom II
```

수치 표시

4.1.1 문자열과 수치

3장에서는 화면에 문자열을 표시하는 방법을 설명했다. 그러나 화면에 문자열만 표시된다면 쓸모가 없을 것이다.

컴퓨터는 계산을 실행하는 기계다. 그러나 문자열은 어디까지나 문자열에 지나지 않기 때문에 계산에 사용할 수 없다. 계산을 하려면 수치로 처리해야 한다. 수치가 있다면 당연히 계산에 이용할 수 있다.

수치와 숫자

일상생활에서 수치나 숫자는 같은 말일지도 모르지만 컴퓨터 세계에서는 명확하게 구별되어 있다. 수치는 수를 표현하는 것으로 계산에 사용할 수 있다. 반면, 숫자는 편의상 수치와 같은 외형을 가질 뿐 컴퓨터에게는 수를 표현하는 것이 아니며 계산에도 사용할 수 없다.

C 언어에서 문자열과 수치는 어떻게 쓰느냐에 따라 명확하게 구분되어 있다. C 언어에서 문자열은 ""로 둘러싸인 것을 의미한다. ""로 둘러싸여 있다면 모두 문자열인 것이다. 3장에서 작성한 프로그램을 생각해 보자.

🖥 프로그램 4.1

```
#include <stdio.h>

int main(void)
{
    printf("Hello, worldwn");
    return 0;
}
```

printf 함수는 문자열을 표시하는 함수이므로 문자열을 전달해야 한다. 그래서 Hello, worldWn을 ""로 둘러싼 것이다. 이처럼 ""로 둘러싸인 문자열을 문자열 리터럴[1]이라 부른다.

문자열 리터럴
프로그램 안에 포함되어 있는 ""로 둘러싸인 문자 상수

C 언어에서는 수치를 사용하는 데에 특별한 규칙이 없다. 단지, 숫자를 나란히 쓰면 수치로 취급한다. 그러나 숫자를 늘어놓은 경우라도 ""로 둘러싸여 있으면 문자열로 처리된다. 다음 예제처럼 말이다.

💻 프로그램 4.2

```
1234는 수치
"1234" 는 숫자 (문자열)
```

반복해서 말하지만, 계산에 사용할 수 있는 것은 수치뿐이다. 숫자는 계산에 사용할 수 없다.

4.1.2 수치 표시

printf 함수는 문자열을 표시하는 함수다. 그러나 다행히도 수치를 표시하는 기능도 가지고 있다. printf 함수는 수치를 표시하기 위해 출력 형식 지정자를 사용한다. 이것은 문자열에 포함된 채 사용되는 기호의 일종이다

출력 형식 지정자
외부 데이터를 문자열로 변환하여 표시하고 싶을 때, 그 변환 방법을 지정하는 기호

출력 형식 지정자에는 여러 종류가 있지만, 가장 많이 사용하는 것은 정수를 문자열로

---

1 리터럴: literal(문자 그대로의), 컴파일 후에도 그대로 남아 있는 것을 의미한다.

변환하는 %d[2] 지정자다. 이 지정자는 뒤에서 지정한 수치를 숫자로 변환한 후 결과를 표시한다. 백문이 불여일견이라는 말도 있듯이, 일단 사용법을 살펴보자. 다음 프로그램은 수치 100을 표시하는 프로그램이다.

🖥 프로그램 4.3

```
#include <stdio.h>

int main(void)
{
    printf(      , 100);
    return 0;
}
```

이 프로그램 실행 결과는 다음과 같다.

☑ 실행 결과

```
100
```

printf 함수에 전달된 문자열 안에 %d가 지정되어 있으므로 %d는 뒤에서 지정된 수치 100으로 대체되어 표시된다.

4.1.3 문자열과 함께 표시

4.1.2절에서는 printf 함수에 %d 지정자를 사용하여 수치를 표시하는 방법을 설명했다. 그러나 그 수치가 무엇을 의미하는지는 알 수 없다. 100은 100원, 100명, 100kg, 100번 같이 다양하게 표현될 수 있다.

이 문제는 수치와 문자열을 함께 표시하면 해결된다. 다음 프로그램은 수치와 문자열을 결합하여 100원을 표시하는 예다.

---

2 %d: decimal(10진)의 약자

```
#include <stdio.h>

int main(void)
{
    printf("%d", 100);
    printf("원\n");
    return 0;
}
```

이 프로그램의 실행 결과는 다음과 같다.

```
100원
```

이 방법은 얼핏 보기에 문제가 없어 보이지만, 1행을 표시하기 위해 printf 함수를 두 번 나누어 사용했다. 1행을 표시하는 데는 printf 함수 한 번이면 좋을 것이다.

%d 지정자는 다른 문자열과 함께 사용할 수 있다. 문자열 안에 %d 지정자를 사용하면 그 부분이 수치로 변경된다. 다음 프로그램은 printf 함수를 한 번 사용하여 100원을 표시하는 예제다.

```
#include <stdio.h>

int main(void)
{
    printf("%d원\n", 100);
    return 0;
}
```

이 프로그램의 실행 결과는 다음과 같다.

```
100원
```

이처럼 %d 지정자는 문자열 안에서 자유롭게 사용할 수 있다.

4.1.4 여러 수치 표시

4.1.3절에서는 %d 지정자를 문자열 안에 포함하는 방법을 설명했다. 이 방법을 사용해서 간단한 수식을 표시해 보자. 100+200=300이란 아주 간단한 식이다. 물론, 수식을 사용해서 표시하되, 아직 계산은 하지 않는다.

%d 지정자를 사용하면 이런 일은 쉽게 할 수 있다. 다음 프로그램은 100+200=300을 표시하는 예제다.

🖥 프로그램 4.6

```c
#include <stdio.h>

int main(void)
{
    printf("%d+",100);
    printf("%d=",200);
    printf("%d\n",300);
    return 0;
}
```

이 프로그램의 실행 결과는 다음과 같다.

☑ 실행 결과

```
100+200=300
```

이 방법도 문제는 없어 보이지만, 1행을 표시하는 데 printf 함수를 세 번 나누어 사용했다. 이를 printf 함수 한 번으로 끝낼 수 있다면 좋을 것이다.

%d 지정자는 하나의 문자열 안에서 여러 번 사용할 수 있다. %d 지정자를 세 번 사용하면 수치도 세 번 지정할 수 있다. 다음 프로그램은 %d 지정자를 세 번 사용하여 수치를 표시하는 예다.

🖥 프로그램 4.7

```
#include <stdio.h>

int main(void)
{
    printf("%d+%d=%d\n",100,200,300);
    return 0;
}
```

이 프로그램의 실행 결과는 다음과 같다.

☑ 실행 결과

```
100+200=300
```

이 프로그램에서 %d 지정자는 앞에서부터 차례로, 다음에 지정한 수치에 일대일로 대응된다.

기본적인 계산

4.2.1 계산과 그 결과 표시하기

4.1절에서는 100+200=300이라는 식을 화면에 표시하면서 100+200의 결과를 우리가 계산하여 입력하였다. 즉, 300이라는 답을 먼저 계산하여 입력한 것이다. 이런 방법으로 계산하는 것은 컴퓨터를 사용하는 의미가 없다. 이러한 계산은 컴퓨터에게 시키도록 하자. C 언어에서 계산을 하려면 수식만 작성하면 된다. 다음 프로그램은 100+200을 컴퓨터가 계산하는 예다.

🖥 프로그램 4.8

```
int main(void)
{
    100+200;
}
```

이 프로그램의 실행 결과는 다음과 같다.

☑ 실행 결과

화면에 아무런 결과도 표시되지 않았다. 이것은 당연한 결과다. 왜냐하면 이 프로그램은 100+200을 계산하지만, 그 결과를 표시하라는 내용은 없기 때문이다.

컴퓨터의 고집과 솔직함

이처럼 컴퓨터는 고집도 있고 솔직하다. 주어진 명령을 모두 그대로 수행하지만 명령이 없다면 아무것도 하지 않는다. 인간이 계산을 할 때는 결과를 찾아 표시하는 것이 당연한 일이지만, 컴퓨터는 그러한 배려를 가지고 있지 않다.

그럼, 계산한 결과를 표시하려면 어떻게 해야 할까? 물론, 화면에 표시하는 printf 함수를 사용하면 된다. 우리는 printf 함수로 문자를 표시하거나 수치를 숫자로 변환하는 방법을 알고 있다.

그리고 다음과 같이 수식을 전달하여 수식의 계산 결과를 숫자로 바꿀 수도 있다. 다음 프로그램은 100+200을 계산해서 표시하는 예다.

🖥 프로그램 4.9

```
#include <stdio.h>

int main(void)
{
    printf("%d\n",100+200);
    return 0;
}
```

이 프로그램의 실행 결과는 다음과 같다.

☑ 실행 결과

```
300
```

이 프로그램에서 주의할 점은 printf 함수에 전달된 값이 100+200이라는 식이 아니라 그 결과인 300이라는 점이다. 100+200은 (printf 함수에 관계없이) 계산되어 300으로 변환된다. 그리고 그 300이 숫자로 변환되어 화면에 표시된다.

4.2.2 사칙 연산자

4.2.1절에서 덧셈을 실행시켰지만 다른 계산도 가능하다. C 언어의 기본적인 연산자는 다음과 같다.

표 4.1 **C 언어의 기본 연산자**

C 언어에서의 기호	수학에서의 기호	기능
+	+	덧셈
-	-	뺄셈
*	×	곱셈
/	÷	나눗셈
%	mod	나머지 연산

표 4.1을 보면, C 언어의 연산 기호가 수학의 연산 기호와 조금 다른 것을 알 수 있다. 일반적인 컴퓨터 키보드에서는 ×와 ÷을 표현할 수 없기 때문에 C 언어뿐만 아니라 많은 다른 프로그램에서도 곱셈과 나눗셈을 표현하기 위해 다른 기호를 사용한다.

연산자 사용법은 수학과 동일하다. 다음은 여기에서 소개한 연산자를 사용하는 간단한 프로그램이다.

🖥 프로그램 4.10

```
#include <stdio.h>

int main(void)
{
    printf("%d\n",10 + 3);
    printf("%d\n",10 - 3);
    printf("%d\n",10 * 3);
    printf("%d\n",10 / 3);
    printf("%d\n",10 % 3);
    return 0;
}
```

이 프로그램의 실행 결과는 다음과 같다.

```
13
7
30
3
1
```

이 프로그램에서 주목해야 할 부분은 10/3(10÷3)의 계산 결과가 3으로 표시되는 것이다. 계산기라면 3.3333333으로 표시되었겠지만, 여기서는 모든 수치가 정수로 계산되기 때문에 결과 또한 정수가 된다.

또한, 정수 계산의 결과는 반올림하지 않고 버림한다. 왜냐하면 반올림을 실행한 경우 '몫×나누는 수'를 반대로 수행할 때 그 결과가 원래의 나눠지는 수보다 커지는 문제가 발생하기 때문이다.

저가 계산기와 고급 계산기

다음 계산은 저가 계산기와 고급 계산기를 구별하는 손쉬운 방법이다. 여러분도 가지고 있는 계산기로 10÷3×3을 계산해 보자. 내가 가지고 있는 **고급 계산기**는 10으로 표시되지만, **다이소에서 구입한 계산기**는 9.9999999로 표시된다. 고급 계산기는 중간 계산을 추적하여 정확하게 표시한다고 한다.

4.2.3 복잡한 식

C 언어로 계산할 수 있는 것은 간단한 수식만이 아니다. 더 복잡한 수식도 문제없이 계산할 수 있다. 다음 프로그램은 1~100까지의 합을 공식으로 계산하는 예다.

```
#include <stdio.h>

int main(void)
{
    printf("%d\n", (1 + 100) * 100 / 2);
    return 0;
}
```

이 프로그램의 실행 결과는 다음과 같다.

☑ 실행 결과

```
5050
```

C 언어에서의 수식 우선순위는 수학과 같다. 곱셈과 나눗셈을 덧셈과 뺄셈보다 먼저
계산한다. 우선순위를 바꿀 때 ()(소괄호)를 붙이는 것도 수학과 같다. 다만, 수학에서는
이중으로 괄호를 사용할 때 {}(중괄호)를 사용하지만, C 언어에서는 괄호가 여러 번 사
용되더라도 ()만을 사용한다.

4.3 수치의 종류

4.3.1 여러 종류의 수치

지금까지 수치를 하나의 의미로 사용했지만, C 언어에서 취급하는 수치는 두 종류다. 바로, 정수와 실수다. 정수란 자연수로, 0과 음수를 추가한 값이다. 예를 들어, 1, -1, 0, 5, 8, 7 등의 수를 말하며, 우리가 평소에 사용하고 있는 보통 수를 정수라고 부른다. 실수란 정수에 소수를 추가한 값이다. 예를 들어, 1.0, 5.2, -9.687, 3.14159 등의 수를 말하며, 소수를 포함한 수를 실수라고 부른다.

정수를 표시할 때는 10진수, 8진수, 16진수의 세 가지 작성법을 사용할 수 있다.

표 4.2 **10진수, 8진수, 16진수**

서식	진수
숫자	10진수
0숫자	8진수
0x숫자	16진수

앞에 0을 붙이지 않는 수는 10진수로 처리된다. 예를 들어, 100, 25, 68, 71, 19023 등은 10진수다. 앞에 0을 붙이는 수는 8진수로 처리된다. 예를 들어, 0152, 027, 0756, 030303 등은 8진수다. 보통은 0152와 152를 같은 수라고 생각하기 쉽지만, C 언어에서 0152는 8진수(10진수는 106)로 해석되므로 주의해야 한다.

그러므로 089라는 수는 C 언어에서 오류로 처리된다. 왜냐하면 8진수에는 8과 9라는 숫자를 사용하지 않기 때문이다. 그러나 실제로 프로그램에서 8진수를 사용하는 일은 매우 드물기 때문에 앞에 0을 붙이지 않는 것이 좋다. 물론, 0은 8진수에서도 0이므로 특별히 문제가 되지는 않는다.

의외로 자주 사용되는 것이 16진수이며 앞에 0x를 붙여서 나타낸다. 예를 들어, 0xFF, 0xA7, 0x912C, 0xABCD 등은 16진수다. C 언어에서는 문자 코드 등 특정 의미의 수치 표현에 관습적으로 16진수가 사용되며, 비트 연산 등의 처리에도 16진수 표기가 자주 사용된다. 그러나 입문자의 경우 아마 사용할 일이 없을 것이다.

또한, 실수 표기는 10진수로만 사용할 수 있다. 컴퓨터에서 실수를 취급하는 방법은 여러 가지인데, C 언어의 경우 부동소수점 방식을 사용한다. 이 때문에 C 언어 세계의 실수를 부동소수라고 부르는 경우도 많다.

부동소수점 방식

실수 값을 수치 나열(가수부)과 소수점 위치(지수부)로 표현하는 방법. 가수부에 10의 몇 제곱 등의 값을 곱해서 실수로 표현한다. 아주 큰 수에서 아주 작은 수까지 취급할 수 있어 편리하지만 계산이 느린 단점이 있다.

4.3.2 실수의 계산

3장에서 수행한 계산은 10/3(10÷3)의 계산 결과가 3이라고 표시되었다. 이 계산을 실수를 사용하여 가능한 한 정확하게 계산하고 싶지만, 분수가 없기 때문에 완벽하고 정확한 계산을 할 수 없다.

실수로 계산하고자 할 경우, 수치를 실수로 쓰면 자동적으로 실수로 계산된다. 계산 자체에는 문제가 없지만, 한 가지 주의사항은 표시할 때 사용할 출력 형식 지정자를 달리해야 한다는 점이다.

정확한 계산

이처럼 컴퓨터로 **정확한 계산을 실행하는 것은 어렵다.** 실수를 사용하면 반드시 나누어 떨어지지 않는 수가 생기거나 2진수로 계산하기 때문에 발생하는 오차도 생긴다.

사실 2진수에서 0.1 등의 수치는 정확히 나타낼 수 없다. 보통의 경우 반올림도 큰 문제가 되진 않지만, 정확도가 필요한 은행 컴퓨터 등은 10진수의 분수로 계산하는 구조를 가지고 있다고 한다.

지금까지 수치를 표시할 때 %d 지정자를 사용했지만, 이것은 정수 값을 숫자로 변환하는 지정자다. 실수 값을 숫자로 변환하려면 %f[3] 지정자를 사용해야 한다.

이것만 알면 다음은 간단하다. 다음 프로그램은 앞 절의 프로그램을 실수로 계산하는 예다.

🖥 프로그램 4.12

```
#include <stdio.h>

int main(void)
{
    printf("%f\n", 10.0 + 3.0);
    printf("%f\n", 10.0 - 3.0);
    printf("%f\n", 10.0 * 3.0);
    printf("%f\n", 10.0 / 3.0);
    return 0;
}
```

이 프로그램의 실행 결과는 다음과 같다. 그야말로 실수로 계산한 것처럼 답이 나왔다.

☑ 실행 결과

```
13.000000
7.000000
30.000000
3.333333
```

덧붙이자면, 이번에는 %(나머지) 연산자를 사용하지 않았다. 실수는 나머지를 계산할 수 없기 때문에 % 연산자를 사용할 수 없다.

---

3 %f: floating point(부동소수점) 변환의 의미

1. " "로 둘러싸인 문자열을 무엇이라고 부르는가?

2. 수학의 × 기호 대신 C 언어에서는 어떤 기호를 사용하는가?

3. 수학의 ÷ 기호 대신 C 언어에서는 어떤 기호를 사용하는가?

4. C 언어에서 실수를 표현하기 위해 무슨 방식을 사용하고 있는가?

5. 다음 프로그램을 실행하면 어떤 결과가 나타나는가?

💻 프로그램 4.13

```c
#include <stdio.h>

int main(void)
{
    printf("%d\n", 20 / 7);
    printf("%f\n", 20.0 / 7.0);
    return 0;
}
```

6. 다음 프로그램을 실행하면 어떤 결과가 나타나는가?

💻 프로그램 4.14

```c
#include <stdio.h>

int main(void)
{
```

```
    printf("%d\n", 0x5D);
    printf("%d\n", 023);
    printf("%d\n", 0x5D + 023 * 3);

    return 0;
}
```

프로그램 만들기

7. 40÷13을 계산하여 식과 몫, 나머지를 표시하는 프로그램을 작성해라.

주관식

8. C 언어의 정수 나눗셈에서 정수로 나누어지지 않을 때 반올림하지 않고 버림하는 이유를 간단히 설명해라.

5.1 수치 기억

5.1.1 기억의 필요성

4장에서는 사칙연산을 사용하는 계산이라면 어떤 복잡한 식도 계산할 수 있었다. 이제 좀 더 편하게 계산하는 방법을 학습해 보도록 하자.

4장까지는 수치를 프로그램에 매번, 직접 작성했고, 같은 수치가 나오더라도 반복하여 작성했다. 앞의 10+3, 10-3, 10×3, 10÷3을 계산하는 프로그램을 보면, 10과 3이라는 수치가 반복되고 있으며 이를 몇 번이고 입력해 프로그램을 작성했다. 이 방법으로는 10과 3을 20과 7로 바꾸고 싶을 때, 모든 수치를 하나하나 전부 변경해 주어야 한다.

이러한 작업은 분명 귀찮은 작업이다. 이 귀찮은 작업을 없애기 위해 수치를 기억해 두는 방법이 필요하다. 한 번 수치를 기억해 두었다가 그 수치를 꺼내어 사용하는 방법이 있다면, 그 기억된 수치를 변경하는 것만으로 모든 수치를 변경할 수 있다.

5.1.2 변수라는 메모리

5.1.1절에서 생각한 것을 실현하는 기능이 C 언어에 존재한다. 바로 변수다. 변수라고 하면 수학이 떠올라 어렵게 생각할지 모르겠지만 프로그래밍 변수와 수학의 변수는 전혀 다르다.

변수란, 수치를 저장해 두기 위해 메모리 영역에 이름을 붙인 것을 말한다. 대부분의 입문서에서는 수치를 넣어 두는 상자라고 설명하지만 이런 설명 방법은 컴퓨터가 많이 보급되기 전의 설명이다. 컴퓨터를 다뤄 본 사람이라면 메모리라고 설명하는 편이 더 좋을 것이다.

변수
수치를 기억하는 메모리에 이름을 붙여 관리하는 방법

컴퓨터 메모리란, 일렬로 방대하게 정렬된 사물함 같은 구조이며, 사물함 가장자리부터 하나씩 번호가 매겨져 있다. 그리고 컴퓨터에서 처리되는 수치는 이 사물함 어딘가에 들어 있다.

보통 이 사물함 번호를 바탕으로 수치를 넣었다 뺐다 하는데, 매번 긴 번호를 사용하는 것은 매우 불편하다. 여러분도 7자리 직원번호로 사물함을 구별하고 싶지는 않을 것이다. 그래서 각각의 사물함에 이름을 붙이기로 했다. 이렇게 하면 이름만으로 그것이 무엇을 위한 사물함인지 바로 알 수 있고, 또 취급하기도 아주 간편해진다.

5.1.3 변수 선언

메모리에 이름을 붙여서 관리하는 것은 5.1.2절에서 설명했다. 즉, 변수를 사용하려면 그 변수에 이름을 붙여 주어야 한다. C 언어에서는 변수에 이름을 붙이는 것을 변수의 선언이라고 부른다. 변수를 선언하려면 다음과 같은 작성법을 사용한다.

📋 서식

> 형명 변수명;

형명이란, 기억하고 싶은 수치 종류(자료형. 5.2절에서 다룬다)를 나타내는 이름이다. 일단 정수를 의미하는 int라고 생각하자.

변수명이란, 이름대로 변수에 붙여지는 이름이다. 이 이름을 붙이는 방법에는 다음과 같은 규칙이 있다.

- 알파벳, 숫자, _를 사용할 수 있다.
- 첫 번째 문자에는 숫자를 사용할 수 없다.
- 미리 정해진 예약어는 사용할 수 없다.

이 내용이 익숙하지 않은가? 맞다. 이것은 함수명을 붙이는 방법과 똑같다. 이 정도만 알고 있다면 변수를 선언할 수 있다. 다음 프로그램은 int(정수 값)라는 자료형의 변수 value[1]를 선언하고 있다.

🖳 프로그램 5.1

```
#include <stdio.h>

int main(void)
{
    int value;      /*변수 선언 부분*/
    return 0;
}
```

변수 선언은 기본적으로 함수 앞에서만 실행할 수 있다. 예를 들어, 다음과 같이 변수를 선언해 보자.

🖳 프로그램 5.2

```
#include <stdio.h>

int main(void)
{
    printf("Hello\n");
    int value;      /* 변수 선언 부분 */
    return 0;
}
```

이 프로그램은 오류가 발생한다. 변수 선언 부분을 printf("Hello\n"); 앞에 두면 오류 없이 동작한다.

---

1 value: 값, 여기서는 특별한 의미를 생각하지 않아도 된다.

컴파일러 기능

사실 이 프로그램은 많은 컴파일러에서 동작한다. 그 이유는 C 언어 확장판인 C++에서 동작하기 때문이다. 또한 C 언어의 C99 표준에서도 사용할 수 있다. 그러나 원칙적으로는 C 언어에서는 사용할 수 없음을 기억해 두자.

5.1.4 변수 값 대입

한 번 선언된 변수는 어떤 범위 내에서는 자유롭게 사용할 수 있다. 이번에는 main 함수에서 선언했기 때문에 main 함수 내에서 자유롭게 사용할 수 있다. 우린 아직 main 함수만 다루었으므로 지금은 사용 범위가 그다지 중요하지 않다.

변수의 사용법은 두 종류이며, 그중 하나가 대입이다. 대입은 변수에 수치를 기억시키는 것을 의미한다.

대입
변수에 수치를 기억시키는 것

변수에 수치를 대입하려면 다음과 같은 작성법을 사용한다.

📋 서식

```
변수명 = 수치;
```

절대로 착각하지 말자. 이 = 기호는 수학의 등호와는 전혀 다른 의미의 기호다. 여기에서 =는 오른쪽의 수치를 왼쪽의 변수에 기억시키는 것을 의미한다. 즉, =를 ← 기호 대신 사용하는 것이라고 생각하자.

이제 변수에 수치를 대입(기억)할 수 있다. 다음 프로그램은 int(정수 값)형 변수 value에 10을 대입한다.

프로그램 5.3

```
#include <stdio.h>

int main(void)
{
    int value;      /* 변수 선언 부분 */
    value = 10;     /* 대입 부분 */
    return 0;
}
```

5.1.5 변수를 수치 대신 사용

변수의 또 다른 사용법은 수치 대신 사용하는 것이다. 이 방법에는 특별한 작성법이 없다. 수식 안에 변수명을 쓰면 그 변수에서 기억하고 있는 수치로 바꾼다. 수치 표시나 계산 등 지금까지 사용한 모든 수식에 응용할 수 있다. 다음 프로그램은 변수에 기억된 값을 표시하는 예다.

프로그램 5.4

```
#include <stdio.h>

int main(void)
{
    int value;                  /* 변수 선언 부분 */
    value = 10;                 /* 대입 부분 */
    printf("%d\n",value);       /* 표시 부분 */
    return 0;
}
```

이 프로그램의 실행 결과는 다음과 같다.

실행 결과

```
10
```

이 변수를 사용하면 앞에서 언급한 문제가 해결된다. 10과 3이란 수치를 변수에 기억시키고 그 변수로 계산하면, 수치를 변경할 경우 수정할 곳은 단 한 곳뿐이다. 다음 프로그램은 변수를 사용해서 사칙연산을 계산하는 예다.

🖥 프로그램 5.5

```
#include <stdio.h>

int main(void)
{
    int left;
    int right;
    left = 10;
    right = 3;
    printf("%d\n", left + right);
    printf("%d\n", left - right);
    printf("%d\n", left * right);
    printf("%d\n", left / right);
    printf("%d\n", left % right);
    return 0;
}
```

이 프로그램의 실행 결과는 다음과 같다.

☑ 실행 결과

```
13
7
30
3
1
```

이 프로그램의 장점은 변수에 대입하는 수치를 변경하는 것만으로 다음 계산의 수치도 모두 변경된다. 그저 한 번의 변경으로 끝나는 것이다. 실제로 left와 right에 대입하는 수치를 변경해 보자.

5.1.6 대입과 연산을 동시에

변수에는 수식의 계산 결과를 직접 대입하는 것이 가능하다. 다음은 value에 10+30의
결과가 대입되는 프로그램이다.

프로그램 5.6

```c
#include <stdio.h>

int main(void)
{
    int value;
    value = 10 + 30;
    printf("%d\n", value);
    return 0;
}
```

이 프로그램의 실행 결과는 다음과 같다.

실행 결과

```
40
```

또한, 이미 변수가 기억하고 있는 값에 직접 계산을 할 수도 있다. 다음 프로그램은 값
을 가진 변수 value에 30을 더하는 예다.

프로그램 5.7

```c
#include <stdio.h>

int main(void)
{
    int value;
    value = 10;
    value += 30;
    printf("%d\n", value);
    return 0;
}
```

이 프로그램의 실행 결과는 다음과 같다.

```
40
```

이 프로그램의 포인트는 += 연산자에 있다. 이 연산자는 왼쪽 변수 값을 오른쪽 수만큼 증가시킨다. 앞에서 대입했던 10에 30을 더한 값이 대입되는 것이다. 이 연산자 부분은 다음과 같이 변경할 수도 있다.

🖥 프로그램 5.8

```
value = value + 30;
```

이 작성법은 프로그램에 익숙하지 않는 사람에게는 이상한 표현이 될 수 있다. 왜냐하면 value와 value+30이 같다고 적혀 있기 때문이다. 그러나 C 언어에서 =가 ← 의미인 것을 생각해 본다면 해결되는 문제다. 이 식은 value에 30을 더한 수치를 value에 대입하라는 의미다.

이 작성법에 변수 값 추가가 실현된다면 += 연산자 등은 불필요하다고 생각되겠지만 += 연산자를 사용하면 변수를 쓰는 것이 한 번으로 끝나므로 프로그램을 작성하기 편하다는 이점이 있다. 또한, 이와 비슷한 기능을 가지는 다른 연산자도 있다.

표 5.1 **복합 대입 연산자**

연산자	기능
+=	변수 값과의 덧셈을 변수에 대입
-=	변수 값과의 뺄셈을 변수에 대입
*=	변수 값과의 곱셈을 변수에 대입
/=	변수 값과의 나눗셈을 변수에 대입
%=	변수 값과의 나머지를 변수에 대입

또한, 변수 값을 하나 증가시키거나 감소시키는 증감 전용 연산자가 있다. 변수 값을 하나 증가시키는 연산자는 ++ 연산자로 증가 연산자라고 부른다. 반대로, 하나 감소시키는 연산자는 -- 연산자로 감소 연산자라고 부른다. 다음 프로그램은 증가 연산자, 감소 연산자를 사용한 예다.

🖥 프로그램 5.9

```
#include <stdio.h>

int main(void)
{
    int value;
    value = 10;
    printf("%d\n", value);
    value++;
    printf("%d\n", value);
    value--;
    printf("%d\n", value);
    return 0;
}
```

이 프로그램의 실행 결과는 다음과 같다.

☑ 실행 결과

```
10
11
10
```

프로그램에서 변수 값을 하나 증가시키는 것은 자주 사용되며, 매우 편리하다.

5.2 변수의 종류

5.2.1 자료형

5.1절에서 변수 선언과 사용법에 대해 설명했지만, 자료형에 대해서는 거의 설명하지 않았다. 또한, 변수를 선언하려면 다음과 같은 작성법을 사용한다고 설명했다.

📋 서식

형명 변수명;

형명이란 기억하고 싶은 수치 종류를 나타낸다. 5.1절에서는 정수를 기억하는 int를 사용했지만 이외에도 다양한 종류가 존재한다.

C 언어에서는 여러 종류의 수치를 다룰 수 있다. 그리고 그 수치에 따라 각각 다른 종류의 변수를 사용한다. 이와 같이 여러 종류의 수치를 자료형이라고 부른다.

🔑 **자료형**
KEY WORD
수치의 종류를 말한다. 크기와 표현 형식은 다르다.

C 언어는 자료형에 따라 각각 이름이 붙여져 있다. 그리고 그 이름에 int형처럼 접미사 '-형'을 붙여 부른다.

5.2.2 실수를 기억하는 변수

C 언어에서 자주 사용되는 자료형 종류는 그리 많지 않다. 여기서는 다음의 두 개 정도만 기억하면 좋을 것이다.

표 5.2 **최소한 기억해야 할 자료형**

형명	수치 종류
int	정수
double	실수

여기서 사용한 변수는 int형이다. 그것과는 별도로 double[2]형이라는 종류의 변수도 사용할 수 있다. int형은 정수를 기억하며, double형은 실수를 기억한다.

두 자료형은 기억하는 수치 종류가 다를 뿐 사용 방법은 같다. 다음 프로그램은 double형을 사용하여 사칙연산을 실행한 예다.

🖥 프로그램 5.10

```
#include <stdio.h>

int main(void)
{
    double left,right;
    left = 10;
    right = 3;
    printf("%f\n", left + right);
    printf("%f\n", left - right);
    printf("%f\n", left * right);
    printf("%f\n", left / right);
    return 0;
}
```

이 프로그램의 실행 결과는 다음과 같다.

☑ 실행 결과

```
13.000000
7.000000
```

---

2 double: 2배의, 배정도 2진 부동소수점(double precision binary floating-point number)

```
30.000000
3.333333
```

앞의 프로그램과 비교해 보면 사용법이 동일한 것을 알 수 있다.

그 밖의 계산에 사용되는 자료형

C 언어에는 지금 소개한 int와 double 이외에도 수치 계산에 사용되는 자료형으로 short, long, float이 있다.

short는 int보다도 적은 자릿수의 정수 값, long은 int보다 자릿수가 많은 정수 값, float는 double보다도 자릿수가 적은 실수 값을 계산하기 위한 자료형이다.

이들은 데이터양을 좀 더 줄일 필요가 있거나 더 빨리 계산해야 할 경우 자주 사용되지만, 기능이나 사용법은 int나 double과 동일하다. 사용해야 하는 특별한 이유가 없다면 일부러 쓸 필요는 없다.

5.3 형 변환

5.3.1 정수와 실수의 혼합 계산

4장까지는 정수는 정수끼리 실수는 실수끼리 계산하였으며, 정수와 실수를 혼합하여 계산하지는 않았다. 정수와 실수의 혼합 계산이란, 예를 들어 1.03×9 같은 계산을 말한다. 이는 실수×정수의 계산이다. 이런 경우 결과는 어떻게 될까? 결론부터 말하면, 결과는 실수다. C 언어에서 정수와 실수를 계산하면 결과는 실수로 변환된다. 만일 결과가 정수로 나타난다면 실수 부분이 생략되기 때문이다. 다음 프로그램은 1.03×9를 실제로 계산해 보는 예다.

프로그램 5.11

```
#include <stdio.h>

int main(void)
{
    printf("%f\n", 1.03 * 9);
    return 0;
}
```

이 프로그램의 실행 결과는 다음과 같다.

☑ 실행 결과

```
9.270000
```

답이 실수로 변환된 것을 알 수 있다. 시험 삼아 %d 지정자로 정수를 표시해 보자.

```
-10486
```

분명히 이상한 값이 표시되는 것을 알 수 있다. 또한, 이 결과는 컴파일러에 따라 바뀌므로 똑같이 표시되지는 않는다.

5.3.2 강제적 변환

정수와 실수의 계산에서는 답이 실수가 되는 것을 알았다. 그러나 경우에 따라서는 답이 정수로 표시되면 좋을 때가 있다. 예를 들어, 어느 나라의 소비세를 계산한다고 해보자. 금액×1.05라는 수식을 계산하면, 일반적으로 답이 실수로 나온다. 그러나 금액이 소수로 나오는 것은 자연스럽지 않다. 만약 실수를 정수로 변환하는 방법이 있다면 이 문제는 해결될 것이다. C 언어에는 형을 강제적으로 변환하는 기능이 있으며, 이를 명시적 형 변환이라 한다.

명시적 형 변환
강제적으로 자료형을 변환하는 기능

명시적 형 변환을 사용하는 방법은 다음과 같다.

  서식

```
(변환할 형명)수치나 변수명
```

예를 들어, 실수 값 1.05를 정수로 변환하고 싶을 경우 (int)1.05로 표시하면 1.05가 정수로 변환되어 1이 된다. 다음 프로그램은 360원짜리 상품의 소비세를 구하는 예다.

🖥 프로그램 5.12

```
#include <stdio.h>
```

```
int main(void)
{
    printf("%d\n", (int) (1.05 * 360));
    return 0;
}
```

이 프로그램의 실행 결과는 다음과 같다.

☑ 실행 결과

378

이 프로그램에서 1.05×360에 ()를 붙여 계산하는 이유는, 괄호를 붙이지 않으면 1.05가 먼저 변환되어 1이 되므로 계산의 의미가 없어지기 때문이다. 이처럼 컴퓨터 특유의 오차를 줄이기 위해 계산 순서는 아주 중요하다.

또한, 실수의 계산 결과나 그 결과를 정수로 변환한 값은 컴파일러나 컴퓨터 종류에 따라 다소 달라질 수 있으므로 정확히 378이 되지 않을 수 있다.

명시적 형 변환은 변수 사용이 가능하며 사용법도 동일하다.

수치 자릿수 맞추기

5.4.1 정수 자릿수 맞추기

지금까지 자주 사용한 printf 함수에는 아직 설명하지 않은 기능이 있다. printf 함수는
표시하는 문자나 수치의 자릿수를 지정할 수 있다. 다음 프로그램은 지금까지와 같이
자릿수를 printf가 처리한다.

🖥 프로그램 5.13

```c
#include <stdio.h>

int main(void)
{
    int a = 10000,b = 500,c = 3;

    printf("A는 %d 입니다. \n",a);
    printf("B는 %d 입니다. \n",b);
    printf("C는 %d 입니다. \n",c);

    return 0;
}
```

이 프로그램의 실행 결과는 다음과 같다.

☑ 실행 결과

```
A는 10000 입니다.
B는 500 입니다.
C는 3 입니다.
```

결과를 보면 알 수 있듯이, 숫자가 아무런 정렬 없이 표시되어 자릿수 차이가 많은 수를 표시할 때 가독성이 떨어진다.

printf 함수에서 자릿수를 정렬하려면 다음과 같이 한다.

```
%자릿수d
```

출력 형식 지정자 사이에 숫자를 넣으면 그 자릿수에 맞게 공백을 넣어 표시한다. 다음 프로그램은 자릿수를 5로 지정하여 읽기 편하게 표시한 예다.

🖥 프로그램 5.14

```c
#include <stdio.h>

int main(void)
{
    int a = 10000,b = 500,c = 3;

    printf("A는 %5d 입니다. \n",a);
    printf("B는 %5d 입니다. \n",b);
    printf("C는 %5d 입니다. \n",c);

    return 0;
}
```

이 프로그램 실행 결과는 다음과 같다.

☑ 실행 결과

```
A는 10000 입니다.
B는   500 입니다.
C는     3 입니다.
```

결과를 보면 알 수 있듯이, 자릿수에 맞춰 공백이 생기고 읽기도 쉬워진다. 만일, 지정한 자릿수보다 수치 자릿수가 더 큰 경우에는 수치 자릿수에 맞춰지므로 예상되는 최대 자릿수를 지정하면 자리가 정렬되어 표시된다. 또한, 마이너스 기호도 한 자리로 취급되므로 마이너스 값을 표시하는 경우에는 한 자리 크게 지정해야 한다.

5.4.2 컴퓨터 형식으로 표시

printf 함수는 빈자리를 0으로 채우는 것도 가능하다. 자릿수 앞에 0을 붙이면 공백 대신 0을 표시한다. 다음 프로그램은 앞에 0을 붙이도록 앞의 프로그램을 변경한 예다.

프로그램 5.15

```
#include <stdio.h>

int main(void)
{
    int a = 10000,b = 500,c = 3;

    printf("A는 %05d 입니다. \n",a);
    printf("B는 %05d 입니다. \n",b);
    printf("C는 %05d 입니다. \n",c);

    return 0;
}
```

이 프로그램의 실행 결과는 다음과 같다.

실행 결과

```
A는 10000 입니다.
B는 00500 입니다.
C는 00003 입니다.
```

어딘지 모르게 컴퓨터가 표시한 것 같은 결과가 표시된다.

5.4.3 실수 자릿수 맞추기

실수 값 표시는 전체 자릿수와 함께 소수점 이하 자릿수도 지정할 수 있다.

📋 서식

> %전체 자릿수.소수 자릿수f

여기서 주의해야 할 것은 전체 자릿수는 소수 자릿수와 소수점을 포함한다는 것이다. 예를 들어, %6.2f는 정수 부분이 세 자리, 소수점이 한 자리, 소수 부분이 두 자리로, 모두 여섯 자릿수로 해석된다.

다음 프로그램은 실수 값을 자릿수 지정으로 표시하는 예다.

🖥 프로그램 5.16

```
#include <stdio.h>

int main(void)
{
    double pi = 3.14159;
    printf("%6.2f\n", pi);
    printf("123456\n");
    return 0;
}
```

이 프로그램 실행 결과는 다음과 같다.

☑ 실행 결과

```
  3.14
123456
```

두 번째 행은 자릿수를 보기 쉽게 하기 위해 추가한 것이다. 전체가 여섯 자리, 소수점이 한 자리, 소수 분분이 두 자리로 표시되는 것을 알 수 있다. 또한, 소수점 이하의 자릿수를 0으로 하면 소수점이 표시되지 않는다. 그 밖에도 다양한 지정 방법이 있다. 자세한 내용은 부록 A.2를 확인하라.

개념

1. 수치를 기억하는 메모리에 이름을 붙이는 것을 무엇이라 부르는가?

2. 문제 **1**에서 수치를 기억하게 하는 것을 무엇이라 부르는가?

3. 문제 **1**에서 수치를 하나만 증가시키는 것을 무엇이라 부르는가?

프로그램 읽기

4. 다음 프로그램을 실행하면 어떻게 표시되는가?

🖵 프로그램 5.17

```
#include <stdio.h>

int main(void)
{
    int x,y;

    x = 10;
    y = x * 10 + 20;
    printf("%5d₩n" ,y);

    return 0;
}
```

프로그램 만들기

5. 198원짜리 음료수 한 개와 138원짜리 우유 두 개를 구입하고 천 원을 지불한 경우, 거스름돈은 얼마인지 구하라. 단, 5%의 소비세를 추가하고 거스름돈은 정수로 표시한다. 소비세를 반올림하는 것은 자유다.

6. 3.14 * 12처럼 실수와 정수를 계산하면 답은 실수로 표시된다. 그 이유를 간단히 써라.

CHAPTER

6

키보드를 사용한 입력

C programming

6.1 입력용 함수

6.1.1 입력의 필요성

5장에서 우리는 사칙연산을 사용하여 어떠한 복잡한 식도 계산할 수 있었다. 이제부터는 좀 더 편하게 계산하는 방법에 대해 알아보자. 5장에서 우리는 수치를 직접 프로그램에 입력했다. 즉, 프로그램을 실행할 때 모든 수치는 정해진 채 계산되었다. 이 프로그램은 같은 계산밖에 할 수 없다. 이런 경우 다른 수치로 계산하고 싶으면 또 다시 프로그램을 작성해야 한다. 이런 상황이라면 그냥 비싼 계산기를 사용하는 것과 별다른 차이가 없을 것이다. 프로그래밍을 하는 의미가 없다고도 말할 수 있다.

이 문제를 해결할 방법은 키보드로 수치를 입력하도록 하는 것이다. 프로그램을 실행할 때마다 수치를 입력하면 편하게 사용할 수 있을 것이다.

6.1.2 scanf 함수

화면에 표시할 때는 printf 함수를 사용했듯이 키보드로 입력할 때도 특별한 함수를 사용한다. 이를 위해 C 언어에는 scanf[1] 함수가 준비되어 있다. scanf 함수는 다음과 같이 사용한다.

📋 서식

```
scanf("입력 형식 지정자", &변수명);
```

입력 형식 지정자란 입력된 숫자를 어떤 수치로 변환하는지를 나타내는 문자다. printf

---

1 scanf: scan formatted(서식화된 입력)의 약자

함수에서 사용한 출력 형식 지정자와 거의 동일하게 사용할 수 있다.

변수명에는 입력된 데이터를 기억할 변수 이름을 지정한다. scanf 함수를 사용하는 경우에는 변수명 앞에 & 문자를 붙여야 한다. & 문자는 변수 위치를 알리는 것으로 자세한 내용은 15장에서 설명한다.

이 함수를 실행하면 프로그램은 입력 대기 상태가 된다. 프로그램을 사용하는 사람이 데이터를 입력하고 엔터(Enter)를 누르면 이 데이터가 지정된 변수에 대입된다.

또한 scanf 함수를 사용하려면 #include <stdio.h>가 필요하다. printf 함수를 사용할 때와 동일하므로 다시 추가할 필요는 없다.

6.1.3 수치 입력

여기까지 이해했다면 키보드로 데이터를 입력할 수 있다. 다음 프로그램은 scanf 함수를 사용하여 입력된 수치를 그대로 표시하는 예다.

🖳 프로그램 6.1

```
#include <stdio.h>

int main(void)
{
    int data;
    scanf("%d", &data);        /* 입력 부분 */
    printf("%d\n",data);
    return 0;
}
```

이 프로그램의 실행 결과는 다음과 같다. 실행 결과에서 # 기호 뒤의 메모는 독자 여러분을 위한 설명이므로 실제 실행 결과에는 표시되지 않는다.

```
100    #입력한 데이터
100    #표시된 데이터
```

이 프로그램을 실행하면 입력 대기 상태가 된다. 수치를 입력하고 엔터를 누르면 해당 수치가 그대로 표시된다. 물론, 수치는 100이 아니어도 상관없다.

scanf 함수는 정수뿐만 아니라 실수 입력도 가능하다. 다만, 실수의 경우 %lf[2] 지정자를 사용해야 한다. 참고로 printf 함수에서는 %f 지정자를 사용하였다. 두 지정자의 철자가 비슷하므로 주의하자.

다음 프로그램은 scanf 함수를 사용하여 입력한 실수를 그대로 표시하는 예다.

🖵 프로그램 6.2

```c
#include <stdio.h>

int main(void)
{
    double data;
    scanf("%lf", &data);        /* 입력 부분 */
    printf("%f\n", data);
    return 0;
}
```

이 프로그램의 실행 결과는 다음과 같다. # 기호 뒤의 메모는 독자 여러분을 위한 설명이므로 실제 실행 결과에는 표시되지 않는다.

☑ 실행 결과

```
175.128        #입력한 데이터
175.128000     #표시된 데이터
```

---

2 %lf: l은 long 수식, f는 floating point number(부동소수점수)를 의미한다.

6.1.4 여러 개의 입력

scanf 함수에서 한 번에 하나의 데이터만 입력해야 하는 건 아니다. 지정자를 여러 개 사용하면 여러 개의 입력을 한 번에 할 수 있다. 다음은 scanf 함수를 사용해서 두 개의 수치를 입력하는 프로그램이다.

🖥 프로그램 6.3

```
#include <stdio.h>

int main(void)
{
    int data1,data2;
    scanf("%d%d", &data1,&data2);      /* 입력 부분 */
    printf("%d , %d\n", data1,data2);
    return 0;
}
```

이 프로그램의 실행 결과는 다음과 같다.

☑ 실행 결과

```
100  200          #입력한 데이터
100  ,  200       #표시된 데이터
```

여기에서 %d 지정자를 두 개 지정하고, 한 번에 두 개의 수치를 입력했다. 입력할 때는 두 개의 수치를 공백, 탭, 줄바꿈 등으로 구분하여 입력한다.

덧붙이자면, 이 프로그램에서 사용한 int data1, data2; 작성법은 여러 변수를 같은 자료형으로 선언할 때 편리하다. int data1; int data2;처럼 두 번 나누어 선언하는 것보다 한 행에 정리하는 것이 더 간결하다.

두 개의 수치를 서로 다른 형으로 입력할 수도 있다. 예를 들어, "%d%lf"라고 지정자를 주면 첫 번째는 정수, 두 번째는 실수 값으로 입력할 수 있다.

또한, 구분 기호를 지정해서 입력할 수도 있다. 이 경우는 두 개의 지정자 사이에 구분 기호를 지정한다. 다음은 쉼표(,)로 구분하여 두 개의 수치를 입력하는 프로그램이다.

🖥 프로그램 6.4

```c
#include <stdio.h>

int main(void)
{
    int data1,data2;
    scanf("%d,%d", &data1,&data2);   /* 입력 부분 */
    printf("%d , %d\n", data1,data2);
    return 0;
}
```

이 프로그램의 실행 결과는 다음과 같다.

☑ 실행 결과

```
100,200        #입력한 데이터
100 , 200      #표시된 데이터
```

이번에는 쉼표로 구분해서 입력해야 하며, 공백 등으로 구분할 수 없으므로 주의하자.

6.1.5 간단한 시그마 프로그램

여기에서는 다른 내용을 설명하는 것이 아니라 실질적인 프로그램을 작성해 보려고 한다. 제목은 간단한 시그마 계산으로 하겠다. 시그마는 고등학교 수학에서 배우는 것이지만 기본적으로 그렇게 어렵지 않다. 1 + 2 + 3 + 4 + 5 +…+ 100처럼 계산하는 것이 시그마다. 이 계산을 단순하게 만들기 위해 여기서는 최솟값 min에서 최댓값 max 사이의 정수의 합계를 구하기로 한다.[3]

---

3 min은 minimum(최솟값)의 약자이며, max는 maximum(최댓값)의 약자다.

프로그램을 작성하기 전에 이 합계를 구하는 식을 알아보자. 이 합계는 (min + max) × (max – min + 1) ÷ 2로 구할 수 있다.

먼저, 이 프로그램에는 두 개의 정수 값 입력이 필요한 것을 알 수 있다. 그리고 그것을 계산하고 결과를 표시해야 한다. 이 프로그램은 지금까지 학습해 온 지식만으로도 작성할 수 있다. 두 개의 수치 입력에는 당연히 scanf 함수를 사용할 텐데, 그전에 printf 함수를 사용하여 미리 설명을 표시한다.

그다음은 두 개의 수치를 입력하는 프로그램을 작성해 보자. 다음이 최솟값부터 최댓값 사이의 정수 합계 sum[4]을 구하고 표시하는 프로그램이다.

🖥 프로그램 6.5

```c
#include <stdio.h>

int main(void)
{
    int min, max, sum;

    /* 입력 부분 */
    printf("최솟값과 최댓값을 ,로 구분해서 입력하세요 :");
    scanf("%d , %d", &min, &max);

    /* 계산 부분 */
    sum = (min + max) * (max - min + 1 ) / 2;

    /* 표시 부분 */
    printf("%d~%d 합계는 %d 입니다. \n", min, max, sum);
    return 0;
}
```

이 프로그램의 실행 결과는 다음과 같다.

---

4 sum: 합계

```
최솟값과 최댓값을 ,로 구분해서 입력하세요. : 100,200
100~200 합계는 15150 입니다.
```

여기에는 프로그램을 위한 좋은 팁이 많이 포함되어 있다. 우선, 실행 결과에 주목하자. 합계만 구하고 표시하는 것이 아니라 입력할 두 개의 수치를 쉼표(,)로 구분하도록 표시했으며, 입력한 범위와 합계도 보기 쉽게 표시했다.

프로그램 안에 3개의 변수 min, max, sum을 선언하고 있다. 각각 최소, 최대, 합계의 의미를 가지는 영어 단어로 되어 있어 무엇에 사용되는 변수인지 쉽게 알 수 있다. 이처럼 변수명은 알기 쉬운 이름으로 3~8자 정도가 적당하다. 영어 의미에 집착할 필요는 없으므로 sum을 합계의 또 다른 의미인 total이나 답을 일컫는 answer, solve, solution 등으로 생각할 수 있다.[5] 무엇이 됐든 의미가 없거나 한 문자로 이루어진 변수명만은 피하자.

프로그램을 적절히 구분하고 그에 따라 주석을 단 것에 주목하자. 이 프로그램은 입력, 계산, 표시의 세 단계로 나누어져 주석이 달려 있다. 물론, 계산과 표시 부분에 한꺼번에 주석을 다는 것도 가능하지만, 여기에서는 알아보기 쉽도록 두 부분으로 나누어 주석을 달았다.

주석의 폐해

많은 입문서에서는 주석을 사용하도록 설명하기 때문에 사람에 따라 주석을 너무 많이 사용하는 경우가 있다. 그러나 코드를 보고 알기 쉬운 부분에는 주석을 달 필요가 없다. 또한 프로그램을 수정할 때, 주석을 함께 수정하지 않으면 주석과 프로그램 내용이 일치하지 않아 오해가 생길 수 있다. 나는 주로 이 예제처럼 단락마다 주석을 단다.

프로그램은 작성하는 사람도 사용하는 사람도 알기 쉽게 작성하는 것이 중요하다.

---

5 total: 합계, answer: 대답 또는 해답, solve: 문제 등을 해결하다(풀다), solution: 해답 또는 해결책

6.2 입력의 공포

6.2.1 공포의 입력 실수

어쩌면 나는 상당히 마음이 비뚤어진 사람이지도 모르겠다. 6.1절에 좋은 프로그램에 대한 팁을 소개하고도 지금부터 그 프로그램에 문제가 있다고 설명을 해야 하기 때문이다. 도대체 앞의 프로그램에는 어떤 문제가 있을까? 바로 scanf 함수를 사용하는 것이 문제다.

scanf 함수는 여러 문제를 가지고 있는 함수다. 입문서에서는 비교적 자주 사용하고 있지만 실제 개발에서는 사용되지 않는다. 회사(학교)에 따라서는 scanf 함수를 사용하지 말라고도 한다.

하지만 앞서 작성한 프로그램은 특별한 문제없이 동작했다. 도대체 어디에 문제가 있을까? 바로, 입력 실수다.

정확하게 사용한다면 scanf 함수는 특별한 문제가 발생하지 않지만, 입력 실수가 있을 경우 심각한 문제를 일으키기도 한다. 이제, 앞의 프로그램을 사용해서 입력 실수 사례를 소개하겠다.

6.2.2 구분 기호 실수

있을 수 있을 만한 예로, 구분 기호를 잘못 입력해 보자. 앞의 프로그램에서 쉼표로 구분되었던 것을 공백으로 구분해 보자.

다음은 구분 기호를 잘못 입력한 경우의 실행 결과다.

```
최솟값과 최댓값을 ,로 구분해서 입력하세요. : 100 200
100~307 합계는 9560 입니다.
```

처음에 입력한 100은 정상적으로 입력되었지만 다음 200은 왜인지 307로 되어 버렸다. 또한, 이 결과는 사용하는 컴파일러에 따라 달라질 수 있으므로 여러분의 실행 결과는 다른 결과가 나올 수도 있다.

6.2.3 너무 큰 수치

다음은 극단적으로 큰 수치를 입력해 보려고 한다. 요즘 컴파일러는 아주 큰 수치라도 입력할 수 있으며, 이 내용을 스스로 테스트해 보려면 16비트 컴파일러(LSI C-86)를 사용하자. 다음은 아주 큰 수치를 입력했을 때의 실행 결과다.

☑ 실행 결과

```
최솟값과 최댓값을 ,로 구분해서 입력하세요. : 1,70000
1~4464 합계는 4408 입니다.
```

70000을 입력했는데 왜인지 4464로 인식됐다. 결과 또한 1~4464의 합계라고 하기엔 너무 작은 값이다.

이것은 기억할 수 있는 범위의 한계를 넘었기 때문에 발생하는 문제다. 입력한 내용을 확인해 보려고 해도, 원래 입력하려고 했던 변수가 4464였는지 실수로 4464가 입력되었는지는 구별하기 어렵다.

6.2.4 문자열의 공포

또 짓궂은 실험을 하려고 한다. 수치를 입력하라고 되어 있지만 문자열을 입력해 보자. 다음은 문자열을 입력했을 때의 실행 결과다.

최솟값과 최댓값을 ,로 구분해서 입력하세요. : ABCDEF
11975~307 합계는 -16199 입니다.

결과가 엉망진창으로 나온다. 왜 이렇게 되는지는 나도 모른다. 11957이나 307 같은 수치는 어디에서 나오는 걸까? 당연히 이 수치가 원래부터 이 수치인지 실수로 입력된 오류인지는 판별기 어렵다.

설마 이런 실수를 하는 사람은 없을 거라고 생각할지도 모르지만, 잠에 취해서 눌렀을지도 모르고 애완용 고양이가 키보드를 밟았을지도 모른다. 더 나아가서 바이러스나 해커가 악의로 이러한 입력을 한 수도 있다. 만약 대기업이나 정부에서 사용되고 있는 프로그램에서 이런 사태가 일어난다면…

6.2.5 해결 방법

다양한 입력 실수를 보고 벌써 지겨워하고 있을지도 모르겠다. 이제 지금까지 이야기한 문제에 대한 해결책을 제시하도록 하겠다.

그러나 사실 이 문제들의 해결은 그렇게 간단하지 않다. 현재 여러분의 지식으로는 이 문제들을 해결할 수는 없다. 일단, 해결책은 문자열로 입력하고 그 데이터를 해석하는 방법이 일반적이다. 즉, 이 문제를 해결하려면 문자열 처리 방법을 알아야 하는데, 여러분은 아직 문자열 처리를 할 수 없다.

이 문제의 해결 방법은 21장에서 소개하도록 하겠다. 그때까지는 어쩔 수 없이 scanf 함수를 계속 사용해야 한다. 그동안은 부디 입력 실수를 하지 않도록 주의하자.

개념

1. 키보드에서 수치를 입력하기 위해 사용하는 함수는 무엇인가?

2. 문제 1의 함수를 사용할 때, 변수명 앞에 붙이는 기호는 무엇인가?

프로그램 읽기

3. 다음 프로그램이 무엇을 계산하기 위한 프로그램인지 처리 내용이나 변수명으로부터 판단하라.

🖥 프로그램 6.6

```
#include <stdio.h>

int main(void)
{
    int base, height, area;

    scanf("%d,%d", &base, &height);
    area = base * height / 2;
    printf("%d\n", area);

    return 0;
}
```

프로그램 만들기

4. 정가를 입력하면 각각 10%, 30%, 50%, 80% 할인 가격을 리스트로 표시하는 프로그램을 작성하라. 금액은 정수 표시가 바람직하지만 실수라도 상관없다.

5. 사실 scanf 함수는 신뢰성이 필요한 프로그램에서는 거의 사용되지 않는다. 그 이유
가 무엇인지 간단하게 설명하라.

CHAPTER

7

비교와 판단

C programming

7.1 비교문

7.1.1 조건 판단

지금까지 작성한 프로그램은 모두 단방향 프로그램이었다. 즉, 처음부터 끝까지 적힌 순서대로 문장을 실행하고, 문장이 없어지면 끝나는 가장 단순한 구조였다. 정말 단순한 프로그램이라면 이런 방식으로 만들 수 있겠지만, 조금이라도 복잡한 처리를 하려면 곧 사용할 수 없게 될 것이다.

이 문제를 해결하려면 조건에 따라 처리 내용을 바꾸도록 해야 한다. 돈이 있다 → 불고기 정식, 돈이 없다 → 라면처럼 조건에 의한 판단이 반드시 필요하게 된다. 컴퓨터 세계에서 조건은 수치로만 존재한다. 구체적으로 말하면, 두 개의 수치 비교가 조건이 될 수 있다.

7.1.2 조건 판단문

C 언어에서 조건에 따른 판단을 실행하는 구문으로 if[1]문이 있다. if문은 두 개 수치 값을 비교해서 그 결과를 바탕으로 처리를 구분한다. if문의 사용법은 다음과 같다.

📋 서식

```
if (조건식) 문장;
```

if문에 의한 수치 비교는 매우 명확하고 간단하다. 즉, 지정된 수치가 0인지 아닌지를 판단할 뿐이다. C 언어에서 조건에 따라 판단을 할 경우 0을 거짓, 0 이외를 참이라고 부른다.

---

1 if: 'if A, B'의 형태로 쓰이며, '만약 A라면 B'라는 의미를 가진다.

if문에서는 지정된 수치가 참(수치가 0 이외)인 경우에만 옆의 문장을 실행한다. 그렇지 않으면 옆의 문장을 건너뛰고 if문 다음 문장을 실행한다. 다음 프로그램은 수치가 참일 경우에만 수치를 표시한다.

📟 프로그램 7.1

```c
#include <stdio.h>

int main(void)
{
    int suuti = 10;
    if (suuti) printf("%d\n" ,suuti);
    return 0;
}
```

이 프로그램의 실행 결과는 다음과 같다.

☑ 실행 결과

```
10
```

이 프로그램에서 int suuti = 10;은 선언과 동시에 대입할 때 쓸 수 있는 작성법이다. 이 작성법은 변수 값이 먼저 결정되기 때문에 초기화라고 부르기도 한다.

이 프로그램에서 suuti 값을 0으로 하면 아무것도 표시되지 않지만, 그 이외의 값으로 하면 해당 값이 표시된다.

7.1.3 비교를 위한 연산자

7.1.2절만 읽어서는 if문이 쓸모 있게 여겨지지 않을 것이다. 어쨌든 0인지 아닌지 판단할 수밖에 없기 때문이다.

그러나 보통 계산과 if문을 함께 사용하면 보다 정교한 비교가 가능하다. 예를 들어, 값이 같은 숫자끼리 빼면 결과는 당연히 0이 된다. 이를 이용하면 뺄셈으로 값 판단이 가능하다. 다음 프로그램은 이를 이용해서 입력한 수가 10인지를 판단하는 예제다.

🖥 프로그램 7.2

```
#include <stdio.h>

int main(void)
{
    int suuti;
    scanf("%d", &suuti);
    if (suuti - 10) printf("입력값은 10이 아닙니다.\n");
    return 0;
}
```

이 프로그램을 실행하여 10을 입력하면 결과는 다음과 같다.

☑ 실행 결과

```
10          # 입력한 데이터
```

이 프로그램을 실행하여 10 이외의 수를 입력하면 결과는 다음과 같다.

```
135         # 입력한 데이터
입력값은 10이 아닙니다.
```

이 방법을 더욱 복잡하게 응용하면 매우 정교한 비교도 가능하지만, 어떻게 생각해도 변수 값이 10인지를 확인하기 위해 뺄셈한다는 것은 부자연스러운 일이다.

그래서 C 언어에는 비교 전용 연산자가 준비되어 있다. 두 개의 수치가 동일한지 아닌지 를 조사하는 경우에는 == 연산자를 사용한다. 이 연산자는 두 개의 값이 같으면 결과 가 참이 되는 계산을 실행한다.

=와 ==

숙련자라도 =와 ==를 무심코 잘못 사용하는 경우가 많다. = 연산자는 왼쪽 변수에 대입을 의미하며, == 연산자는 오른쪽과 왼쪽 수치가 동일한지 비교한다. 프로그램이 생각대로 실행 되지 않을 때는 우선 =와 ==를 잘못 사용하지는 않았는지 의심해 보자.

다음 프로그램은 == 연산자를 사용하여 입력된 값이 10인지 조사하는 예제다.

🖥 프로그램 7.3

```c
#include <stdio.h>

int main(void)
{
    int suuti;
    scanf("%d", &suuti);
    if (suuti == 10) printf("입력값은 10 입니다.\n");
    return 0;
}
```

이 프로그램을 실행하여 10을 입력하면 결과는 다음과 같다.

```
10          # 입력한 데이터
입력값은 10 입니다.
```

이 프로그램을 실행하여 10 이외의 수를 입력하면 결과는 다음과 같다.

```
135         # 입력한 데이터
```

이전 프로그램과 결과를 표시하는 판단 조건이 반대이지만 정확하게 실행되었다.

수치 값을 비교할 때 주의할 점

여기에서는 정수 값 비교만을 다루었지만, 실수 값도 똑같은 방식으로 비교할 수 있다. 다만, 실수 값 비교에서는 보통 == 연산자를 사용한 비교는 하지 않는다. 실수 계산을 반복하면 계산의 오차가 쌓여 수치가 정확히 일치하지 않는 경우가 많기 때문이다. 단 0.0000001의 차이도 컴퓨터는 다른 수치로 판단하기 때문에 사용이 어렵다.

7.2 비교를 위한 연산자

7.2.1 등가 연산자

7.1절에서 소개한 == 연산자를 등가 연산자라고 부른다. 등가 연산자는 다음과 같이 두 종류가 있다.

표 7.1 **등가 연산가**

기호	참	거짓
==	두 값이 같음	두 값이 다름
!=	두 값이 다름	두 값이 같음

이러한 연산자는 값이 같은지 아닌지를 비교하기 위해 사용된다. 다음 프로그램은 입력한 수치가 10인지를 판단한다.

🖥 프로그램 7.4

```
#include <stdio.h>

int main(void)
{
    int suuti;
    scanf("%d", &suuti);
    if (suuti == 10) printf("입력값은 10 입니다.\n");
    if (suuti != 10) printf("입력값은 10 이 아닙니다.\n");
    return 0;
}
```

이 프로그램을 실행하여 10을 입력하면 결과는 다음과 같다.

```
10       # 입력한 데이터
입력값은 10 입니다.
```

이 프로그램을 실행하여 10 이외의 수를 입력하면 결과는 다음과 같다.

```
135      # 입력한 데이터
입력값은 10 이 아닙니다.
```

연산자를 이용한 수식

계속해서 비교 연산자 이외에도 관계 연산자나 논리 연산자를 다룰 텐데, 이 연산자 또한 수식 안에 두고 계산에 사용할 수 있다. 다음 수식은 변수 value1과 value2가 동일할 때 answer에 (많은 컴파일러에서는) 1을 대입하며, 동일하지 않을 때는 0을 대입한다.

🖳 프로그램 7.5

```
answer = value1 == value2;
```

숙련자들은 이러한 방식을 선호하지만 초보자에게는 권장하지 않는다.

7.2.2 관계 연산자

등가 연산자는 두 개의 값이 동일한지 조사하는 연산자였다. 여기서 다룰 관계 연산자 는 두 값의 크기를 비교하는 연산자다.

표 7.2 **관계 연산자**

기호	참	거짓
<	왼쪽 값이 오른쪽보다 작은 경우	왼쪽 값이 오른쪽보다 작지 않은 경우
>	왼쪽 값이 오른쪽보다 큰 경우	왼쪽 값이 오른쪽보다 크지 않은 경우
<=	왼쪽 값이 오른쪽 이하인 경우	왼쪽 값이 오른쪽 이하가 아닌 경우
>=	왼쪽 값이 오른쪽 이상인 경우	왼쪽 값이 오른쪽 이상이 아닌 경우

'보다 작다/크다'와 '이하/이상'의 차이는 등가를 포함하느냐 포함하지 않느냐의 차이다. 이하와 이상일 경우 등가에도 참을 반환한다.

이러한 연산자는 두 값의 크고 작음을 비교하기 위해 사용된다. 다음 프로그램은 입력한 수치가 10보다 큰지 판단하는 프로그램이다.

🖥 프로그램 7.6

```
#include <stdio.h>

int main(void)
{
    int suuti;
    scanf("%d", &suuti);
    if (suuti == 10) printf("입력값은 10 입니다.\n");
    if (suuti > 10) printf("입력값은 10 보다 큽니다.\n");
    if (suuti < 10) printf("입력값은 10 보다 작습니다.\n");
    return 0;
}
```

이 프로그램을 실행하여 10을 입력하면 결과는 다음과 같다.

☑ 실행 결과

```
10        # 입력한 데이터
입력값은 10 입니다.
```

이 프로그램을 실행하여 10보다 큰 수를 입력하면 결과는 다음과 같다.

```
135          # 입력한 데이터
입력값은 10 보다 큽니다.
```

이 프로그램을 실행하여 10보다 작은 수를 입력하면 결과는 다음과 같다.

```
5            # 입력한 데이터
입력값은 10 보다 작습니다.
```

7.2.3 논리 연산자

논리 연산자는 지금까지 다룬 연산자와 조금 다른 성질을 가진 연산자로, 여러 조건을 통합하거나 판단을 반전시키는 데 사용한다.

표 7.3 **논리 연산자**

기호	의미	참	거짓
&&	그리고(AND)	오른쪽과 왼쪽 조건이 모두 참인 경우	오른쪽과 왼쪽 조건 중 하나라도 거짓인 경우
||	또는(OR)	오른쪽과 왼쪽의 조건 중 하나라도 참인 경우	오른쪽과 왼쪽의 조건이 모두 거짓인 경우
!	부정(NOT)	조건이 거짓인 경우	조건이 참인 경우

if문에서는 한 번에 하나의 조건만 판단할 수 있지만, 이 연산자를 사용하면 여러 조건의 판단이 가능하다. 다음 프로그램은 입력한 수가 8~12 사이에 있는지를 판단한다.

```
#include <stdio.h>

int main(void)
{
    int suuti;
    scanf("%d", &suuti);
    if (suuti >= 8 && suuti <= 12) printf("8~12 사이 입니다.\n");
    if (!(suuti >= 8 && suuti <= 12)) printf("8~12 사이가 아닙니다.\n");
    return 0;
}
```

이 프로그램을 실행하여 8~12 사이의 값을 입력하면 결과는 다음과 같다.

실행 결과

```
9        # 입력한 데이터
8~12 사이 입니다.
```

이 프로그램을 실행하여 8~12 사이에 속하지 않는 값을 입력하면 결과는 다음과 같다.

실행 결과

```
3        # 입력한 데이터
8~12 사이가 아닙니다.
```

이 프로그램의 포인트는 if문 조건 부분에 있다. if문으로는 한 개의 조건만 판단할 수 있기 때문에 보통의 방법으로는 8 이상 그리고 12 이하라는 조건을 판단할 수 없다. 그러나 && 연산자를 사용하면 두 개의 조건 판단이 가능하다.

두 번째 if문 판단은 첫 번째 판단에 ! 연산자를 추가한 것뿐이다. ! 연산자는 판단 결과를 반대로 하는 기능을 가진 연산자로, 첫 번째 if문의 반대 결과가 나온다.

여러 처리의 실행

7.3.1 여러 처리의 필요성

여기서는 시험 점수(score)를 입력하는 프로그램을 작성하고자 한다. 지금까지 공부한 내용으로 간단히 구현할 수 있지만, 100점보다 큰 점수를 잘못 입력한 경우 자동으로 100점으로 수정하여 기억하는 기능을 추가해 보겠다. 다음 프로그램은 이를 구현한 예제다.

🖥 프로그램 7.8

```c
#include <stdio.h>

int main(void)
{
    int score;
    printf("점수를 입력해 주세요. :");
    scanf("%d", &score);
    if (score > 100) score = 100;
    printf("점수는 %d점 입니다.\n",score);
    return 0;
}
```

이 프로그램을 실행하여 100 이하를 입력하면 결과는 다음과 같다.

☑ 실행 결과

```
점수를 입력해 주세요. :58          # 입력한 데이터
점수는 58점 입니다.
```

이 프로그램을 실행하여 100 이상을 입력하면 결과는 다음과 같다.

☑ 실행 결과

```
점수를 입력해 주세요.  :135          # 입력한 데이터
점수는  100점 입니다.
```

더 나아가서 입력한 점수가 100점보다 큰 경우 '입력이 100보다 크기 때문에 수정합니다.'라는 메시지를 표시하는 기능을 추가하려면 어떻게 해야 할까? if문 다음 행에 printf문을 추가하면 될까? 아니다. if문은 바로 옆에 있는 문장만 판단 결과에 사용하기 때문에 if문 다음 행에 쓴 printf문은 if문에 의해 실행되지 않고 매번 실행된다.

한 가지 방법은 if문을 두 번 사용하는 것이다. 다음과 같이 if문을 두 번 사용하면 메시지 표시가 가능하다.

💻 프로그램 7.9

```
if (score > 100) printf("입력이 100보다 크기 때문에 수정합니다.\n");
if (score > 100) score = 100;
```

7.3.2 블록문

7.3.1절처럼 하나의 조건에 대해 여러 문장을 실행할 수는 있지만, 같은 조건으로 여러 번 비교를 하는 것은 비효율적이다. 한 번의 if문으로 여러 문장을 실행할 수 있는 방법이 있으면 훨씬 우아하게 처리할 수 있다.

C 언어에는 여러 문장을 묶는 기능이 존재한다. 바로, 블록문(복합문)이다.

블록문
{}를 사용하여 여러 문장을 묶는 방법

이 블록문을 사용하면 하나의 문장밖에 쓸 수 없는 곳에 여러 문장을 쓸 수 있다. 또한 블록문 안의 문장은 오른쪽으로 들여쓰기 하는 것이 일반적이다.

블록문을 사용하면 if문 결과에서 여러 처리를 수행할 수 있다. 다음 프로그램은 블록문을 사용해서 메시지 표시 기능을 추가한다.

💻 프로그램 7.10

```c
#include <stdio.h>

int main(void)
{
    int score;
    printf("점수를 입력해 주세요. :");
    scanf("%d", &score);
    if (score > 100) {
        printf("입력이 100보다 크기 때문에 수정합니다.\n");
        score = 100;
    }
    printf("점수는 %d점 입니다.\n",score);
    return 0;
}
```

이 프로그램을 실행하여 100 이하를 입력하면 결과는 다음과 같다.

☑ 실행 결과

```
점수를 입력해 주세요. :58          # 입력한 데이터
점수는  58점 입니다.
```

이 프로그램을 실행하여 100 이상을 입력하면 결과는 다음과 같다.

☑ 실행 결과

```
점수를 입력해 주세요. :135          # 입력한 데이터
입력이  100보다 크기 때문에 수정합니다.
점수는 100점 입니다.
```

개념

1. 조건 판단을 하는 경우 0 이외의 값을 무엇이라 부르는가?

2. 조건 판단을 하는 경우 0을 무엇이라 부르는가?

3. 여러 문장을 {}로 묶는 것을 무엇이라 부르는가?

프로그램 읽기

4. 다음 프로그램은 무엇을 표시하기 위한 프로그램인지 처리 내용과 변수명으로부터 유추해라.

🖥 프로그램 7.11

```c
#include <stdio.h>

int main(void)
{
    int value,remainder;

    scanf("%d", &value);

    remainder = value % 2;

    if (remainder == 0) printf("E");

    if (remainder == 1) printf("O");

    printf("\n");

    return 0;
}
```

5. 연도를 입력하면 그 해에 올림픽이 열리는지 표시하는 프로그램을 작성하라. 하계와 동계를 구분할 수 있으면 더욱 좋다. 참고로, 프로그램 처리가 복잡해지기 때문에 하계와 동계가 같은 해에 열렸던 시기는 무시하기로 한다.

【 힌트 】 시드니 올림픽(여름)은 2000년에 개최됐다.

6. 다음 프로그램을 실행하면 OK가 표시되는 이유를 간단히 설명해라.

프로그램 7.12

```
if (-1) printf("OK\n");
```

8.1 두 가지 조건에 따른 처리

8.1.1 조건이 거짓일 때의 처리

7장에서는 if문을 사용하여 조건에 따른 특정 처리의 실행을 제어하는 방법을 설명했다. 그러나 이 방법은 처리를 실행할지 말지를 선택하는 것이 전부다. 7장을 시작할 때 '돈이 있다 → 불고기 정식, 돈이 없다 → 라면' 예를 들었지만, 사실 7장에서 쓴 방법은 '돈이 있다 → 먹는다, 돈이 없다 → 안 먹는다'를 결정하는 문제에 더 잘 어울린다.

조건에 일치할 때뿐만 아니라 조건에 일치하지 않을 때도 문장을 실행해야 하는 경우, if문과 함께 else[1]문을 사용할 수 있다. else문은 다음과 같이 사용한다.

📋 서식

> if (조건식) 참일 때 실행하는 문장; else 거짓일 때 실행하는 문장;

else문 다음에 나오는 문장은 조건이 거짓인 경우 실행된다. 참인 경우 실행하는 문장과 거짓인 경우 실행하는 문장은 동시에 실행될 수 없다. 조건에 따라 반드시 어느 한쪽만 실행된다.

8.1.2 사용 방법

else문을 추가해도 if문의 사용 방법은 같다. 다만, 거짓일 때 실행되는 문장이 옵션으로 추가된 것뿐이다. 다음 프로그램은 7장에서 작성한 프로그램을 else문으로 고쳐 쓴 것이다.

---

1 else: 아니면

```
#include <stdio.h>

int main(void)
{
    int suuti;
    scanf("%d", &suuti);
    if (suuti == 10) printf("입력값은 10입니다.\n"); else printf("입력값은
10이 아닙니다.\n");
    return 0;
}
```

이 프로그램을 실행하여 10을 입력하면 결과는 다음과 같다.

☑ 실행 결과

```
10        # 입력한 데이터
입력값은 10입니다.
```

이 프로그램을 실행하여 10 이외의 값을 입력하면 결과는 다음과 같다.

☑ 실행 결과

```
135       # 입력한 데이터
입력값은 10이 아닙니다.
```

결과를 보면 알 수 있듯이, 거짓일 때 두 번째 문장이 실행된다. 그러나 이 프로그램에
서는 if-else문이 한 줄로 작성되어 있어 읽기가 어렵다.

8.1.3 보기 쉬운 작성법

if-else문을 읽기 쉽게 작성하려면 여러 행으로 나누고 들여쓰기를 해야 한다. 다음과
같은 작성 방법을 사용하면 보기가 쉽다.

```
#include <stdio.h>

int main(void)
{
    if (suuti == 10)
        printf("입력값은 10입니다.Wn");
    else
        printf("입력값은 10이 아닙니다.Wn");
}
```

그리고 if-else문에서 블록문을 사용하는 경우 다음과 같이 작성한다.

```
#include <stdio.h>

int main(void)
{
    if (suuti == 10) {
        printf("입력값은 10입니다.Wn");
    } else {
        printf("입력값은 10이 아닙니다.Wn");
    }
}
```

이 작성법을 사용하면 if문과 else문과의 대응 관계를 한눈에 알 수 있고, 보기에도 편하므로 평소에 이 작성법을 사용할 것을 권장한다.

세 가지 조건에 따른 처리

8.2.1 조건이 여러 개인 경우

지금까지는 하나 또는 두 개의 조건을 판단하고 처리했다. 그러나 실제로 세 개 이상의 판단을 필요로 하는 경우가 얼마든지 있다. 예를 들어, 어떤 동물원의 입장료는 나이에 따라 다음과 같이 달라진다.

표 8.1 **어떤 동물원의 나이에 따른 입장료**

구분	나이	입장료
유아	3세 이하	무료
어린이	4~12세	2500원
성인	13세 이상	4000원

나이 age[2]를 입력하면 필요한 입장료를 표시하는 프로그램을 생각해 보자. 다음은 if문을 사용하여 작성한 프로그램이다.

🖥 프로그램 8.4

```
#include <stdio.h>

int main(void)
{
    int age;
    printf("나이:");
    scanf("%d", &age);
    if (age <= 3) printf("유아 : 무료Wn");
```

---

2 **age**: 나이, 연령

```
    if (age >= 4 && age <= 12) printf("어린이 : 2500원\n");
    if (age >= 13) printf("성인 : 4000원\n");
    return 0;
}
```

언뜻 보면 이 프로그램에는 문제가 없어 보인다. 그런데 유아나 어린이가 아니면 반드시 성인이고 마찬가지로 유아가 아니면 어린이이거나 성인일 텐데, 매번 유아, 어린이, 성인을 모두 판단하는 것은 비효율적이다.

이런 불필요한 부분을 줄이려면 if-else문을 연속적으로 작성하는 것이 좋다. 즉, else문의 실행 문장으로 if문을 사용하여 이전에 판단한 내용을 연속적으로 사용할 수 있다. 다음 프로그램을 보자.

🖵 프로그램 8.5

```
#include <stdio.h>

int main(void)
{
    int age;
    printf("나이:");
    scanf("%d",&age);
    if (age <= 3) {
        printf("유아 : 무료\n");
    } else {
        if (age <= 12) {
            printf("어린이 : 2500원\n");
        } else {
            printf("성인 : 4000원\n");
        }
    }
    return 0;
}
```

이 프로그램의 포인트는 else문에서 실행되는 문장에 if문을 사용한다는 점이다. 먼저, 처음 if문에서 유아인지를 판단한다. 유아가 아니라면 그다음에는 어린이인지를 판단한다. 유아도 어린이도 아니라면 반드시 성인이므로 판단 없이 결과를 표시한다.

8.2.2 **보기 쉬운 작성법**

8.2.1절의 프로그램은 확실히 처리상의 낭비가 없어졌지만, 프로그램 자체는 보기 쉽다고 말할 수 없다. 게다가 들여쓰기도 점점 오른쪽으로 밀려서 조건이 세 개보다 많아지면 보기가 더 어려워질 것이다.

이를 읽기 쉽게 만들려면 들여쓰기를 무시하는 방법밖에 없다. 다음은 들여쓰기를 무시함으로써 읽기 쉽게 작성한 프로그램이다.

🖥 프로그램 8.6

```c
#include <stdio.h>

int main(void)
{
    int age;
    printf("나이:");
    scanf("%d",&age);
    if (age <= 3) {
        printf("유아 : 무료\n");
    } else if (age <= 12) {
        printf("어린이 : 2500원\n");
    } else {
        printf("성인 : 4000원\n");
    }
    return 0;
}
```

이 프로그램에서는 else문 바로 뒤에 if문을 연결했다. 그래서 이 작성법을 흔히 else-if 문이라 부른다. 이 작성법의 장점은 조건이 많이 늘어나도 옆으로 길어지지 않는 것이다. else문에 if를 이어 씀으로써 아래로 늘어나지만 옆으로는 절대 길어지지 않으므로 비교적 읽기 쉬운 프로그램이 된다.

들여쓰기를 무시해도 좋을까?
이 프로그램은 들여쓰기를 무시하여 읽기 쉬워진 특수한 예다. 대부분의 경우 들여쓰기를 사용한 것이 더 읽기 편하다.

8.3 번호를 사용한 조건에 따른 처리

8.3.1 번호에 대응하는 처리

지금까지 설명한 방법으로 이제는 어떠한 조건의 판단도 가능해졌다. 그러나 C 언어에는 또 다른 편리한 조건문이 있다. 우리 주변에서는 번호를 매기는 일이 자주 있다. 그 예로 학교에서 사용하는 출석부를 생각해 보자. 다음은 어떤 학급의 출석부다.

표 8.2 **한 학급의 출석부**

번호	이름	성별
1	홍길동	남성
2	신사임당	여성
3	이순신	남성
4	김유신	남성

출석번호 no[3]를 입력하면 대응되는 이름을 표시하는 프로그램을 생각해 보자. 8.2.2절에서 설명한 else-if문으로 쉽게 구현할 수 있다.

🖥 프로그램 8.7

```
#include <stdio.h>
int main (void)
{
    int no;
    scanf("%d",&no);
    if (no == 1) {
```

---

3 no: 라틴어 numero의 약자(영어에서는 in number = 세어 보면)

```
        printf("홍길동\n");
    } else if (no == 2) {
        printf("신사임당\n");
    } else if (no == 3) {
        printf("이순신\n");
    } else if (no == 4) {
        printf("김유신\n");
    } else {
        printf("그런 번호의 사람은 없다\n");
    }
    return 0;
}
```

이 방법도 좋긴 하지만 else-if가 계속 이어져 깔끔하지는 않다. 이런 경우 switch-case[4] 문을 사용하여 깔끔하게 쓸 수 있다. switch-case문의 사용법은 다음과 같다.

📋 서식

```
switch (조건식) {
case 수치:
    실행 문장;
    break;
case 수치:
    실행 문장;
    break;
}
```

switch문에서는 지정된 조건식 값과 동일한 값이 case로 이동한다. 이동한 곳에서 case에 속한 문장이 실행되고, break[5]문을 만나면 switch문 다음에 나오는 문장을 둘러싸고 있는 {} 안에서 빠져나온다. 다음은 switch-case문을 사용해서 앞의 예를 다시 작성한 프로그램이다.

---

4 switch: 전환, case: 경우(C 언어에서는 case 중에서 ~의 경우)

5 break: 중단한다.

```
#include <stdio.h>
int main (void)
{
    int no;
    scanf("%d", &no);
    switch (no) {
    case 1:
        printf("홍길동\n");
        break;
    case 2:
        printf("신사임당\n");
        break;
    case 3:
        printf("이순신\n");
        break;
    case 4:
        printf("김유신\n");
        break;
    }
    return 0;
}
```

이전보다 출석번호와 이름과의 대응 관계가 알기 쉽고 깔끔해 보인다. 물론, 번호를 입력하면 해당 이름이 표시된다. 또한, if문과 달리 {} 없이 여러 문장을 사용해도 된다.

8.3.2 조건 외 처리

8.3.1절의 switch-case문 프로그램을 실행해 보면 else-if문에서 작성할 때와는 결과가 다를 수 있다. else-if문 프로그램에서는 명단에 없는 번호를 지정한 경우 '그런 번호의 사람은 없다'고 오류를 표시해 주었지만 switch-case문 프로그램에서는 아무것도 표시해 주지 않았다.

이처럼 case문에 해당하지 않을 때의 처리를 실행하려면 default[6]를 사용할 수 있다.

---

6 default: 기본 값

default는 case문 대신 쓸 수 있으며, 입력한 값이 어떠한 case문에도 해당되지 않을 때 default를 수행한다. 다음은 default를 추가한 프로그램이다.

🖥 프로그램 8.9

```c
#include <stdio.h>
int main (void)
{
    int no;
    scanf("%d", &no);
    switch (no) {
    case 1:
        printf("홍길동\n");
        break;
    case 2:
        printf("신사임당\n");
        break;
    case 3:
        printf("이순신\n");
        break;
    case 4:
        printf("김유신\n");
        break;
    default:
        printf("그런 번호의 사람은 없다 \n");
        break;
    }
    return 0;
}
```

이 프로그램을 실행하여 10을 입력하면 결과는 다음과 같다.

☑ 실행 결과

```
10        # 입력한 데이터
그런 번호의 사람은 없다
```

1~4의 번호를 입력하면 대응되는 이름이 표시된다.

8.3.3 같은 처리를 한 번에

다음으로 표 8.2의 출석부를 사용하여 성별을 표시하는 프로그램을 생각해 보자. 이는 문자열만 변경하는 것이라 매우 간단하다. 다음 프로그램을 보자.

프로그램 8.10

```c
#include <stdio.h>
int main (void)
{
    int no;
    scanf("%d", &no);
    switch (no) {
    case 1:
        printf("남성\n");
        break;
    case 2:
        printf("여성\n");
        break;
    case 3:
        printf("남성\n");
        break;
    case 4:
        printf("남성\n");
        break;
    default:
        printf("그런 번호의 사람은 없다\n");
        break;
    }

    return 0;
}
```

이 프로그램을 보면 같은 문자열(남성)이 세 번이나 사용되고 있다. 이를 한 번에 처리할 수 있을까?

사실 case문은 여러 개를 연속적으로 사용할 수 있다. case문 자체가 switch문에서 이동하는 위치를 나타내는 의미이기 때문에 case문을 여러 개 연결해도 실행 내용에는 영향을 주지 않는다. 다음은 1, 3, 4의 case문을 연결한 프로그램이다.

🖥 프로그램 8.11

```
#include <stdio.h>
int main (void)
{
    int no;
    scanf("%d", &no);
    switch (no) {
    case 1:
    case 3:
    case 4:
        printf("남성Wn");
        break;
    case 2:
        printf("여성Wn");
        break;
    default:
        printf("그런 번호의 사람은 없다Wn");
        break;
    }
    return 0;
}
```

이 프로그램에서 1, 3, 4를 입력하면 모두 남성이 표시된다.

break문을 잊지 마라.

예제처럼 break문을 제거하면 같은 case문을 한 번에 처리할 수 있지만, break문을 잊어버리면 관련 없는 case문이 함께 처리된다. 그러므로 이런 일이 발생하지 않도록 break문을 잊지 않도록 하자.

8.3.4 취약한 판단

지금까지 봐서 알겠지만 switch-case문을 사용하면 여러 방향으로 분기하는 프로그램을 간단히 작성할 수 있다. 그러나 사실 switch-case문의 판단력은 매우 약하다.

switch-case문의 case에서 처리할 수 있는 것은 정수뿐이다. 실수나 변수, 조건식 등은 처리할 수 없다. 즉, if문처럼 변수끼리 비교하거나 대소관계를 비교하는 등의 처리는 불가능하다.

switch-case문은 변수와 정수 값만 비교할 수 있다. 복잡한 판단이 필요하다면 if문을 사용해야 한다.

개념

1. 조건이 거짓일 때 실행하는 문장을 if문에 추가하는 옵션은 무엇인가?
2. 문제 1의 문장을 여러 개 조합해서 사용하는 작성법을 일반적으로 무엇이라 부르는가?
3. 번호에 따라 조건을 나누고 싶을 때 사용하는 구문은 무엇인가?

프로그램 읽기

4. 다음 프로그램은 무엇을 표시하기 위한 프로그램인가? 처리 내용과 변수명으로부터 판단하라.

🖥 프로그램 8.12

```c
#include <stdio.h>

int main(void)
{
    int year;

    scanf("%d", &year);

    if (year % 2 == 0) {
        if (year % 4 == 0) {
            printf("summer\n");
        } else {
            printf("winter\n");
        }
    } else {
        printf("do not\n");
    }
```

```
    return 0;
}
```

5. 달을 입력하면 해당하는 달을 영어로 표시하는 프로그램을 작성하라. 또한, 존재하
   지 않는 달을 입력했을 때에는 그에 어울리는 메시지를 표시해라.
   〔 힌트 〕 영어 약자는 1월부터 순서대로 Jan, Feb, Mar, Apr, May, Jun, Jul, Aug,
   Sep, Oct, Nov, Dec다.

6. switch-case문에서 각 case문 다음에 break문을 두는 이유는 무엇인가? 또한, 이것이
   불필요할 경우는 어떤 경우인지 간단히 답해라.

9

정해진 횟수의 반복

C programming

9.1 반복문

9.1.1 반복 동작

컴퓨터는 같은 일을 몇 번이고 반복한다. 필요하다면 몇만 번, 몇억 번이라도 반복할 수 있다. 반복에는 횟수가 정해져 있는 반복과 횟수가 정해지지 않은 반복이 있다. C 언어에서는 횟수가 정해져 있는 반복에는 for[1]문을 사용한다. for문은 다음과 같이 사용한다.

📋 서식

```
int i;
for   (i = 1;i <= 반복 횟수;i++) {
      반복 문장;
}
```

여기서 i는 정수형 변수이며 반복 횟수를 계산할 때 사용된다. 당연히 이 i는 for문을 사용하기 전에 선언해야 한다. 다음 프로그램은 for문을 사용해서 메시지를 10번 표시하는 예제다.

🖥 프로그램 9.1

```
#include <stdio.h>

int main(void)
{
    int i;
```

---

[1] for: ~안에서, ~의 사이

```
    for (i = 1;i <= 10;i++) {
        printf("메시지\n");
    }
    return 0;
}
```

이 프로그램의 실행 결과는 다음과 같다.

☑ 실행 결과

```
메시지
메시지
메시지
메시지
메시지
메시지
메시지
메시지
메시지
메시지
```

'메시지'를 세어 보면 10번 표시된 것을 알 수 있다.

9.1.2 횟수 표시

앞서, for문을 사용하면 반복하여 실행할 수 있다는 것을 배웠다. 이때 사용하는 변수를 카운트 변수라고 부르기도 한다. 카운트 변수는 i가 아닌 어떤 알파벳을 사용해도 되지만, C 언어에서는 주로 i를 사용하는 사람이 많다.

반복 횟수 값은 변수 i를 참조하면 언제든지 알 수 있다. 다음 프로그램은 반복 횟수를 표시하는 예제다.

```
#include <stdio.h>

int main(void)
{
    int i;
    for (i = 1;i <= 10;i++) {
        printf("%02d 번째\n",i);
    }
    return 0;
}
```

이 프로그램의 실행 결과는 다음과 같다.

☑ 실행 결과

```
01 번째
02 번째
03 번째
04 번째
05 번째
06 번째
07 번째
08 번째
09 번째
10 번째
```

결과를 보면, 멋지게 10번 표시된 것을 확인할 수 있다.

9.2 루프 동작의 구조

9.2.1 초기화와 조건

9.1절에서 for문으로 반복(루프)을 할 수 있다고 설명했다. 여기에서는 이 for문의 동작 구조를 자세히 설명하겠다. 보다 상세한 for문 사용법은 다음과 같다.

📋 서식

```
for (초기화;조건식;증감식) {
    반복 문장;
}
```

초기화는 카운트 변수 초기화를 실행하기 위한 문장이다. 여기에 쓰인 식은 최초 한 번만 실행된다. 조건식은 루프 종료 조건을 설정하기 위한 문장이다. 여기에 쓰인 식의 값이 참인 동안 반복 문장을 계속 실행한다. 증감식은 카운트 변수의 증감을 행하기 위한 문장이다. 여기에 쓰인 식은 반복을 실시하는 문장을 실행한 후 실행된다.

이 내용을 바탕으로 9.1절에서 작성한 프로그램의 동작을 살펴보기로 하자.

🖥 프로그램 9.3

```c
#include <stdio.h>

int main(void)
{
    int i;
    for (i = 1;i < 10;i++) {
        printf("예시\n");
    }
}
```

```
        return 0;
}
```

여기에서 초기화 식은 i = 1이다. 이 식은 처음 한 번만 실행되므로 루프 시작 시점에서 i는 1이 된다. 다음은 조건식 비교를 실행한다. 이 단계에서 i 값은 1이므로 식 i <= 10의 결과는 참이 되고, 그 결과 루프는 계속 실행된다. 다음은 반복문을 실행한다. 여기에서 printf문이 실행된다. 다음은 증감식이 실행된다. 지금까지 i의 값은 1이었지만 증감식이 i++이므로 i 값은 1 증가하여 2가 된다.

기억하나요?

++ 연산자가 생각나지 않는 독자는 5.1.6절을 확인한다.

조건식→반복 문장→증감식을 몇 번이고 반복하여 i가 11이 되면 i <= 10 조건이 거짓이 되어 루프에서 빠져나오게 된다. 이와 같이 카운트 변수 값을 변경하여 조건이 거짓이 될 때까지 반복하고 정해진 횟수만큼 루프 처리를 실행한다.

for문에는 초기화, 조건식, 증감식 부분에 어떤 식을 넣어도 상관없다. 1회마다 1씩 줄이는 식을 넣거나 관계없는 식을 추가해도 상관없다. 하지만 정해진 횟수의 루프를 실행시키려면 9.1절의 식이 가장 사용하기 편리하다.

9.2.2 무한 루프

for문에는 어떠한 식을 넣어도 되고 넣지 않아도 된다. 다음 프로그램은 식을 하나도 넣지 않은 for문이다. 그러나 이 프로그램은 실행하지 않는 편이 좋다.

💻 프로그램 9.4

```
#include <stdio.h>

int main(void)
```

```
{
    for (;;) {
        printf("메시지\n");
    }
    return 0;
}
```

이 프로그램의 실행 결과는 다음과 같다.

```
메시지
메시지
메시지
메시지
메시지
    :
    :
```

이 프로그램은 무한으로 메시지를 계속 표시한다. 프로그램을 강제로 종료시키지 않는 한 계속 실행된다. 조건식을 생략했기 때문에 항상 참이라고 판단하여 계속 반복을 실행하는 상태에 빠진 것이다. 이처럼 무한히 실행되는 루프를 무한 루프라고 한다.

무한 루프
같은 동작을 무한 반복하는 프로그램. 넓은 의미로 보면, 모든 애플리케이션들은 무한 루프로 구성되어 있다고 볼 수 있다.

사실 무한 루프는 매우 널리 사용되는 기술이다. 잘 생각해 보면 알 수 있다. 예를 들어, 메모장 등의 애플리케이션에서 키보드 입력이 있다면 그 입력을 표시하는 처리를 사용자가 윈도우의 [X] 버튼을 눌러 종료시킬 때까지 영원히 반복하고 있는 것이다.

9.2.3 강제 탈출

for문은 조건식이 거짓일 때 종료하도록 만드는 것이 일반적이지만, 사실 중간에 마음대로 for문을 빠져나올 수도 있다. break문을 사용한다면 말이다.

for문에서 break문이 실행되면 for문은 강제적으로 종료되고 카운트 변수는 그 시점의 값을 유지한다. 다음 프로그램은 break문으로 루프를 종료시키는 예제다.

프로그램 9.5

```
#include <stdio.h>

int main(void)
{
    int i;
    for (i = 1;i <= 10;i++) {
        printf("%d\n", i);
        if (i == 3) break;    /* 루프를 종료한다 */
    }
    return 0;
}
```

이 프로그램의 실행 결과는 다음과 같다.

실행 결과

```
1
2
3
```

조건식은 10번을 표시할 때까지 끝나지 않게 되어 있지만, 실행 결과에서는 3번을 표시한 시점에서 종료되었다. 이것은 세 번째에 i 값이 3이 되면 if문 다음의 break문이 실행되기 때문이다.

break문은 for문의 조건과 동시에 사용할 수 있기 때문에 반복 중에 오류가 생기는 경우 프로그램을 종료시키는 데 사용되기도 한다.

1. for문에서 반복 횟수를 세기 위해 사용되는 변수를 무엇이라고 부르는가?

2. 영원히 반복을 계속하는 for문을 무엇이라고 부르는가?

프로그램 읽기

3. 다음 프로그램은 무엇을 표시하기 위한 프로그램인지 처리 내용과 변수명으로부터 판단하라.

🖵 프로그램 9.6

```c
#include <stdio.h>

int main(void)
{
    int i,price;
    scanf("%d",&price);

    for (i = 1;i <= 9;i++) {
        printf("%d Percent off = %d\n", i * 10,
            (int) (price * ((10.0 - i) / 10)));
    }

    return 0;
}
```

* price: 가격, percent off: % 할인(가격)

4. for문을 사용하여 구구단 표를 출력하는 프로그램을 작성해라.

　〖 힌트 〗 %2d 지정자를 사용하면 표를 가지런히 할 수 있다. 또한 for문 안에 for문을
　사용해도 좋다.

5. for문에서 횟수가 정해진 루프의 구조를 간단하게 설명해라.

10

횟수를 알 수 없는 반복

C programming

횟수를 알 수 없는 루프

10.1.1 횟수를 구하는 루프

9장에서 설명한 for문은 정해진 횟수만 반복하는 반복문이었다. 그렇다면 반대로, 몇 번 반복해야 좋은지 알고 싶은 경우도 있을 것이다. 재미있는 예로, 기하급수 계산이 있다.

> 어떤 초등학생이 부모에게 부탁했다. '이번 달은 1원, 다음달은 2원, 다다음 달은 4원으로 지난 달의 두 배씩 용돈을 주세요.' 용돈이 100만원을 넘는 것은 몇 달째일까?

이 답은 수학적으로 구할 수도 있지만, 이번에는 루프를 사용해서 계산해 보기로 한다. for문으로 구할 수도 있지만 이런 경우에는 for문보다 while[1]문이 적합하다. while문은 일반적으로 다음과 같이 사용한다.

📋 서식

```
while (조건식) {
    반복 문장;
}
```

서식을 보면 알 수 있듯이, 결국 for문에서 조건식만 지정하는 것과 같다. 정해진 횟수의 루프는 for문에서 초기화와 증감식을 사용해서 간단히 처리할 수 있지만, 루프 횟수

---

1 while: ~에서, ~ 사이

를 모르는 경우에는 조건식만 가진 while문이 편하다.

앞의 예제를 while문으로 실행하려면, while문 조건에 100만원보다 작은 동안은 반복을 계속하도록 지정하고, 반복 문장 안에서 돈(money)을 두 배로 계산하면 된다. 다음은 방금 설명한 내용을 계산하는 프로그램이다.

프로그램 10.1

```c
#include <stdio.h>

int main(void)
{
    double money = 1;
    int month = 1;

    while (money < 1000000) {
        printf("%02d 달째 : %7.0f 원\n", month,money);
        money *= 2;
        month++;

    printf("%02d 달째에 %7.0f 원이 되어 100만원을 넘는다.\n", month,money);

    return 0;
}
```

이 프로그램의 실행 결과는 다음과 같다.

☑ 실행 결과

```
01 달째 :        1 원
02 달째 :        2 원
03 달째 :        4 원
04 달째 :        8 원
05 달째 :       16 원
06 달째 :       32 원
07 달째 :       64 원
08 달째 :      128 원
09 달째 :      256 원
```

```
10 달째 :       512 원
11 달째 :      1024 원
12 달째 :      2048 원
13 달째 :      4096 원
14 달째 :      8192 원
15 달째 :     16384 원
16 달째 :     32768 원
17 달째 :     65536 원
18 달째 :    131072 원
19 달째 :    262144 원
20 달째 :    524288 원
21 달째에   1048576 원이 되어 100만원을 넘는다.
```

왜 double형으로 계산하느냐면 16비트 컴파일러 LSI C-86은 int형으로는 백만을 기억
할 수 없기 때문이다. 어떤 컴파일러에서는 문제없이 실행되므로 각자 int형으로 고쳐
보도록 하자.

 포인트 int형보다 사이즈가 큰 long[2]형이 있지만 예제 정도의 프로그램에는 long형을 사용
하지 않는다.

이 프로그램의 포인트는 money < 1000000 조건에 있다. while문은 이 조건이 참인 동
안, 즉 돈이 100만원보다 작을 때 반복 문장의 money *= 2 문장을 계속 실행한다. 그
리고 돈이 100만원을 초과했을 때 반복을 끝낸다. 그리고 마지막 printf문에서 '100만원
을 넘는다'는 문구를 표시한다.

이와 같이 for문이나 while문도 조건에 지정된 변수를 변경하면서 반복한다. 지정된 변
수를 변경하지 않으면 조건이 동일한 상태가 되어 무한 루프가 된다.

---

2 long형: 큰 크기의 정수형(C 언어 사용 환경에 따라 기억할 수 있는 데이터 크기가 다름)

10.1.2 for문과의 호환성

10.1.1절에서 설명한 바와 같이 while문은 for문의 조건식 부분과 같다. 반대로 말하면, for문은 while문을 확장한 구문이라고 말할 수 있겠다.

사실 두 구문은 동일하게 사용할 수 있다. while문을 for문처럼 사용한 경우는 다음과 같다.

📋 서식

```
초기화;
while (조건식) {
    반복 문장;
    증감식;
}
```

이처럼 while문에서도 정해진 횟수의 루프를 구현할 수 있다. 반대로 for문을 while문처럼 사용하려면 초기화와 증감식을 생략하기만 하면 된다.

다만, 일반적으로 for문은 정해진 횟수의 루프에 사용하고, while문은 그렇지 않은 루프에 사용한다. 둘은 서로 비슷하지만 잘 구분해서 사용하자.

입력 검사

10.2.1 사전 검사와 사후 검사

C 언어에는 총 세 개의 반복문이 있다. while문, for문, 그리고 do~while[3]문이다. while
문과 for문에 대해서는 이미 설명했지만 사실 do-while문은 while문과 거의 같다. do-
while문은 일반적으로 다음과 같이 사용한다.

📋 서식

```
do {
    반복 문장;
} while (조건식);
```

조건식 의미도 동작도 while문과 같다. 즉, 조건식이 참일 때 반복 문장의 실행을 반복
한다. 작성법도 비슷하지만, do-while문의 경우 while문의 조건식 () 이후에 세미콜론(;)
이 필요하다.

do-while문과 while문의 유일한 차이점은 조건식을 사전 검사(pre-test)하느냐 사후 검사
(post-test)하느냐다. while문은 반복 문장을 실행하기 전에 조건식을 판단한다. 그러나
do-while문은 반복 문장을 실행한 후에 조건식을 판단한다.

사실 이것만으로는 아주 큰 차이를 가진다고 볼 수 없다. 실제로 while문이나 do-while
문이 동일한 결과를 나타내기도 한다. 그래서 do-while문은 거의 사용되지 않는다.

그러나 do-while문에는 한 가지 큰 장점이 있다. 바로, 반복 문장이 반드시 한 번은 실

---

3 do: ~해라

행되다는 점이다. while문은 만약 처음부터 조건식이 거짓이면 반복 문장이 한 번도 실행되지 않은 채 끝나게 되지만, do-while문은 반복 문장이 최소 한 번은 실행된다.

10.2.2 입력 검사

do-while문에서 반복문이 반드시 한 번은 실행된다는 점은 입력 검사 시에 유용하게 작용한다. 예를 들어, 원의 면적을 계산하는 프로그램을 작성해 보자. 원의 면적은 반지름 × 반지름 × 원주율이다. 여기서 반지름 값이 음수일 경우 문제가 발생하므로 입력 검사가 필요하다.

원주율은 얼마?

컴퓨터 세계에서 원주율은 3.14159다. 이는 그다음 자리까지 나타낸 3.141592에서 2를 버려도 오차가 크지 않기 때문이다.

다음은 루프를 사용하지 않을 때의 입력 검사다.

🖵 프로그램 10.2

```
#include <stdio.h>

int main(void)
{

    int r;
    double s;

    printf("반지름? :");
    scanf("%d", &r);
    if (r < 0) {
        printf("음수값은 입력할 수 없습니다.\n");
    } else {
        s = r * r * 3.14;
        printf("면적은 %f 입니다.\n", s);
```

```
    }

    return 0;
}
```

이 프로그램을 실행하여 8을 입력하면 결과는 다음과 같다.

```
반지름? :8
면적은 200.960000 입니다.
```

이 프로그램을 실행하여 -8을 입력하면 결과는 다음과 같다.

```
반지름? :-8
음수값은 입력할 수 없습니다.
```

이 정도로도 입력 검사를 할 수는 있지만 조금 불친절하다. 입력값이 잘못되었다면 재입력을 요구하는 것이 보통이다. 다음 프로그램은 while문으로 재입력을 구현한 예제다.

💻 프로그램 10.3

```c
#include <stdio.h>

int main(void)
{

    int r;
    double s;

    printf("반지름은? :");
    scanf("%d", &r);
```

```
    while (r < 0) {
        printf("반지름은? :");
        scanf("%d", &r);
    }

    s = r * r * 3.14;
    printf("면적은 %f 입니다.₩n", s);

    return 0;
}
```

이 프로그램을 실행하여 -8, -5, 8을 입력하면 결과는 다음과 같다.

☑ 실행 결과

```
반지름은?  :-8
반지름은?  :-5
반지름은?  :8
면적은  200.960000  입니다.
```

이처럼 재입력이 실행되는 것을 볼 수 있다. 그러나 이번에는 프로그램 쪽에 문제가 있다. 프로그램을 보면 scanf 함수를 두 번 사용하는 것을 알 수 있다. 같은 데이터를 입력하는 데 scanf 함수를 두 번 쓰는 것은 확실히 낭비다. 다음 프로그램은 do-while문으로 이 낭비를 줄이는 예제다.

🖥 프로그램 10.4

```
#include <stdio.h>

int main(void)
{
    int r;

    double s;

    do {
        printf("반지름은? :");
```

```
       scanf("%d", &r);
   } while (r < 0);

   s = r * r * 3.14;
   printf("면적은 %f 입니다.\n", s);

   return 0;
}
```

이 프로그램을 실행하여 -8, -5, 8을 입력한 결과는 다음과 같다.

☑ 실행 결과

```
반지름은?  :-8
반지름은?  :-5
반지름은?  :8
면적은  200.960000  입니다.
```

이번에는 scanf 함수를 한 번만 사용했다. 반드시 한 번은 실행된다는 do-while문의 장점을 활용한 것이다.

개념

1. while문처럼 조건이 먼저 판단되는 반복을 무엇이라 부르는가?

2. do-while문처럼 조건이 나중에 판단되는 반복을 무엇이라 부르는가?

프로그램 읽기

3. 다음 프로그램은 무엇을 표시하기 위한 프로그램인지 처리 내용과 변수명으로부터 판단하라.

🖥 프로그램 10.5

```c
#include <stdio.h>

int main(void)
{
    int year = 0;
    double money = 10000;

    while (money < 15000) {
        year++;
        money *= 1.01;
    }


    printf("%d , %f\n", year , money);

    return 0;
}
```

4. 시험 점수를 입력하는 프로그램을 만들고 싶다. 시험 점수는 0~100까지로 하고, 그 이외의 수치가 입력될 경우 재입력을 요구한다.

5. do-while문이 왜 입력 검사에 유용한지 간단히 설명하라.

11

함수 생성 방법

C programming

11.1 사용자 정의 함수 생성

11.1.1 프로그램의 부품화

지금까지 C 언어의 기본적인 명령을 거의 다 다루었으며, 많은 예제 프로그램을 함께 만들어 보았다. 이제부터는 한 번 작성한 프로그램을 다시 사용하는 것에 대해 생각해 보자. 만들어 둔 프로그램을 다시 사용하는 가장 간단한 방법은, 복사해서 main 함수 안에 붙여넣는 것이다. 그러나 긴 프로그램의 경우 코드가 뒤죽박죽 섞여 알아 보기가 힘든 프로그램이 될 수도 있다.

이전에 작성한 프로그램을 다시 사용하는 것을 재사용이라고 부르며, 함수로 재사용하는 것은 부품화라고 부른다. 부품을 많이 준비해 두면 아주 긴 프로그램이라도 그 부품을 조합하는 것만으로 완성할 수 있어 매우 효율적이다.

재사용
이전에 작성한 프로그램을 사용하는 것을 말하며, 이를 통해 시간을 절약할 수 있다.

부품화
단독 기능을 가진 작은 프로그램을 만들고, 그것을 조합하여 큰 프로그램을 만드는 방법

여기에서는 4.2.3절에서 설명한 1~100까지의 합계를 표시하는 프로그램을 함수화하여 부품으로 재사용해 보기로 한다.

11.1.2 사용자 정의 함수 생성

부품화를 하려면 1~100까지의 합계를 구하는 프로그램을 함수로 만들어야 한다. 그러나 사실 ~~함수를 만드는 것~~ 자체는 새로운 것이 아니다. 처음에 설명한 main 함수 만드는 방법을 기억하고 있을 것이다. 그 이후부터 main 함수는 당연히 만들어야 하는 함수였으므로 특별히 의식하지 않고 있었을 것이다.

사용자 정의 함수를 작성하는 방법도 main 함수와 다르지 않다. main 함수 이름을 변경하면 새로운 사용자 정의 함수가 만들어진다. 물론, 그 내용도 자유롭게 작성할 수 있다.

이것만 기억하고 있다면 함수를 만드는 것은 아주 간단하다. 이름을 변경하고 내용을 1~100의 합계를 표시하는 프로그램으로 채우면 된다. 새롭게 작성한 sum 함수는 다음과 같다.

🖥 프로그램 11.1

```
#include <stdio.h>

int main(void)
{
    return 0;
}

int sum(void)
{
    printf("%d\n", (1 + 100) * 100 / 2);
    return 0;
}
```

이제 sum 함수가 완성되었다. 이후에는 sum 함수의 사용법만 알면 프로그램 재사용이 가능하다.

11.1.3 프로토타입 선언

바로 sum 함수 사용법을 설명하고 싶지만, 사실 그 전에 또 다른 한 가지를 준비해야 한다. 방금 새로운 sum 함수를 만들었지만 이것만으로는 sum 함수를 사용할 수 없다. 컴파일러가 새로운 sum 함수가 만들어졌는지 모르기 때문이다.

경우에 따라 컴파일러에 새로 만들어진 함수를 알릴 필요가 없을 때도 있는데, 컴파일러가 새로운 함수를 발견하면 자동으로 인식하기 때문이다. 다만, 새로운 함수는 자신보다 나중에 발견된 함수 안에서만 사용할 수 있다.

앞의 예에서는 먼저 main 함수를 만들고, 다음에 sum 함수를 만들었다. 이 경우 main 함수를 해석하는 단계에서 sum 함수가 발견되지 않았으므로 main 함수 안에 sum 함수를 사용할 수 없게 된다.

이를 해결하려면 sum 함수를 먼저 작성해야 한다. 다음 프로그램은 sum 함수를 먼저 작성한 예제다.

🖥 프로그램 11.2

```
#include <stdio.h>

int sum(void)
{
    printf("%d\n", (2 + 100) * 100 / 2);
    return 0;
}

int main(void)
{
    return 0;
}
```

이렇게 하면 문제없이 main 함수에서 sum 함수를 사용할 수 있다. 그러나 함수가 많아지면 항상 순서를 신경 써서 함수를 작성해야 하므로 불편하다. 어떤 함수가 만들어졌는지 사전에 목록을 만들어 두면 함수의 순서를 신경 쓰지 않아도 된다. 함수 목록을 만들려면 함수 형태를 프로그램 앞에 놓는다.

함수 형태란, 함수 첫 번째 행 뒤에 세미콜론(;)을 붙인 것이다. 정확하게는 함수명, 반환 형태, 인수 형태를 작성해 두는 것이다. 다음 프로그램은 sum 함수의 개요를 미리 써 놓은 예제다.

 프로그램 11.3

```
#include <stdio.h>

int sum(void);      /* 프로토타입 선언 */

int main(void)
{
    return 0;
}

int sum(void)
{
    printf("%d\n",(1 + 100) * 100 / 2);
    return 0;
}
```

이러한 함수의 개요를 프로토타입[1] 선언이라고 한다. 프로토타입 선언만 하면 함수를 어떤 순서로 써도 상관없다.

프로토타입 선언
프로그램 앞부분에 미리 함수 형태를 선언하여 다른 모든 함수에서 그 함수를 사용할 수 있도록 하는 것

유일하게 main 함수만이 프로토타입 선언이 필요하지 않으며, 다른 함수는 프로토타입 선언이 필요하다.

---

1 프로토타입: prototype(원형, 시제품)

11.1.4 사용자 정의 함수 호출

사용자 정의 함수의 사용법은 지금까지 다룬 함수와 같다. printf 함수의 경우 printf 뒤에 ()를 붙이고 그 안에 표시하고 싶은 문자열이나 변수를 지정하여 호출했다. sum 함수도 이와 같은 방식으로 호출할 수 있다.

단, sum 함수는 인수가 void이므로 전달 정보가 없다. 이 경우에도 ()는 생략할 수 없기 때문에 ()만 지정한다. 다음 프로그램은 main 함수에서 sum 함수를 호출하는 예다.

🖥 프로그램 11.4

```
#include <stdio.h>

int sum(void);      /* 프로토타입 선언 */

int main(void)
{
    sum();           /* 호출 부분 */
    return 0;
}

int sum(void)
{
    printf("%d\n", (1 + 100) * 100 / 2);
    return 0;
}
```

이 프로그램의 실행 결과는 다음과 같다.

☑ 실행 결과

```
5050
```

이 프로그램 흐름을 순서대로 설명하겠다.

① main 함수가 호출된다.

② main 함수 안에서 sum()이 실행되고 sum 함수로 이동한다.

③ sum 함수 안에서 printf 함수가 실행된다.

④ sum 함수 안에서 return이 실행되고 원래의 main 함수 안의 sum() 함수 직후로 돌아
간다.

⑤ main 함수 안에서 return이 실행되고 프로그램이 종료된다.

여기에서 중요한 것은 구체적인 처리는 모두 sum 함수 안에서 이루어지고 있다는 것이
다. 1~100까지의 합계를 계산하여 표시하는 것을 sum 함수에 맡길 수 있다. 이 부품화
를 이용하면 sum 함수를 필요할 때 호출하여 1~100까지의 합계를 언제든지 화면에 표
시할 수 있다.

함수에 수치 전달

11.2.1 인수를 가진 함수

11.1절에서 sum 함수를 만들어 1~100까지의 합계 계산을 부품화했다. 그러나 1~100까지의 합계만을 계산할 수 있다면 사용하는 데 한계가 있다. 더 자유로운 범위의 계산을 할 수 있다면 좋을 것이다. 이를 위해서는 함수에 정보(수치)를 전달해야 하며, 인수라는 것을 사용하면 함수에 수치를 전달할 수 있다.

인수
함수에 전달하는 정보의 총칭

인수는 함수의 () 안에 써야 한다. 11.1절에서 작성한 sum 함수의 인수는 void였다. 이 void는 인수를 사용하지 않을 때 지정한다. 반면, 인수를 사용하는 경우 () 안에 전달할 수치를 저장하는 변수를 선언한다. 만일, sum 함수에서 int형 변수 max에 수치를 저장하려고 한다면 다음과 같이 하면 된다.

🖥 프로그램 11.5

```
int sum(int max);
```

이처럼 사용하는 변수를 정의하는 것을 가인수(parameter)라 한다.

가인수
함수 선언에 정의된 변수의 인수형과 이름

함수를 변경한 경우 프로토타입 선언도 동일하게 변경해야 하지만, 프로토타입 선언 시

변수를 생략하고 인수형만 선언할 수도 있다. 다음 프로그램은 sum 함수에서 인수를
받도록 변경한 예다.

📺 프로그램 11.6

```
#include <stdio.h>

int sum(int);        /* 프로토타입 선언 */

int main(void)
{
    return 0;
}

int sum(int max)
{
    printf("%d\n", (1 + max) * max / 2);
    return 0;
}
```

인수에 지정한 변수는 그 함수 안에서 일반 변수처럼 사용할 수 있다.

11.2.2 함수에 수치 전달하기

인수를 가진 함수를 호출하려면 ()에 수치를 넣어서 전달해야 한다. 다음 프로그램은
sum 함수에 50이라는 수치를 전달하는 예제다. 더하여, 함수에 전달하는 수치를 실인
수(argument)라고도 한다.

실인수
함수를 호출할 때 전달하는 수치

📺 프로그램 11.7

```
#include <stdio.h>

int sum(int);        /* 프로토타입 선언 */
```

```
int main(void)
{
    sum(50);          /* 59를 전달 */

    return 0;
}

int sum(int max)
{
    printf("%d\n", (1 + max) * max / 2);
    return 0;
}
```

이 프로그램의 실행 결과는 다음과 같다.

☑ 실행 결과

```
1275
```

sum 함수를 호출할 때 지정한 50이라는 수치가 sum 함수의 가인수인 변수 max에 대입되었다. 당연히 sum 함수를 호출할 때 수치를 변경하면 실행 결과도 변경된다.

인수를 포함하여 함수를 호출하는 경우 반드시 수치를 전달해야 한다. 다음과 같이 sum 함수를 호출하면 오류가 발생한다.

🖥 프로그램 11.8

```
sum();
```

11.2.3 여러 인수

인수는 하나만 쓸 수 있는 것은 아니다. 필요하다면 원하는 만큼의 인수를 가진 함수를 만들 수 있다. sum 함수의 변수를 두 개로 늘려 min부터 max까지의 합계를 구할 수 있다. 다음 함수는 min~max 합계를 구하는 프로그램이다.

```
int sum(int min,int max)
{
    printf("%d\n", (min + max) * (max - min + 1) / 2);
    return 0;
}
```

여러 인수를 사용할 경우 각각을 쉼표(,)로 구분해서 지정한다. 여기서는 모두 int형을 사용했지만 다른 자료형을 함께 사용해도 문제없다.

이 함수를 호출할 때도 수치를 쉼표로 구분해서 지정한다. 실인수와 가인수는 정렬된 순서에 일대일로 대응한다. 다음 프로그램은 개선된 sum 함수를 호출하는 예제다.

□ 프로그램 11.10

```
#include <stdio.h>

int sum(int,int); /* 프로토타입 선언 */

int main(void)
{
    sum(50,100);
    return 0;
}

int sum(int min,int max)
{
    printf("%d\n", (min + max) * (max - min + 1) / 2);
    return 0;
}
```

이 프로그램의 실행 결과는 다음과 같다.

☑ 실행 결과

```
3825
```

또한 프로토타입 선언도 수정했다. 또 여러 인수를 갖는 함수에서는 모든 인수에 수치를 전달하지 않으면 호출할 수 없다.

수정하기 쉬운 프로그램

컴퓨터 성능이 좋아짐에 따라 일반 프로그램도 충분히 빠르게 움직이는 요즘, 개발자 가치의 절반은 얼마나 수정하기 쉬운 프로그램을 만드느냐에 달려 있다고 해도 과언이 아니다. 그래서 우리도 초보자가 수정하기 쉬운 프로그램을 만드는 방법을 전수하겠다. 간단하다. 무조건 함수를 많이 만들어라. 함수로 나눌 수 있는 것은 모두 함수로 나누어라. 과하다 싶을 정도로 해도 된다. 함수를 만들 때는 함수명과 인수를 생각해야 한다. 이를 생각하는 것만으로도 자연스럽게 수정하기 쉬운 프로그램으로 만들어진다.

11.3 함수에서 수치 반환하기

11.3.1 값을 반환하는 함수

11.2절에서 함수에 수치를 전달하는 방법을 설명했으므로 이번에는 그 반대로 함수에서 수치를 반환하는 방법을 설명한다. 사실 sum 함수는 모든 수치를 반환하도록 만들어졌다. 우선 11.2절의 sum 함수를 살펴보자.

💻 프로그램 11.11

```c
int sum(int min,int max)
{
    printf("%d\n", (min + max) * (max - min + 1) / 2);
    return 0;
}
```

주목할 포인트는 두 가지다. 하나는 함수명 앞에 붙어 있는 int라는 문자열이다. 이는 main 함수를 흉내 낸 것뿐이지만, 사실 이것은 함수에서 반환값의 자료형을 나타낸다. 또 하나의 포인트는 return문이다. 지금까지는 별생각 없이 함수의 마지막에 반드시 써 주었지만, 사실 이 return문은 수치를 반환하는 기능이 있다. 즉, 이 sum 함수는 int형 수치 0을 돌려준다. 이렇게 함수로부터 되돌아오는 수치를 반환값(함수 값)이라고 부른다.

 반환값
함수로부터 반환된 수치. 주로 계산 결과나 오류 여부를 나타낸다.

호출자가 반환값을 알고 싶다면 변수에 반환값을 대입한다. sum 함수의 반환값을 변수 value에 대입하려면 다음과 같이 작성한다.

```
value = sum(50, 100);
```

이 반환값을 사용하면 계산 결과를 표시할 뿐만 아니라 호출자에게 수치를 알려 줄 수 있다. 호출자는 이 수치를 표시하거나 계산에 사용할 수 있다. 다음 프로그램은 계산 결과를 반환하도록 sum 함수를 수정한 예제다.

📺 프로그램 11.13

```c
#include <stdio.h>

int sum(int,int); /* 프로토타입 선언 */

int main(void)
{
    int value;
    value = sum(50,100);
    printf("%d\n", value);
    return 0;
}

int sum(int min,int max)
{
    int num;
    num = (min + max) * (max - min + 1) / 2;
    return num;
}
```

* num: number(수)의 약자

이 프로그램의 실행 결과는 다음과 같다.

☑ 실행 결과

```
3825
```

앞의 결과와 다르지 않지만 여기서 sum 함수는 계산 결과를 반환할 뿐이며, 결과 표시는 main 함수에서 printf 함수를 사용하여 나타냈다. 필요한 경우 main 함수의 반환값을 다른 계산에 사용할 수 있다.

11.3.2 반환값의 제한

11.2절에서 여러 인수를 사용하는 것에 대해 설명했다. 그럼 당연히 반환값도 여러 개일 수 있다고 말하고 싶지만 그렇게는 안 된다. 반환값은 하나뿐이다. 사실 인수로 수치를 반환하는 방법도 있지만 이 내용은 뒤에서 언급하도록 하겠다.

인수는 호출할 때 반드시 선언해야 하지만 반환값은 선언하지 않아도 된다. 사실, 우리가 지금까지 자주 사용한 printf 함수도 문자 표시에 대한 반환값을 가지고 있다. 하지만 그런 정보는 필요 없는 값이기에 무시해 왔다.

덧붙여, 반환값에는 int 외에도 double 등의 원하는 자료형을 사용할 수 있다. 또한, 반환값을 반환하지 않는 함수도 만들 수 있다. 반환값을 반환하지 않으려면 인수명 앞에 void를 지정한다. 반환값이 불필요한 정말 간단한 함수가 의외로 많다.

개념

1. 프로그램 선두에 함수 형태를 선언하는 것을 무엇이라 하는가?

2. 함수에 수치를 전달하기 위해 선언하는 변수를 무엇이라 하는가?

3. 함수에 전달한 수치나 변수를 무엇이라 하는가?

4. 함수로부터 반환된 수치를 무엇이라 하는가?

프로그램 읽기

5. 다음 프로그램에서 tri 함수는 무엇을 위한 함수인가? 처리 내용과 변수명으로부터 판단해서 답해라.

🖵 프로그램 11.14

```c
#include <stdio.h>

int tri(int,int);

int main(void)
{
    int base,height;

    scanf("%d,%d", &base, &height);
    printf("%d\n", tri(base, height));

    return 0;
}

int tri(int base,int height)
{
    return base * height / 2;
}
```

6. 연도를 입력하면 해당 연도의 올림픽 개최 여부를 표시하는 프로그램을 작성하되, 올림픽 개최를 계산하는 부분은 별도의 함수로 작성해라. 또한, 2000년 하계 대회가 열린 이후 2년마다 겨울→여름→겨울→여름 순으로 열린다고 가정한다.

7. 함수를 만드는 이유를 간단하게 설명해라.

함수 내에서 수명이 끝나는 변수

12.1.1 지역 변수의 수명

11장에서 함수에 대해 설명했지만 함수와 변수의 관계는 설명하지 않았다. 여기에서는 카운트 함수를 만들어 그것을 바탕으로 함수와 변수의 관계를 설명한다. 카운트 함수는 함수가 호출된 횟수를 세는 함수다. 분명히 정해진 용어는 아니지만 편의상 그렇게 부른다.

단순하게 생각하면 카운트 함수를 쉽게 구현할 수 있다. 변수를 준비하고 그 변수에 매회 1씩 더하는 것이다. 다음 프로그램은 이 내용을 그대로 실현한 예제다.

🖥️ 프로그램 12.1

```c
#include <stdio.h>

int countfunc(void);

int main(void)
{
    countfunc();
    countfunc();
    countfunc();
    return 0;
}

int countfunc(void)
{
    int count = 0;  /* 초기화 */
    count++;

    printf("%d\n", count);
```

```
    return count;
}
```

countfunc: counting function을 줄인 함수명, count: 세다

이 프로그램의 실행 결과는 다음과 같다.

☑ 실행 결과

```
1
1
1
```

count 변수에 1씩 더하는 함수를 세 번 호출했는데 실행 결과는 모두 1이다. 초기화 부분에서 0을 대입한 것이 원인일 수 있다. 그렇다면, 경고를 무시하고 변수를 초기화하지 않기로 해 보자. 이 경우 처음에 어떤 숫자가 나올지는 모르지만, 두 번째 호출은 첫 번째 호출보다 1이 크고, 세 번째 호출은 첫 번째 호출보다 2가 클 것이다. 다음 프로그램은 count 변수를 초기화하지 않은 예제다.

🖥 프로그램 12.2

```
#include <stdio.h>

int countfunc(void);

int main(void)
{
    countfunc();
    countfunc();
    countfunc();
    return 0;
}

int countfunc(void)
{
    int count;      /* 초기화하지 않음(원래는 초기화해야 함) */
    count++;
    printf("%d\n", count);
```

```
    return count;
}
```

이 프로그램의 실행 결과는 다음과 비슷할 것이다. (컴파일러에 따라 실행 결과가 달라질 수 있다.)

☑ 실행 결과

```
5369
5369
5369
```

이번에도 모두 같은 결과가 나왔다. 아무래도 1씩 더한 결과가 전혀 반영되지 않는 것 같다. 이는 변수 수명과 깊은 관계가 있다. 사실 함수 안에서 선언한 변수는 함수가 종료되면 버려진다. 같은 함수가 다시 호출되면 변수도 다시 만들어진다. 이때 이전과는 다른 메모리가 사용되므로 값도 바뀌는 것이다. 그리고 앞의 실행 결과에서 우연히 같은 값이 나왔지만, 다음에도 같은 값이 나올지는 알 수 없다.

함수 안에서 선언된 변수의 수명은 함수 안에서만 유효하다. 이처럼 함수 안에서 수명이 끝나는 변수를 로컬[1] 변수라고 한다. 또한 변수 수명과 유효 범위 등을 일컬어 스코프[2]라고 부른다.

지역 변수
함수 안에서 선언된 변수. 가인수 변수도 마찬가지. 그 함수가 종료되면 버려지고 다시 함수가 호출될 때 새로 만들어진다. 또 다른 함수에서 사용할 수 없다.

스코프
식별자가 유효한 범위를 제한하는 방법의 총칭. 일반적으로 변수 수명과 유효 범위를 결정하는 구조로 되어 있다.

---

1 로컬: local(국소적)

2 스코프: scope(작용하는 범위)

12.1.2 같은 이름, 다른 변수

지역 변수는 함수가 종료되면 파기되므로 main 함수에 선언하면 main 함수가 종료될 때까지는 사용할 수 있다. 다음 프로그램은 main 함수에도 count 변수를 선언한 예다.

📺 프로그램 12.3

```
#include <stdio.h>

int countfunc(void);

int main(void)
{
    int count = 0;
    countfunc();
    countfunc();
    countfunc();
    return 0;
}

int countfunc(void)
{
    int count;      /* 초기화하지 않음(원래는 초기화해야 함) */
    count++;
    printf("%d\n", count);
    return count;
}
```

이 프로그램의 실행 결과는 다음과 비슷할 것이다. (컴파일러에 따라 실행 결과가 달라질 수 있다.)

☑ 실행 결과

```
5369
5369
5369
```

main 함수에도 count 변수를 선언했음에도 결과는 변하지 않았다. 게다가 main 함수로 count 변수를 0으로 지정했음에도 countfunc 함수 내에 전혀 다른 값이 표시되어 있다. 그렇다면 main 함수에서 선언한 변수는 다른 함수에서 사용할 수 없는 것이 아닐까?

이는 변수의 유효 범위와 깊은 관계가 있다. 지역 변수는 선언된 함수 내부만 유효하다. 같은 이름의 변수라도 다른 함수에서 선언된다면 둘은 별개다. 따라서 main 함수에서 변수 값을 바꾸어도 다른 함수의 변수에는 영향이 없다.

12.1.3 함수의 독립성

지금까지 함수마다 변수가 개별로 만들어짐을 배웠다. 이러한 구조로 되어 있는 이유는 함수의 독립성을 높이기 위해서다. 11장에서 만든 min~max의 합계를 구하는 sum 함수는 다른 프로그램에서도 바로 사용할 수 있다. 이처럼 함수를 간단히 사용할 수 있도록 각 함수는 독립적이어야 한다.

예를 들어, sum 함수는 num 변수를 사용한다. 만약 모든 함수에서 변수가 공유된다면, 다른 함수에서 num 함수를 사용한 경우 그 함수 값이 변경되어 버린다. 따라서 sum 함수를 다른 프로그램에서 사용하려면 같은 이름을 가진 변수가 없는지 먼저 확인해야 한다. 그러나 각 함수에서 사용하는 변수가 독립적이면, 다른 함수의 변수에 영향을 미치지 않아 변수 값이 언제 변경될지에 대한 두려움이 없어진다.

고전적 언어로는

고전적 언어(HSP도 포함)에는 함수의 독립성이 없다. 그러므로 변수 값이 어딘가에서 마음대로 변경되지 않도록 프로그램 전체에 주의를 기울여야 한다. 그러므로 고전적 언어에서의 대규모 개발은 매우 어렵다.

12.1.4 정확하게는 블록 내부

지금까지 지역 변수의 수명을 함수 안이라고 설명했지만, 정확하게는 블록 내부다. 블록이란 {}로 둘러싸인 범위를 가리킨다. 다음 프로그램처럼 함수 내부에서 의도적으로 블록을 만들 수 있다.

🖥 프로그램 12.4

```c
#include <stdio.h>

int main(void)
{
    int value1 = 10;
    int value2 = 20;
    printf("1:value1 %d\n", value1);
    printf("1:value2 %d\n", value2);

    {
        int value1;
        value1 = 30;
        value2 = 40;
        printf("2:value1 %d\n", value1);
        printf("2:value2 %d\n", value2);
    }

    printf("3:value1 %d\n", value1);
    printf("3:value2 %d\n", value2);

    return 0;
}
```

이 프로그램의 실행 결과는 다음과 같다.

☑ 실행 결과

```
1:value1 10
1:value2 20
2:value1 30
2:value2 40
```

```
3:value1 10
3:value2 40
```

주목할 부분은 두 가지다. 하나는 의도적으로 만든 두 번째 블록에서 다시 value1을 선언할 수 있는 데다 그것이 다른 변수로 취급되고 있다는 것이다. 두 번째에 value1이 30이었는데 블록을 빠져나오니 10이 된 것을 알 수 있다. 다른 하나는 의도적으로 만든 블록 안에서도 value2를 사용할 수 있다는 것이다. value2를 블록 안에서 변경한 결과가 세 번째 표시에 남아 있다.

if문이나 for문의 {}도 블록이므로 이처럼 사용할 수 있지만, 하나의 함수 안에 같은 이름의 변수가 많이 있다면 처리하기가 어려워진다.

마지막까지 살아남는 변수 12.2

12.2.1 전역 변수의 수명

12.1절에서, 함수 안에서 선언한 변수는 함수 안에서 수명이 끝난다는 것을 설명했다. 그렇다면 함수 밖에서는 어떨까? 지금까지는 모든 변수를 함수 안에 선언했지만 함수 밖에서도 선언할 수 있다. 함수 밖에서 선언한 변수를 전역 변수[3]라고 부른다.

 전역 변수
> 함수 밖에 선언한 변수. 프로그램 전체가 종료될 때까지 살아남아 선언된 소스 파일 안의 모든 함수에서 사용할 수 있다.

다음 프로그램은 전역 변수를 사용한 예제다.

🖥 프로그램 12.5

```c
#include <stdio.h>

int count;              /* 전역 변수 */

int countfunc(void);

int main(void)
{
    countfunc();
    countfunc();
    countfunc();

    return 0;
```

---

3 글로벌: global(전역적인)

```
}

int countfunc(void)
{
    count++;
    printf("%d\n", count);
    return count;
}
```

이 프로그램의 실행 결과는 다음과 같다.

☑ 실행 결과

```
1
2
3
```

11장과 달리 함수를 호출한 횟수를 셀 수 있다. 이는 전역 변수의 수명과 깊은 관계가
있다. 전역 변수는 프로그램 마지막까지 생존한다. 따라서 변수가 여러 번 호출된 경우
라도 이전 수치를 기억한다.

이 프로그램에서 초기화하지 않은 count 변수가 1, 2, 3으로 출력된 것은 우연이 아니
다. 글로벌 함수는 프로그램 시작 시 자동으로 0으로 초기화된다.

지역 변수는 함수 호출마다 새로 만들어져 자동으로 초기화되진 않지만 전역 변수는
처음 한 번은 초기화된다.

12.2.2 모든 함수에서 공유

전역 변수는 함수 밖에서 선언된 변수다. 함수 내부의 지역 변수와 달리, 어떤 함수에
서도 자유롭게 쓸 수 있다. 다음 프로그램은 main 함수에서 count 변수를 변경하는 예
제다.

```
#include <stdio.h>

int count;          /* 전역 변수 */

int countfunc(void);

int main(void)
{
    countfunc();
    count = 10;     /* 여기에서 변경 */
    countfunc();
    countfunc();
    return 0;
}

int countfunc(void)
{
    count++;
    printf("%d\n", count);
    return count;
}
```

이 프로그램의 실행 결과는 다음과 같다.

✅ 실행 결과

```
1
11
12
```

이 결과를 보면 두 번째 값이 갑자기 11이 되었는데, 이는 main 함수에서 count 변수를 변경하기 때문이다. 이와 같이 전역 변수는 모든 변수에서 공유된다. 이는 어떤 함수에서도 대입하거나 값을 취득할 수 있어 편리한 반면, 어디까지 값이 변경될지 모른다는 두려움도 있다. 따라서 전역 변수는 프로그램 전체에서 공유하는 특별한 데이터에만 사용한다.

12.2.3 지역 변수는 독립

12.2.2절에서 전역 변수는 모든 함수에서 공유된다고 설명했다. 만약, 함수 안에 전역 변수와 똑같은 이름의 지역 변수가 있다면 어느 쪽이 우선시되는지 실험해 보자. 다음 프로그램은 main 함수 안에서 count 변수를 선언하는 예제다.

🖥 프로그램 12.7

```
#include <stdio.h>

int count;          /* 전역 변수 */

int countfunc(void);

int main(void)
{
    int count;      /* 같은 이름으로 선언*/

    countfunc();
    count = 10;
    countfunc();
    countfunc();
    printf("main : count = %d\n", count);
    return 0;
}
int countfunc(void)
{
    count++;
    printf("%d\n", count);
    return count;
}
```

이 프로그램의 실행 결과는 다음과 같다.

☑ 실행 결과

```
1
2
```

```
3
main : count = 10
```

먼저 이 프로그램이 실행된 것으로 보아 전역 변수와 지역 변수는 같은 이름으로 선언
할 수 있음을 알 수 있다. 결과를 보면, main 함수 안에서 count 변수 값을 변경했음에
도 countfunc 함수 안의 수치는 전혀 변경되지 않았고, main 함수 마지막에는 main 함
수 안에서 대입한 값이 표시되었다.

즉, 전역 변수와 같은 이름의 지역 변수에서는 지역 변수가 우선이다. 이 역시 12.1절에
서 설명한 함수 독립성을 유지하기 위한 구조다. 만약 전역 변수가 우선시된다면, 함수
를 복사해서 사용한 경우 그 함수 안의 변수가 전역 변수와 같은 이름인지 조사해야 하
므로 불편할 것이다.

여기에서 전역 변수는 모든 함수에서 공유된다고 설명했지만, 정확히는 하나의 소스 파일 안
에서 공유된다. 예를 들어, main.cpp 파일 선두에 신언된 전역 변수는 main.cpp 파일 안의
모든 함수로부터 대입이나 값의 참조가 가능하지만, data.cpp 파일 같은 다른 파일의 함수에
서는 참조할 수 없다. 그러나 다른 파일의 변수 이름과 자료형을 알려 주면 전역 변수는 모든
파일에서 사용할 수 있다.

여러 소스 파일을 사용하는 방법은 아직 설명하지 않았기 때문에 아직까지는 전역 변수가 모
든 함수에서 공유된다고 생각해도 괜찮다.

12.3 함수 내에서 살아남는 변수

12.3.1 정적 지역 변수의 수명

지역 변수와 전역 변수는 수명이 다른 변수라 설명했지만, 실은 이 두 개의 중간적인 존재인 다른 특징을 가지는 변수가 존재한다.

함수 안에서 선언할 때 형명 앞에 static[4]을 붙이는 것으로 정적 지역 변수를 선언할 수 있다. 다음 프로그램은 정적 지역 변수를 선언한 예제다.

🖥 프로그램 12.8

```
#include <stdio.h>

int countfunc(void);

int main(void)
{
    countfunc();
    countfunc();
    countfunc();
    return 0;
}

int countfunc(void)
{
    static int count;  /* 정적 지역 변수 */
    count++;
    printf("%d\n", count);
    return count;
}
```

---

4 static: 정적인

이 프로그램의 실행 결과는 다음과 같다.

```
1
2
3
```

함수 안에서 선언했음에도 호출할 때마다 1씩 증가하고 있으며, 초기화하지 않아도 처음 값이 0으로 되어 있다. 이것은 어떻게 봐도 전역 변수로 밖에 보이지 않는다. 그러나 count 변수는 함수 안에서 선언된 이상 지역 변수다. 실제로 main 함수 안에서 count 변수를 사용하면 오류가 난다.

이것이 정적 지역 변수의 특징이다. 함수 안에 선언되었으므로 함수 안에서만 사용할 수 있는데 그 값은 프로그램이 끝날 때까지 남아 있다. 그리고 초기화하지 않아도 자동으로 0으로 초기화된다. 또한, 처음 한 번만 초기화되므로 다음과 같은 초기화를 실행한 경우에도 카운트할 수 있다.

💻 프로그램 12.9

```
static int count = 0;   /* 정적 지역 변수 */
```

정적 지역 변수는 이전에 함수가 호출되었을 때의 값을 기억하길 원하는 경우에 사용된다. 예를 들어, 용도는 제한적이지만 함수의 호출 횟수를 세거나 검색을 실행하는 함수가 이전에 발견한 문자의 위치를 기억하는 경우가 이에 해당한다.

개념

1. 특정 함수 안에서만 사용할 수 있는 변수를 무엇이라 부르는가?

2. 소스 파일 전체에서 사용할 수 있는 변수를 무엇이라 부르는가?

3. 특정한 함수 안에서만 사용할 수 있지만, 그 값은 프로그램에 남아 있는 변수를 무엇이라 부르는가?

프로그램 읽기

4. 다음 프로그램에서 지역 변수, 전역 변수, 정적 지역 변수를 구분해라.

프로그램 12.10

```c
#include <stdio.h>

int public;

int main(void)
{
    int count;
    static int arc;

    return 0;
}
```

5. 다음 프로그램을 실행하면 실행 결과가 어떻게 나타나는가?

🖵 프로그램 12.11

```c
#include <stdio.h>

int func(void);
int hoge;

int main(void)
{
    int hoge = 32;
    func();
}

int func(void)
{
    printf("%d\n", hoge);
}
```

주관식

6. 원칙적으로 변수는 함수마다 독립적으로 만들어진다. 그 이유를 간략하게 설명해라.

여러 변수를 한 번에 처리

13.1.1 배열의 개념

지금까지는 변수를 하나만 선언했다. 그러나 경우에 따라 많은 변수가 필요할 때가 있다. 예를 들어, 100명의 시험 점수를 관리하는 프로그램을 만든다면 100개의 변수가 필요하다. 만약, 일일이 100개의 변수를 선언해야 한다면 정말 불편할 것이다. 이런 경우에는 배열을 사용하여 한 번에 여러 변수를 선언할 수 있다. 배열은 같은 자료형을 갖는 변수 여러 개를 한꺼번에 처리할 수 있는 구조를 갖고 있다.

> **배열**
> 같은 형의 변수를 여러 개 선언하고 번호로 관리하여 여러 데이터를 일괄적으로 처리할 수 있도록 하는 구조

배열로 선언된 변수는 하나하나 번호로 구분된다. 번호를 적당히 바꾸면서 사용하면 100개, 1000개의 변수라도 동일하게 취급할 수 있다.

13.1.2 배열의 선언

배열은 다음과 같이 선언한다.

📋 서식

```
형명 배열명[요소 개수];
```

형명이란 지금까지 다룬 변수형과 같은 의미다. 여기에서 지정한 자료형의 변수가 요소 개수만큼 만들어진다.

배열명이란 배열 전체 이름이다. 개별 변수를 사용하는 경우 이 이름에 번호를 붙여 구분한다.

요소 개수는 만들어지는 변수의 수다. 여기에서 지정한 수만큼 지정한 자료형의 변수가 만들어진다. 여기에서는 정수 값만 지정할 수 있고, 선언할 때는 정수형 변수를 지정할 수 없다.

이것이 배열 선언 방법의 전부다. 다음은 int형 변수를 100개 가진 array[1] 배열을 선언한 예제다.

💻 프로그램 13.1

```
int array[100];
```

13.1.3 배열 처리하기

배열은 배열명에 번호를 붙이는 것을 제외하면 변수를 처리하는 것과 완전히 똑같다. 배열명에 번호를 붙이는 방법은 다음과 같다.

📋 서식

배열명[번호]

여기에서 주의해야 할 것은 번호가 0부터 시작한다는 점이다. 예를 들어, 13.1.2절에서 선언한 100개의 요소 개수를 가지는 배열은 0~99까지 100개의 번호를 지정할 수 있다. 1~100이 아니다.

왜 0번부터 시작하는지 이해되지 않을지도 모르지만, 수학적으로는 0부터 시작하는 것이 좋을 때가 많다. 이를테면 시작 번호에 10을 더하면 10이 되므로 10개임을 명확히

---

1 array: 배열(여기서는 배열의 이름으로 사용되고 있다.)

알 수 있다. 0번부터 시작된다는 점만 조심하면 나머지는 일반 변수와 다르지 않다. 다음 프로그램은 array 배열의 10번째 요소를 사용하는 예제다.

```
#include <stdio.h>

int main(void)
{




    return 0;
}
```

이 프로그램의 실행 결과는 다음과 같다.

```
1:100
2:101
```

실행 결과가 일반 변수를 사용했을 때와 동일한 것을 알 수 있다.

13.2 배열 사용법

13.2.1 초깃값 대입

배열도 변수와 마찬가지로 선언과 동시에 초기화할 수 있다. 배열의 초기화 방법은 다음과 같다.

📋 서식

```
형명 배열명[요소 개수] = {0번 수치, 1번 수치, 2번 수치, ...};
```

중괄호({}) 안에 쉼표(,)로 구분하여 수치를 나열했다. 모두 지정할 필요가 없기 때문에 수치 개수는 배열 요소 개수 이하로 한다. 배열 요소 개수보다 적은 경우 나머지는 모두 0이 대입된다. 다음 프로그램은 배열을 초기화하여 표시한 예제다.

🖥 프로그램 13.3

```c
#include <stdio.h>

int main(void)
{
    int array[10] = {42,70,13};

    printf("array[0] = %d\n",array[0]);
    printf("array[1] = %d\n",array[1]);
    printf("array[2] = %d\n",array[2]);
    printf("array[3] = %d\n",array[3]);
    printf("array[4] = %d\n",array[4]);

    return 0;
}
```

이 프로그램의 결과는 다음과 같다.

```
array[0] = 42
array[1] = 79
array[2] = 13
array[3] = 0
array[4] = 0
```

이 방법으로 선언하면 요소 개수를 생략할 수 있다. 이 경우 지정한 수치의 수만큼만 요소 개수를 확보한다. 다음 프로그램은 요소 개수를 생략하고 배열을 선언한 예제다.

🖥 프로그램 13.4

```
#include <stdio.h>

int main(void)
{
    int array[] = {42,79,13};        /* 요소 개수가 생략됐다. */

    printf("array[0] = %d\n",array[0]);
    printf("array[1] = %d\n",array[1]);
    printf("array[2] = %d\n",array[2]);

    return 0;
}
```

요소 개수를 지정하는 수고를 줄일 수 있을 뿐만 아니라 잘못된 계산도 없어지므로 초 깃값을 대입할 수 있는 경우에는 요소 개수를 생략하는 편이 좋다.

한 번에 배열 값을 대입하는 것은 선언 때만 가능하다. 예를 들어, 다음과 같이 대입할 수는 없다.

```
array = {42, 79, 13};
array[10] = {42, 79, 13};
```

이처럼 오류가 발생하기 때문에 선언 후에 값을 대입하려면 불편하더라도 하나하나 대입한다.

프로그램 13.6

```
array[0] = 42;
array[1] = 79;
array[2] = 13;
```

13.2.2 전체 요소 표시

배열의 전체 요소를 표시하기 위해 for문 루프를 사용할 수 있다. 이러한 사용법이야 말로 배열의 최대 장점이다. 다음 프로그램은 배열 안에 요소의 수를 모두 표시하는 예제다.

프로그램 13.7

```
#include <stdio.h>

int main(void)
{
    int array[] = {42,79,13,75,19};
    int i;

    for (i = 0; i < 5; i++) {
        printf("array[%d] = %d\n", i, array[i]);
    }

    return 0;
}
```

이 프로그램의 실행 결과는 다음과 같다.

```
array[0] = 42
array[1] = 79
array[2] = 13
array[3] = 75
array[4] = 19
```

이 프로그램의 포인트는 배열의 요소 번호에 변수를 사용할 수 있다는 것이다. 변수 값을 변경하면 다양한 번호 요소에 직접 접근할 수 있다. 배열이 아닌 일반 변수로는 5개의 요소를 표시하려면 printf 함수가 5개 필요하고 100개를 표시하려면 100개가 필요하지만, 배열이라면 for문 수치를 변경하기만 하면 된다.

이 방법이라면 만 명의 데이터를 표시하는 프로그램도 간단하게 작성할 수 있다. 루프 안에서 문장을 바꾸면 전체 요소에 같은 값을 대입하거나 전체 요소에 대입된 값의 평균을 구하는 등 복잡한 일을 간단하게 할 수 있다.

13.2.3 요소 개수 구하기

13.2.2절에서는 for문 루프를 사용하여 배열 요소를 모두 표시했다. 이때 우리는 요소 개수를 직접 계산하여 반복 횟수 5를 지정했었다. 이 방법으로는 요소 개수가 증가할 때마다 for문을 다시 작성해야 한다. 이런 방법은 사용하기 다소 불편하므로 요소 개수를 자동으로 구하여 반복하기로 한다. 요소 개수를 구하는 직접적인 방법은 없지만 계산을 통해 구할 수 있다.

배열 전체 크기를 구해 요소 한 개의 사이즈로 나누면 요소 개수를 알 수 있다. C 언어에는 변수나 배열 크기를 구하는 sizeof[2] 연산자가 있으며 다음과 같이 사용한다.

---

2 size of: size of ~(~의 크기)

📋 서식

```
sizeof(변수나 배열명)
```

sizeof 연산자에는 ()를 붙이지 않아도 되지만 붙이는 것이 알아보기 쉬울 것이다. 이 연산자를 사용하여 array 배열의 요소 개수를 구하는 방법은 다음과 같다.

💻 프로그램 13.8

```
sizeof(array) / sizeof(array[0])
```

array[0]으로 되어 있는 것은 0번 요소가 반드시 존재하기 때문이다. 다음 프로그램은 이 방법으로 13.2.2절의 프로그램을 수정한 것이다.

💻 프로그램 13.9

```
#include <stdio.h>

int main(void)
{
    int array[] = {42,79,13,75,19};
    int i;

    for (i = 0;i < sizeof(array) / sizeof(array[0]);i++) {
        printf("array[%d] = %d\n", i, array[i]);
    }

    return 0;
}
```

실행 결과는 이전과 동일하다. 배열 요소 개수를 변경하면 자동으로 그 수만큼 표시한다.

13.2.4 배열 복사

어떤 배열의 모든 요소 값을 다른 배열에 대입하려면 for문을 사용한다.

📺 프로그램 13.10

```c
#include <stdio.h>

int main(void)
{
    int array1[] = {42,79,13,19,41};
    int array2[] = {1,2,3,4,5};
    int i;

    for (i = 0;i < sizeof(array2) / sizeof(array2[0]);i++) {
        printf("array2[%d] = %d\n", i, array2[i]);
    }

    /* array1 전체 요소를 array2에 복사 */
    for (i = 0;i < sizeof(array2) / sizeof(array2[0]);i++) {
        array2[i] = array1[i];
    }

    for (i = 0;i < sizeof(array2) / sizeof(array2[0]);i++) {
        printf("array2[%d] = %d\n", i, array2[i]);
    }

    return 0;
}
```

이 프로그램의 실행 결과는 다음과 같다.

☑️ 실행 결과

```
array2[0] = 1
array2[1] = 2
array2[2] = 3
array2[3] = 4
array2[4] = 5
```

```
array2[0] = 42
array2[1] = 79
array2[2] = 13
array2[3] = 19
array2[4] = 41
```

결과를 보면, array1 값이 array2에 복사되었다.

하지만 for문을 사용하지 않아도 memcpy[3] 함수를 사용할 수 있다. 또한 memcpy 함수를 사용하려면 string.h[4] 파일을 #include해야 한다.

📋 서식

```
#include <string.h>
```

📋 서식

```
memcpy(복사 대상 배열명, 복사 원본 배열명, 배열 전체 사이즈)
```

배열 전체 크기는 배열의 자료형이나 요소 개수에 따라 달라지므로 이 함수는 sizeof 연산자에서 얻어진 크기를 기반으로 한다. 배열의 모든 요소를 복사하려면 sizeof 연산자에서 배열명을 지정한다. 다음 프로그램은 memcpy 함수에서 배열을 복사하는 예제다.

🖥 프로그램 13.11

```
#include <stdio.h>
#include <string.h>

int main(void)
{
    int array1[] = {42,79,13,19,41};
```

---

3 memcpy: memory copy(메모리 복사)의 약자

4 string.h: string header(문자열 조작에 대한 설명서)의 약자

```
    int array2[] = {1,2,3,4,5};
    int i;

    for (i = 0;i < sizeof(array2) / sizeof(array2[0]);i++) {
        printf("array2[%d] = %d\n", i, array2[i]);
    }

    /* array1 전체 요소를 array2에 복사 */
    memcpy(array2,array1,sizeof(array1));

    for (i = 0;i < sizeof(array2) / sizeof(array2[0]);i++) {
        printf("array2[%d] = %d\n", i, array2[i]);
    }

    return 0;
}
```

실행 결과는 앞에서와 같다. 복사 원본 배열이 대상보다 큰 경우에도 지정한 크기만큼
복사되므로 대상보다 크기를 크게 지정해서 복사하면 문제가 발생할 수 있다.

개념

1. 같은 자료형 변수를 한꺼번에 다루는 방식을 무엇이라 부르는가?

프로그램 읽기

2. 다음 프로그램은 무엇을 계산하고 있는가? 처리 내용과 변수명으로부터 판단하여 답해라.

프로그램 13.12

```c
#include <stdio.h>

int main(void)
{
    int data[] = {79,42,39,79,13,75,19};
    int i,sum = 0,avg;

    for (i = 0;i < sizeof(data) / sizeof(data[0]);i++) {
        sum += data[i];
    }

    avg = sum / (sizeof(data) / sizeof(data[0]));

    printf("%d\n", avg);
    return 0;
}
```

* avg: average(평균값)의 약자

3. 다음 프로그램을 실행하면 어떤 결과가 나타나는가?

프로그램 13.13

```c
#include <stdio.h>

int main(void)
{
    int array[] = {42,79,13,75,19};
    int i,sum = 0;

    for (i = 5-1;i >= 0;i--) {
        sum += array[i];
        printf("%d : ", array[i]);
    }

    printf("sum = %d\n", sum);
    return 0;
}
```

프로그램 만들기

4. 입력된 10개의 수치를 마지막까지 표시하는 프로그램을 작성해라.

주관식

5. 배열의 최대 장점은 무엇인지 간단하게 설명해라.

14

문자열을 다루는 방법

C programming

14.1 문자를 다루는 방법

14.1.1 문자열을 다루는 변수

지금까지 프로그램에서 문자열을 여러 번 다루었지만 정작 문자열을 기억하는 변수는 한 번도 설명하지 않았다. 그 이유는 간단하다. C 언어에는 문자열을 기억하는 변수가 없기 때문이다.

문자열용 변수가 없는 것은 문자열이 특수한 성질을 가지기 때문이다. 문자열은 몇 글자가 될지 사전에 예측할 수 없다. 다섯 자 정도로 끝나기도 하고 몇천 자의 문자가 되기도 한다. 이처럼 경우에 따라 필요한 메모리 크기가 달라진다. 이러한 이유로 C 언어에는 문자열 변수가 없다.

다른 언어에는

C 언어 이외의 많은 언어는 다음과 같이 문자열 변수를 가지고 있다.

❶ 메모리를 고정적으로 확보
  - 예: 베이직과 파스칼
  - 문자 수가 제한되며 메모리가 낭비된다.
❷ 메모리를 가변적으로 확보
  - 예: Java. C++에도 비슷한 기능이 있다.
  - 속도가 느려진다.

이와 달리 C 언어는 개발자가 자유로운 방법을 선택할 수 있어서 유연하다.

14.1.2 문자를 다루려면

14.1.1절에서 C 언어에는 문자열 변수가 없다고 했지만, 그 대신 문자 변수가 있다. 문자열과 달리 문자는 반드시 하나의 문자이기 때문에 변수로 다룰 수 있다.

C 언어에서는 문자 변수로 char[1]형이 준비되어 있으며, char형 변수는 한 문자를 기억해 둘 수 있다. 그리고 문자는 ' '로 둘러싼 것으로 표현한다. 또한 %c[2] 지정자를 사용하면 printf 함수에서 char형 문자를 표시할 수 있다. 다음 프로그램은 char형 변수에 문자를 기억하여 표시하는 예제다.

🖥 프로그램 14.1

```c
#include <stdio.h>

int main(void)
{
    char c = 'A';
    printf("%c\n", c);
    return 0;
}
```

이 프로그램의 실행 결과는 다음과 같다.

☑ 실행 결과

```
A
```

이처럼 char형을 사용하면 문자를 변수와 동일하게 취급할 수 있다.

---

1 char: character(문자)의 약자

2 %c: character(문자)의 약자

14.1.3 문자 코드

14.1.2절에서는 char형을 사용하여 하나의 문자를 처리하는 내용을 다루었다. 이는 사실 컴퓨터에서 사용되는 문자 코드 구조를 이용하여 문자를 처리하는 것이다.

문자 코드

컴퓨터에서 사용되는 문자에 일대일로 대응하는 번호를 붙여 표현하는 방법. 문자 코드의 한 종류인 ASCII[3] 코드에는 알파벳이나 기호가 할당되어 있다. 한국어를 취급하는 문자 코드로는 EUC-KR 등이 사용되고, 전 세계 언어를 처리하는 문자 코드로는 Unicode[4] 가 보급되어 있다.

문자 코드란 문자에 일대일로 대응하는 번호를 붙여 표현하는 방법이다. 예를 들어, A에는 65번이 할당되어 있다. char형 변수에 문자를 대입한다는 것은 사실 이 번호를 대입하는 것이다. 즉, char형은 보통 정수형과 똑같은 것이다. (자세한 내용은 부록 C 'ASCII 코드 표'를 참고하라.)

예를 들어, 14.1.2절의 프로그램에서는 'A'를 char형 변수 c에 대입했는데, 이것은 A가 65번에 할당되어 있으므로 컴파일러가 'A'를 65로 해석하고 그 65가 c에 대입된 것이다. 또한 printf 함수에서 A가 표시된 것도 변수 내용이 65이었기 때문에 printf 함수에서 %c 지정자를 사용하여 A로 표시하도록 처리한 것이다. 결국, 컴퓨터의 모든 문자는 번호로 표현되며 char형은 그 번호를 기억해 두는 것에 지나지 않는다.

14.1.4 문자 계산하기

char형에 기억되어 있는 문자는 사실 단순한 번호임을 14.1.3절에서 설명했다. 이를 이용하면 문자에 대한 계산을 할 수 있다.

문자 코드는 기본적으로 문자 번호가 순서대로 정의되어 있다. 예를 들어, 알파벳은 A

---

3 ASCII: American National Standard Code for Information Interchange(미국의 정보 교환용 표준 코드)의 약자

4 Unicode: 유니코드

가 65, B가 66, C가 67이다. 즉, A에 덧셈을 하면 결과 값에 해당하는 알파벳 문자를 가져올 수 있다. 다음 프로그램은 10번째 알파벳을 가져오는 예제다.

```
#include <stdio.h>

int main(void)
{
    char c = 'A' + 9;            /* A로부터 9칸 뒤의 문자를 더한다 */

    printf("%c\n", c);
    return 0;
}
```

이 프로그램의 실행 결과는 다음과 같다.

```
J
```

문자가 숫자일 때는 뺄셈을 사용하여 수치로 활용할 수 있다. 숫자에도 문자 번호가 할당되어 있다. 예를 들어 '0'은 48번이다. 숫자에서 '0'에 해당하는 번호를 빼면 수치로 변환하여 계산에 사용할 수 있다. 다음 프로그램은 숫자를 수치로 변환하는 예제다.

```
#include <stdio.h>

int main(void)
{
    char c = '8';                /* 숫자 */

    int suuti = c - '0';         /* 수치로 변환 */

    printf("%d\n", suuti);
    return 0;
}
```

이 프로그램의 실행 결과는 다음과 같다.

```
8
```

이 프로그램은 수치로 변환한 결과를 %d 지정자로 표시했다.

그런데 이 프로그램에는 문제가 있다. 숫자 이외의 문자도 수치로 변환된다는 것이다. 예를 들어, 65번인 'A'는 수치 17이 된다. 이 문제를 해결하려면 변환되는 문자가 숫자인지를 판단해야 한다. 그 방법은 비교적 간단하다. 문자 번호가 '0~9' 사이에 있는지 조사하면 된다. 다음 프로그램은 숫자만 수치로 변환하고 숫자가 아닌 문자는 모두 0으로 변환하는 예제다.

🖳 프로그램 14.4

```c
#include <stdio.h>

int main(void)
{
    char c = 'A';                    /* 숫자 */
    int suuti;
    if (c >= '0' && c <= '9') {      /* 판단 부분 */
        suuti = c - '0';             /* 수치로 변환 */
    } else {
        suuti = 0;
    }
    printf("%d\n", suuti);
    return 0;
}
```

이 프로그램의 실행 결과는 다음과 같다.

```
0
```

물론, 숫자를 지정한 경우에도 제대로 수치로 변환한다.

어떤 문자가 수치인지 확인하는 방법은 알파벳에도 응용할 수 있다. 다만, 대문자 'Z'부터 소문자 'a'는 연속되지 않기 때문에 'A'~'Z'와 'a'~'z'를 별도로 확인할 필요가 있다. 또한, 이러한 기능은 함수화되어 있으며(표 14.1), 함수를 사용할 때는 ctype.h[5]를 #include 해야 한다.

표 14.1 **문자 유형 확인 함수**

이름	문자 종류	문자
isalnum	영숫자	A~Z, a~z, 0~9
isdigit	10진수	0~9
isxdigit	16진수	A~F, a~f, 0~9
isalpha	영자	A~Z, a~z
isupper	영대문자	A~Z
islower	영소문자	a~z
ispunct	기호	!"#$%&'()*+,-/:;<=>?@^_`{}~
isspace	공백	0x09~0x0D, 0x20

* isalnum: is alphabet or number(알파벳 또는 숫자인지 여부)의 약자
  isdigit: is digit(10진수 표기용 숫자인지 여부)의 약자
  isxdigit: is hexadecimal digit(16진수 표기용 숫자인지 여부)의 약자
  isalpha: is alphabet(알파벳인지 여부)의 약자
  isupper: is upper case(알파벳 대문자인지 여부)의 약자
  islower: is lower case(알파벳 소문자인지 여부)의 약자
  ispunct: is punctuation(기호 문자인지 여부)의 약자
  isspace: is space(공백 문자인지 여부)약자

---

5 ctype.h: character type header(문자형에 대한 설명서)의 약자

다음 프로그램은 앞의 프로그램을 isdigit 함수를 사용하여 변경한 예제다.

🖥 프로그램 14.5

```
#include <stdio.h>
#include <ctype.h>

int main(void)
{
    char c = 'A';
    int suuti;
    if (isdigit(c)) {          /* 판단 부분 */
        suuti = c - '0';
    } else {
        suuti = 0;
    }
    printf("%d\n", suuti);
    return 0;
}
```

실행 결과는 방금 전과 동일하다.

14.2 문자열을 다루는 방법

14.2.1 배열로 만들자

14.1절에서 문자 변수를 처리하는 방법을 설명했다. 단순히 생각해 보자. 이 문자 변수를 많이 모으면 문자열이 될 것이다. '같은 형의 변수를 많이 만든다?' 어디선가 들어 본 내용일 것이다. 그렇다. 문자 변수의 배열을 만들면 바로 문자열이 된다. 문자 변수의 배열을 C 언어에서는 문자열 변수로 사용할 수 있다.

그러나 여기서 하나의 의문이 생긴다. 그것은 문자열의 문자 수를 어떻게 기억해 두느냐다. 문자 수를 모르면 문자열을 꺼내 쓰는 것이 어려워진다.

C 언어에는 문자열 마지막에 특별한 값을 두어 문자 수를 판단한다. 이러한 문자를 EOS라고 부른다. C 언어에서는 '₩0'을 EOS로 처리한다. '₩0'은 수치 0에 해당한다.

 EOS
End of String의 약자로 문자열 끝을 나타내는 기호. 종료 문자라고도 부른다.

문자열을 만들 수 있다면 표시하는 것은 간단하다. printf 함수는 %s 지정자를 사용해서 문자열을 표시할 수 있다. 지금까지 배운 내용으로 문자열을 처리해 보자. 다음 프로그램은 문자 변수의 배열에 문자열을 저장하여 표시하는 예제다.

🖵 프로그램 14.6

```c
#include <stdio.h>

int main(void)
{
    char str[6] = {'M','A','R','I','O','\0'};
```

```
    printf("%s\n", str);
    return 0;
}
```

* str: string(문자열)의 약자. 여기서는 변수 역할을 이름에 반영하고 있다.

이 프로그램의 결과는 다음과 같다.

```
MARIO
```

이 프로그램을 보면 알 수 있지만 문자열 마지막의 EOS 때문에 배열의 요소 개수는 실제로 저장하는 문자 수보다 하나 더 필요하다. 물론 요소 개수를 넉넉히 지정해도 문제는 없다.

만약 문자열에 EOS가 없다면 배열 끝까지 문자열로 처리되기 때문에 어디선가 0(EOS)을 찾기 전까지 끝없이 문자열이 표시된다. 또한 배열의 초기화에서 요소를 생략하면, 다음과 같이 나머지에는 0이 들어간다.

🖳 프로그램 14.7

```
char str[6] = {'M','A','R','I','O'};
```

나머지에 0이 들어가도 EOS가 되므로 문제는 없다. 그러나 여기서는 마지막에 EOS가 있다는 것을 나타내기 위해 일부러 '\0'를 썼다. 그리고 EOS를 쓰면 요소 개수를 생략할 수 있다.

14.2.2 문자열 초기화

14.2.1절에서는 char형의 배열에서 문자열을 처리하는 방법을 설명했다. 그러나 이 방법은 일일이 한 글자씩 구분해서 써야 하므로 매우 복잡하다. C 언어에는 더 직관적으로 문자열을 초기화할 수 있는 방법이 있다. 지금까지 문자열을 표시할 때 " "를 사용했는

데, 여기서도 " "를 사용한다. 또한 " "로 둘러싼 문자열을 문자열 리터럴이라 부른다.

문자열 리터럴을 사용하면 간단히 문자열을 초기화할 수 있다. 다음 프로그램은 14.2.1 절의 프로그램을 문자열 리터럴로 변경한 예제다.

💻 프로그램 14.8

```
#include <stdio.h>

int main(void)
{
    char str[] = "MARIO";
    printf("%s\n", str);
    return 0;
}
```

이 프로그램의 실행 결과는 다음과 같다.

☑ 실행 결과

```
MARIO
```

이 방법에서는 문자열을 쓰는 것만으로 요소 개수를 생략할 수 있다. 이 방법에서는 문자열만 쓰고 요소 개수를 생략할 수도 있다. 이 경우는 요소 개수를 문자열 길이보다 하나 더 확보해야 하지만, 공간을 넉넉히 확보하고자 할 때는 요소 개수를 생략하고 지정할 수 있다.

이 방법의 문제점은 선언할 때만 사용할 수 있다는 것이다. 나중에 문자열을 대입하려면 요소에 하나씩 대입할 수밖에 없다. 다음 프로그램은 문자열을 하나씩 요소에 대입하는 예제다.

```
#include <stdio.h>

int main(void)
{
    char str[6];
    str[0] = 'M';
    str[1] = 'A';
    str[2] = 'R';
    str[3] = 'I';
    str[4] = 'O';
    str[5] = '\0';
    printf("%s\n", str);
    return 0;
}
```

실행 결과는 방금과 같다.

14.3 문자열 처리 함수

14.3.1 수치로 변환

C 언어에는 문자열을 처리하기 위한 다양한 함수가 준비되어 있다. 이를 잘 사용하면 문자열을 자유롭게 처리할 수 있다.

atoi[6] 함수는 문자열을 수치로 변환한 결과를 변수에 대입한다. atoi 함수 사용법은 다음과 같다. 또한, atoi 함수를 사용하려면 stdlib.h[7]를 #include해야 한다.

📋 서식

```
#include <stdlib.h>
```

📋 서식

```
변수 = atoi(문자열 배열명);
```

다음 프로그램은 atoi 함수를 사용하여 수치를 변환하는 예제다.

🖥 프로그램 14.10

```
#include <stdio.h>
#include <stdlib.h>

int main(void)
{
```

---

6 atoi: ASCII to integer(문자열을 정수로 변환한다)의 약자

7 stdlib.h standard library header(표준라이브러리(범용 조작)에 대한 설명서)의 약자

```
    char str[] = "145";
    int suuti = atoi(str);
    printf("%d\n", suuti);
    return 0;
}
```

이 프로그램의 실행 결과는 다음과 같다.

☑ 실행 결과

```
145
```

atoi 함수는 +, - 등의 부호가 달린 숫자도 변환할 수 있다. 숫자와 관계없는 문자열이 지정되면 0이 변환된다. 실수로 변환할 때는 atof 함수를 사용하며 사용법은 같다.

14.3.2 문자열 복사

strcpy[8] 함수를 사용하면 문자열을 복사할 수 있다. strcpy 함수 사용법은 다음과 같다. strcpy 함수를 사용하려면 string.h를 #include해야 한다.

📋 서식

```
#include <string.h>
```

📋 서식

```
strcpy(복사 대상 문자열 배열명, 복사 원본 문자열 배열명);
```

이 함수는 원래 문자열 배열 간의 복사에 사용하는 것이지만, 실제로는 문자열 대입에 주로 사용된다. 다음 프로그램은 strcpy 함수를 사용하여 문자열을 대입하는 예제다.

---

8 strcpy: string copy(문자열 복사)의 약자

```
#include <stdio.h>
#include <string.h>

int main(void)
{
    char str[10];
    strcpy(str,"MARIO");
    printf("%s\n", str);
    return 0;
}
```

이 프로그램의 실행 결과는 다음과 같다. 14.2절에서 설명한 방법보다 이 방법이 더 간단하다.

☑ 실행 결과

```
MARIO
```

또한, 앞에서부터 지정한 문자 수만큼 복사하는 strncpy[9] 함수도 있다. strncpy 함수의 사용법은 다음과 같다.

📋 서식

```
strncpy(복사 대상 문자열 배열명, 복사 원복 문자열 배열명, 복사할 문자 수);
```

이 함수는 문자 수만큼 복사하기 때문에 경우에 따라 복사된 문자열 마지막에 EOS가 들어 있지 않을 수도 있다. 그대로 표시하면 끝없이 문자열이 표시되므로 반드시 EOS를 붙인다.

---

9 strncpy: string N-bytes copy(문자열을 N만큼 복사)의 약자

```
strncpy(복사 대상 문자열 배열명, 복사 원복 문자열 배열명, 복사할 문자 수);
복사 대상 문자열 배열명[복사할 문자 수] = '\0';
```

다음 프로그램은 문자열의 앞에서부터 세 개의 문자를 취득하여 표시하는 예제다.

🖥 프로그램 14.12

```c
#include <stdio.h>
#include <string.h>

int main(void)
{
    char str1[] = "MARIO",str2[10];
    strncpy(str2,str1,3);
    str2[3] = '\0';              /* EOS 추가 */
    printf("%s\n", str2);
    return 0;
}
```

이 프로그램의 실행 결과는 다음과 같다.

☑ 실행 결과

```
MAR
```

strncpy는 위험

strncpy 함수는 반드시 EOS를 붙여야 하므로 이 작업을 잊어버릴 것 같다면 EOS를 붙이는 함수를 만드는 것이 좋다. 배열을 함수에 넘기는 방법은 15.6.2절에서 설명한다.

14.3.3 문자열 연결

문자열 리터럴을 연결하기만 하면 함수는 필요하지 않다. 문자열 리터럴을 나열하는 것만으로 연결이 되기 때문이다. 다음 프로그램은 문자열 리터럴의 연결을 실행하는 예제다.

🖥 프로그램 14.13

```c
#include <stdio.h>
int main(void)
{
    char str[] = "DRAGON" "QUEST";
    printf("%s\n", str);
    return 0;
}
```

이 프로그램의 실행 결과는 다음과 같다.

☑ 실행 결과

```
DRAGONQUEST
```

DRAGON과 QUEST가 연결되어 있는 것을 알 수 있다. 그러나 배열에 기억된 문자열을 연결하는 경우, 배열명을 나열한다고 해서 문자열이 연결되지는 않는다. 이 경우에는 strcat[10] 함수를 사용한다. strcat 함수 사용법은 다음과 같다. 또한, strcat 함수를 사용하려면 string.h를 #include해야 한다.

📋 서식

```
#include <string.h>
```

---

10 strcat: string concatenate(문자열 연결)의 약자

> strcat(원래 문자열이 기억한 배열, 추가할 문자열에 기억된 배열);

다음 프로그램은 strcat 함수를 사용하여 문자열을 연결하는 예제다.

💻 프로그램 14.14

```
#include <stdio.h>
#include <string.h>

int main(void)
{
    char str1[12] = "DRAGON";
    char str2[] = "QUEST";
    strcat(str1,str2);
    printf("%s\n", str1);
    return 0;
}
```

이 프로그램의 실행 결과는 다음과 같다.

☑ 실행 결과

```
DRAGONQUEST
```

이 함수를 사용할 때 주의해야 할 것은 원래 문자열이 기억한 배열 크기는 원래 문자열의 크기에 추가할 문자열 크기를 더한 만큼 준비되어야 한다. 적은 요소 개수의 문자 배열에 억지로 집어넣으면 안 된다.

14.3.4 완벽한 문자열 합성 함수

지금부터 완벽한 문자열 합성 함수를 소개하도록 하겠다. 내가 조사한 바로는 대부분의 입문서에는 이 함수가 소개되지 않는데, 이 함수는 모든 문자열 합성에 사용할 수 있는 만능 함수이므로 꼭 기억해야 한다.

sprintf[11] 함수는 printf 함수와 동일한 기능을 가진 함수이지만, sprintf 함수는 결과를 배열 안에 기억할 수 있다. 그러므로 printf 함수의 다양한 기능을 자유롭게 다룰 수 있는 것이다. sprintf 함수 사용법은 다음과 같다. 또한 sprintf 함수를 사용하려면 stdio.h 를 #include해야 한다.

📋 서식

```
#include <stdio.h>
```

📋 서식

```
sprintf(결과를 기억하는 배열, 서식 문자열, 각종 변수..);
```

다음 프로그램은 sprintf 함수를 사용하는 예제다.

🖥 프로그램 14.15

```
#include <stdio.h>

int main(void)
{
    char str[16];
    char str1[12] = "DRAGON";
    char str2[] = "QUEST";
    int i = 3;
    sprintf(str,"%s%s%dWn", str1, str2, i);
    printf(str);
    return 0;
}
```

이 프로그램의 실행 결과는 다음과 같다.

---

11 sprintf: string printf formatted(서식 있는 문자열 출력)의 약자

DRAGONQUEST3

이 함수를 사용하면 대부분의 문자열을 합성할 수 있다.

직접 문자 배열

POINT 앞의 프로그램에서는 다음과 같이 문자열 표시에 %s 지정자를 사용하지 않고, 문자 배열 str 을 직접 전달한다.

```
printf(str);
```

원래 printf 함수는 문자열을 표시하는 함수이므로 굳이 %s 지정자를 사용하지 않아도 된다. 그러나 문자열 중에 %가 포함되어 있으면 출력 형식 지정자와 혼동하여 오작동할 수 있으므 로 그때는 %s 지정자를 사용한다.

14.3.5 문자열 입력

수치뿐만 아니라 문자열을 입력하는 경우에도 scanf 함수를 사용할 수 있다. 문자열을 입력하는 경우 scanf 함수에서 %s 지정자를 지정한다. 다만 배열명 앞에는 &를 붙이지 않는다. 다음 프로그램은 입력한 문자열을 그대로 표시하는 예제다.

🖵 프로그램 14.16

```
#include <stdio.h>

int main(void)
{
    char str[32];
    scanf("%s", str);
    printf("%s\n", str);
    return 0;
}
```

이 프로그램의 실행 결과는 다음과 같다.

```
MARIO      #키보드로 입력한 문자열
MARIO
```

이제 자유롭게 문자열을 입력할 수 있지만, 몇 가지 주의 사항이 있다. 첫째, 배열 요소 개수보다 많이 입력하면 안 된다. 이게 바로 6장에서 설명한 공포의 입력 실수에 해당한다. 이 문제를 해결하려면 문자 배열의 요소 개수를 %와 s 사이에 지정한다. 예를 들어, 요소 개수가 32인 경우 %31s로 지정하면 그 이상의 문자는 잘라 버린다. 다음 프로그램은 문자열 잘림에 관한 예제다.

💻 프로그램 14.17

```c
#include <stdio.h>

int main(void)
{
    char str[32];
    scanf("%31s", str);
    printf("%s\n", str);

    return 0;
}
```

이 프로그램의 실행 결과는 다음과 같다. 실행 결과가 전부 표시되지는 않았지만 오작동 없이 안전하게 실행된다.

☑ 실행 결과

```
012345678901234567890123456789012345678    #키보드로 입력한 문자열
01234567890123456789012345678901
```

둘째, 이 방법으로는 공백을 입력할 수 없다. 공백 또한 구분 기호로 인식하기 때문인데, 안타깝게도 이를 해결할 방법이 없다.

14.3.6 문자 수 세기

문자열의 수를 세는 것은 어려운 것이 아니다. 문자 배열의 처음부터 EOS가 나타날 때까지 수를 세는 것뿐이다. 다음 프로그램은 입력한 문자열의 수를 표시하는 예제다.

🖥 프로그램 14.18

```c
#include <stdio.h>

int main(void)
{
    int i;

    char str[256];
    scanf("%s", str);

    for (i = 0;str[i] != '\0';i++);

    printf("%d\n", i);

    return 0;
}
```

이 프로그램의 실행 결과는 다음과 같다.

☑ 실행 결과

```
ABCDEF       #키보드로 입력한 문자열
6
```

for문의 의미를 조금 이해하기 어려울지도 모르지만, 이는 배열 요소에 EOS가 나타날 때까지 오로지 변수 i를 증가시킬 뿐이다.

다만 문자열의 문자 수를 세기 위해 매번 for문을 작성하는 것은 번거롭다. 그래서 문자열의 문자 수를 세는 strlen[12] 함수가 준비되어 있다. 또한 strlen 함수를 사용하려면 string.h를 #include해야 한다.

📋 서식

```
#include <string.h>
```

📋 서식

```
변수 = strlen(문자 배열);
```

다음 프로그램은 앞의 프로그램을 strlen 함수로 변경하는 예제다.

🖥 프로그램 14.19

```c
#include <stdio.h>
#include <string.h>

int main(void)
{
    int i;

    char str[256];
    scanf("%s", str);

    i = strlen(str);

    printf("%d\n", i);

    return 0;
}
```

실행 결과도 앞의 프로그램과 같다.

---

12 strlen: string length(문자열 길이)의 약자

14.3.7 문자열 비교

문자 배열의 내용이 같은지 비교하려면 다음과 같은 프로그램을 작성할 수도 있다.

프로그램 14.20

```
str1 == str2;
```

그러나 문자 배열 간 비교에는 == 연산자를 사용할 수 없다. 구체적인 이유는 15장에서 설명하겠다. 간단히 설명하자면, 이 프로그램은 배열의 내용이 같은지 비교하는 것이 아니라 배열이 같은지(같은 메모리를 사용하는지) 비교하는 것이기 때문이다.

문자 배열의 내용을 비교하려면 for문에서 전체 요소를 비교해야 한다. 다음 프로그램은 입력한 문자열이 DRAGONQUEST인지 비교하는 예제다.

프로그램 14.21

```c
#include <stdio.h>
#include <string.h>

int main(void)
{
    int len,i;
    char str1[256],str2[] = "DRAGONQUEST";

    scanf("%s", str1);

    len = strlen(str2);

    for (i = 0;i < len + 1;i++) {
        if (str1[i] != str2[i]) break;
    }

    if (i == len + 1) {
        printf("같음\n");
    } else {
        printf("다름\n");
    }
```

```
    return 0;
}
```

이 프로그램의 실행 결과는 다음과 같다.

DRAGONQUEST	#키보드로 입력한 문자열
같음	

ABCDEF	#키보드로 입력한 문자열
다름	

DRAGONQUEST3	#키보드로 입력한 문자열
다름	

프로그램을 보면, 문자열 내용을 비교할 때는 EOS까지 동일해야 하므로 비교 문자 수 보다 한 문자를 더 비교하고 있음을 알 수 있다.

다만, 문자열을 비교하기 위해 매번 for문을 작성하는 것은 번거로우므로 이를 위해 문자열을 비교하는 strcmp[13] 함수가 준비되어 있다. 또한 strcmp 함수를 사용하려면 string.h를 #include해야 한다.

📋 서식

```
#include <string.h>
```

---

13 strcmp: string compare(문자열 비교)의 약자

변수 = strcmp(문자 배열1, 문자 배열2);

이 함수는 두 문자 배열의 내용이 동일한 경우 0을 반환한다. 다음 프로그램은 방금의 프로그램을 strcmp 함수로 변경한 것이다.

🖥 프로그램 14.22

```c
#include <stdio.h>
#include <string.h>

int main(void)
{
    char str1[256],str2[] = "DRAGONQUEST";

    scanf("%s",str1);

    if (strcmp(str1,str2) == 0) {
        printf("같음₩n");
    } else {
        printf("다름₩n");
    }

    return 0;
}
```

실행 결과는 앞의 프로그램과 동일하다.

개념

1. 각 문자에 별도의 번호를 붙여 구별하는 방법을 무엇이라 부르는가?

2. 문자열 종료를 표시하는 특별한 문자를 무엇이라 부르는가?

프로그램 읽기

3. 다음 프로그램을 실행하면 어떤 결과가 나타나는가?

🖥 프로그램 14.23

```
#include <stdio.h>

int main(void)
{
    char C;

    for (C = 'A';C <= 'Z';C++) {
        printf("%C", C);
    }
    printf("\n");

    return 0;
}
```

프로그램 만들기

4. 성과 이름을 따로 입력받아 결합하여 표시하는 프로그램을 작성해라.

주관식

5. C 언어에서 문자열 처리에 배열을 사용하는 이유는 무엇인지 간단히 설명해라.

15

포인터 변수의 구조

C programming

메모리 구조

15.1.1 메모리?

메모리라는 단어는 컴퓨터에 관심이 있는 사람에게는 친숙한 단어다. 이 메모리에 컴퓨터 데이터가 기억되어 있다는 것은 컴퓨터를 잘 모르는 사람이라도 들어 본 적은 있을 것이다. 보통은 이 정도의 지식으로도 충분하겠지만 프로그래밍을 한다면 이야기가 달라진다. 프로그래밍을 하려면 메모리가 어떻게 데이터를 기억하는지 그 구조를 제대로 이해해 두어야 한다.

그러나 여기서 하드웨어 구조를 설명할 생각은 없다. 중요한 것은 하드웨어적 구조가 아니고 소프트웨어적 개념이다. 이 장에서는 메모리가 어떤 구조로 데이터를 저장하며, 프로그램은 어떤 방식으로 메모리를 취급하는지 설명할 것이다.

15.1.2 초대형 1열 사물함

메모리 안에는 매우 많은 전자부품이 포함되어 있고, 그 하나하나가 자신의 상태를 가지고 있다. 여기서 상태란, 켜져 있거나 꺼져 있는 것을 말한다. 전자부품이 켜져 있으면 1, 꺼져 있으면 0과 같이 각각의 부품이 1이나 0을 기억하고 있다.

이는 마치 1열짜리 초대형 사물함 같은 구조다. 그 수는 10이나 100이라는 상식적인 수로는 끝나지 않는다. 메모리 2GB 컴퓨터라면 21억 개 이상의 사물함이 이어져 있는 것이다.

그리고 그 사물함에는 번호가 매겨져 있다. 또한, 각각의 사물함은 '짐'이라는 상태를 가지고 있다. 짐이 들어 있으면 1, 들어 있지 않으면 0으로 계산한다. 컴퓨터는 이 사물함에 짐을 실어 수치를 기억한다. 이때 모든 수치는 2진수인 1과 0의 조합으로 기억된다.

15.1.3 CPU 비트 수

비트라는 말도 아마 들어 본 적이 있을 것이다. 지금 우리가 사용하고 있는 컴퓨터는 대부분 64비트다. 그런데 이 비트란 도대체 무엇을 하는 것일까? 사실, 비트는 메모리와 깊은 관계가 있다.

64비트 컴퓨터

64비트 컴퓨터는 32비트에서도 동작할 수 있으며, 이 경우 32비트 컴퓨터처럼 움직인다.

앞서, 메모리란 1열짜리 초대형 사물함이며 그 안에는 2진수로 기록된 수치들이 있다고 설명했다. 그러나 이 데이터(수치)는 모두 2진수로 기록되어 있기 때문에 하나하나 데이터를 교환해야 하므로 매우 불편하다.

그래서 생각한 것이 몇 개씩 묶어 사용하는 방법이다. 예를 들어, 메모리의 데이터 중 8개를 한꺼번에 사용하면 2진수로 00000000~11111111 범위의 수, 10진수로는 0~255 범위의 수를 계산할 수 있다. 이 정도라면 제대로 된 계산을 할 수 있을 것이다.

이미 눈치 챈 사람이 있을지 모르겠지만, 이 내용 그대로가 비트다. 즉, CPU[1]가 한 번에 처리하는 메모리의 2진수 자릿수가 비트 수다. 'CPU가 몇 비트'라고 말하는 것은 대부분 그런 의미다. 다만, 특수 명령으로 그 이상의 비트 수를 한꺼번에 계산할 수 있는 CPU도 있다.

또한, 1비트는 2진수 한 자리를 의미한다. 앞에서 말한 32비트 CPU란 CPU 처리 단위가 32비트라는 것이다.

---

1 CPU: Central Processing Unit(중앙 처리 장치)의 약자

15.1.4 **32비트 사물함**

앞서, CPU는 메모리의 데이터 몇 개를 하나로 묶어 처리한다고 설명했다. 여기서부터는 32개의 메모리 데이터를 묶어 처리하는 32비트 컴퓨터를 전제로 이야기를 해 보기로 한다.

32비트 컴퓨터는 32개의 데이터를 한곳에 모아 처리한다. 즉, 초대형 1열 사물함이 32개씩 구분되어 있는 것이다. 하지만 현실은 8개씩 구분되어 있으며, 각각 번호가 매겨져 있다. 8개씩 데이터를 구분한다는 것은 메모리를 8비트 단위로 취급한다는 것이다.

8비트는 1바이트[2]라고도 하며, 이는 컴퓨터의 기본 단위다. 다양한 데이터를 처리하는데 8비트가 편리하기 때문이다. 8비트는 0~255 범위의 수치를 나타내므로 비교적 작은 수치를 기억하는 데 최적이다. 또 2진수로 동작하는 컴퓨터에서 2의 제곱수인 8이라는 단위는 데이터를 처리하는 데 좋은 자릿수이기도 하다.

실제 컴퓨터에서 메모리를 처리할 때는 사물함을 8개씩 묶어 하나의 번호를 할당한다. 32비트 컴퓨터에는 32비트 번호가 할당되어 있으므로 0부터 약 42억 개까지 8비트 수치로 처리할 수 있다.

---

2 바이트: byte(1바이트 = 8비트)

15.2 변수와 메모리의 관계

15.2.1 변수는 메모리상에 존재

5장에서 변수를 설명할 때 변수는 메모리에 만들어진다고 설명했다. 그러나 구체적인 내용에 대해서는 설명하지 않았다. 변수만을 다룰 때는 더 자세한 내용을 알 필요가 없었기 때문이다. 그러나 뒤에서 설명할 포인터[3]라는 개념을 이해하려면 변수가 어떻게 메모리에 저장되는지 알아 두어야 한다.

15.1절에서 설명한 대로 컴퓨터 메모리란 1열짜리 초대형 사물함과 같으며, 사물함 하나하나가 켜져 있는지 꺼져 있는지 그 상태를 기억하고 있다. 이 사물함 하나를 1비트, 8개씩 묶은 것을 1바이트로 부르며, 1바이트마다 번호가 할당되어 있다.

프로그램상에 선언한 변수도 메모리에 저장되고 번호가 할당된다. 다만, 번호로만 구분하면 알기 어렵기 때문에 이름을 붙이는 것이다. 실행 파일로 컴파일하면 변수명은 번호로 변환된다. 즉, 모든 변수는 메모리에 저장되어 번호를 할당받는다는 것을 기억해 두자.

---

3 포인터: pointer(지시하는 것을 의미)

C 언어는 이런 언어다

이 장에서는 C 언어의 실체에 근접한 설명을 많이 볼 수 있다. 지금까지 설명하지 않은 많은 내용이 이 장에서 밝혀진다. 그중에는 C 언어 문법을 비판하는 설명도 많다. 원래 C 언어는 데니스 리치라는 사람이 자신이 사용하기 위해 만든 프로그래밍 언어다. 전 세계적으로 사용되리라고 생각하지 않았기 때문에 만든 사람의 사정에 맞춘 듯한 부분이 있어 보통 사람에겐 불친절한 문법의 언어가 되었다.

그러나 그럼에도 불구하고 C 언어는 전 세계적으로 사용되고 있다. 군데군데 이상한 부분이 있지만 가장 범용적인 언어이며 작은 프로그램부터 3D 게임까지 폭넓게 사용되고 있다.

15.2.2 메모리상의 번호를 표시

15.2.1절에서 모든 변수는 메모리에 저장되고 번호를 매겨 구별한다고 설명했다. 변수에 붙여진 번호는 프로그램에서 확인할 수 있다.

번호를 확인하는 것은 의외로 간단하다. printf 함수에서 %p 지정자를 사용하면 된다. 다만, 변수명 앞에 &를 붙여야 한다. 다음 프로그램은 int형 변수 i의 번호를 표시하는 예제다.

🖳 프로그램 15.1

```
#include <stdio.h>

int main(void)
{
    int i;
    printf("%p\n", &i);
    return 0;
}
```

이 프로그램의 실행 결과는 다음과 비슷할 것이다.

```
0012FF80
```

이 결과는 컴퓨터나 사용하는 컴파일러 따라 다르게 나타날 수 있다. 지정된 변수를 어느 번호의 메모리에 할당하는지는 컴파일러(정확히는 링커)가 자동으로 결정하며, 그 값마저도 OS의 가상 메모리 상태에 따라 변한다.

이 실행 결과는 16진수 표기 방식이다. 이를 10진수로 나타내면 1245056이 된다. 왜 16진수 같은 이해하기 어려운 방법으로 표시하고 있느냐면 15.2.1절에서 설명한 대로 컴퓨터 수치는 2진수로 기억되기 때문이다.

> 2진수는 2, 4, 8, 16, …처럼 자릿수가 올라간다.
> 10진수는 10, 100, 1000, …처럼 자릿수가 올라간다.
> 16진수는 16, 256, 4096, …처럼 자릿수가 올라간다.

이 내용을 잘 보면 10진수는 2진수와 잘 맞지 않는 것 같고, 16진수는 2진수와 잘 맞는 것 같다.

컴퓨터는 왜 2진수일까?

당신은 손가락 10개로 수를 몇까지 셀 수 있는가? 보통 10까지지만 이론적으로는 1024까지 셀 수 있다. 손가락 하나를 2진수 한 자리로 대응시키면 그렇게 된다. 이처럼 10진수보다 2진수로 계산하는 것이 회로를 작고 단순하게 할 수 있다.

그러나 여기서는 16진수인지 아닌지가 중요한 것이 아니다. 중요한 것은 변수에 붙여진 번호를 간단히 알아볼 수 있다는 점이다. 이 변수에 붙여진 번호를 주소라고 부른다.

주소
변수에 붙여진 메모리상에서의 번호

이를 URL 주소와 완전히 같은 의미로 생각해도 된다. 변수의 주소를 나타내는 번호가 바로 주소다.

15.2.3 여러 변수의 번호

이번에는 여러 변수의 주소를 알아보겠다. 반복하여 말하지만, 변수에 붙은 사물함 번호를 주소라고 부른다. 다음 프로그램은 세 개의 int형 변수의 주소를 표시하는 예제다.

💻 프로그램 15.2

```
#include <stdio.h>

int main(void)
{
    int i1,i2,i3;
    printf("i1(%p)\n", &i1);
    printf("i2(%p)\n", &i2);
    printf("i3(%p)\n", &i3);
    return 0;
}
```

이 프로그램의 실행 결과는 다음과 비슷할 것이다.

☑ 실행 결과

```
i1(0012FF78)    #10진수에서는  1245048
i2(0012FF7C)    #10진수에서는  1245052
i3(0012FF80)    #10진수에서는  1245056
```

이 수치 역시 실행 환경에 따라 다르게 나타날 수 있다. 결과를 보면, 아무래도 int형 변수에 4 차이가 나는 일련번호가 할당된 것 같다. 이는 int형 크기가 4바이트이기 때문이다. 그러나 LSI C-86 컴파일러에서 int형의 크기는 2바이트다.

4바이트는 32비트이므로(4×8=32) 2진수로 32자리가 된다. +, − 기호를 생각하지 않는다면, 약 43억까지 수치를 기억할 수 있다. 2바이트의 경우 65535까지다.

int형 이외의 변수도 컴파일러마다 크기가 다르다. 다만, char형은 항상 1바이트로 정해져 있다. char형은 정해진 범위의 번호가 사용된 문자를 기억하기 때문이다.

실행 결과에는 연속된 번호로 표시되었지만 변수 주소가 언제나 연속된 것은 아니다. 왜냐하면 이 세 가지 변수는 개별적으로 사용되는 변수이므로 각각 다른 위치에 있어도 아무런 문제가 없기 때문이다. 컴파일러에 따라 역순이 될 수도 있다.

15.2.4 배열 번호

변수 번호와 마찬가지로 배열도 주소를 표시할 수 있다. 계속 반복하여 이야기하지만 주소는 변수에 붙여진 사물함 번호다. 배열의 경우 앞에 &를 붙일 필요가 없지만, 배열의 각 요소는 변수와 동일하게 취급되므로 &를 붙여야 한다. 다음 프로그램은 배열과 그 요소의 주소를 표시하는 예제다.

🖵 프로그램 15.3

```c
#include <stdio.h>

int main(void)
{
    int array[10];
    printf("array___(%p)\n", array);
    printf("array[0](%p)\n", &array[0]);
    printf("array[1](%p)\n", &array[1]);
    printf("array[2](%p)\n", &array[2]);

    return 0;
}
```

이 프로그램의 실행 결과는 다음과 비슷할 것이다.

```
array___(0012FF5C)        #10진수에서는  1245020
array[0](0012FF5C)        #10진수에서는  1245020
array[1](0012FF60)        #10진수에서는  1245024
array[2](0012FF64)        #10진수에서는  1245028
```

배열의 경우에도 4바이트씩 순차적으로 할당된 것처럼 보인다. 게다가 배열명과 배열의 첫 번째 요소의 주소가 같은 번호로 표시되고 있다. 사실 여기서 배열의 모든 속임수를 볼 수 있다. 사실, 배열명은 배열의 첫 번째 요소의 주소를 나타낸다. 배열의 각 요소를 참조할 때 [0], [1]이라는 요소 번호를 붙이는데, 이는 배열명 주소 + 요소 번호의 메모리를 참조한다는 의미다. 즉, 시작 주소를 결정해 두면 시작 주소에 번호를 덧셈하는 것으로 많은 변수가 나열되는 상태를 표현할 수 있다.

다만, 여기에서 조금 의문인 것은 요소 번호가 1일 때 실제 주소는 4씩 증가하고 있다는 점이다. 이는 int형의 크기를 생각하면 바로 알 수 있다. 이 컴파일러에서 int형의 크기는 4바이트다. 즉, 바로 다음의 int형 변수 주소는 '시작 주소 + 4'가 되며, 다시 그다음의 int형 변수 주소는 '시작 주소 + 8'이 된다. 이 배열 구조에 대해서는 뒤에서 충분히 설명하겠다.

15.3 &를 붙여야 하는 변수의 정체

15.3.1 &를 붙인 변수의 정체

15.2절에서는 변수 주소를 표시하는 방법에 대해 설명했다. 이때 변수명 앞에 &를 붙였는데, 이 방법은 6장에서 scanf 함수를 사용할 때도 사용했다. &를 붙인 변수는 주소를 표시할 때만 사용하는 것이 아니라 많은 곳에서 사용되는 작성 방법이다.

이 &를 붙인 변수의 정체는 매운 단순하다. 사실 &는 변수 주소를 구하는 연산자다. +나 × 기호처럼 어떤 계산을 위한 기호인 것이다. 어떤 변수라도 & 연산자를 사용하면 변수 주소를 구할 수 있다. 바꾸어 말하면 & 연산사를 사용하면 그 변수의 메모리상 번호를 알아낼 수 있다.

15.3.2 모든 것은 값에 의한 호출

앞에서 & 연산자를 사용하면 변수 주소를 알 수 있다고 설명했다. 하지만 도대체 무엇을 위해 변수 주소를 알아야 하는 것일까? 사실 이것은 C 언어 함수의 구조와 관계가 있다.

11장과 12장에서 사용자 정의 함수와 변수 범위에 대해 설명할 때, 인수를 통해 함수에 수치를 전달할 수 있다고 이야기했다. 그러나 이 인수에서 전달할 수 있는 것은 어디까지나 수치다. 함수를 호출할 때 변수를 지정했다면 변수에 기억되어 있는 값이 호출된 함수의 실인수에 복사된다.

즉, 인수에서 함수에 전달되는 데이터는 모든 수치인 것이다. 이처럼 인수에 수치를 전달하는 방법을 값에 의한 호출이라고 부른다.

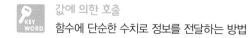

값에 의한 호출
함수에 단순한 수치로 정보를 전달하는 방법

여기에서 중요한 것은 변수를 실인수에 지정해도 전달받는 것은 내용의 수치라는 점이다. 수치를 받은 함수는 그것을 바탕으로 여러 가지 계산을 하여 결과를 반환값으로 반환한다.

일반적으로 이런 방법에 문제는 없지만, 변수 내용을 직접 변경하려고 할 때 문제가 생긴다. 왜냐하면 함수에 전달받은 변수 내용은 복사본이므로 복사본을 아무리 변경해도 호출된 원래 변수에는 아무 영향을 미치지 못한다.

이런 경우 & 연산자를 사용해서 주소를 구하고 그 주소의 수치를 전달한다. 그러면 함수 호출 측의 변수 주소, 즉 메모리상의 번호를 알 수 있고 그 번호의 메모리를 변경하면 호출 측 변수를 변경할 수 있다. 바로, 이것이 변수 주소를 알아야 하는 이유다.

참조에 의한 호출

값에 의한 호출과 관련하여 참조에 의한 호출이라는 기능이 존재하는 언어도 있다. 이 기능을 통해 주소를 건네주는 처리를 언어 자체의 기능을 통해 자동으로 해결한다. C 언어는 어디까지나 값에 의한 호출밖에 할 수 없지만, 주소를 건네주는 것을 일반적으로 참조에 의한 호출이라고 부르기도 한다.

15.3.3 scanf 함수에서 &를 붙이는 이유

15.3.2절을 보면 scanf 함수에서 &를 붙이는 이유를 알 수 있다. scanf 함수는 키보드에서 입력을 받아 변수에 저장하는 함수다. 그러나 C 언어에서는 값에 의한 호출만 할 수 있다. 즉, 함수에는 변수에 기억된 값의 복사본만을 건네줄 수 있다. 이것은 변수에 새로운 값을 기억할 수 없게 만든다.

이런 경우 앞서 설명한 것처럼 변수 주소를 수치로 전달하면 함수 측에서 이 주소의 데이터를 기억할 수 있다. 이것이 scanf 함수에서 변수에 &를 붙이는 이유다.

그러나 의문인 것은 14.3.5절에서 문자열을 입력할 때 배열명 앞에 &를 붙이지 않았다는 것이다. 15.2절에서 설명했듯이, 배열명은 배열 첫 번째 요소의 주소를 나타낸다. 그래서 배열명을 전달하면 배열 위치를 알 수 있기 때문에 &가 필요 없다. 어떤 의미의 배열명이 아니더라도 배열 주소를 지정하면 된다. 예를 들어, 다음과 같이 하면 배열명이 아니더라도 입력할 수 있다.

📺 프로그램 15.4

```
#include <stdio.h>

int main(void)
{
    char str[256];
    scanf("%s", &str[0]);    /* 0번 요소의 주소 */
    printf("%s\n", str);
    return 0;
}
```

이 프로그램의 실행 결과는 다음과 같다.

☑ 실행 결과

```
MARIO      #키보드로 입력한 문자열
MARIO
```

이 프로그램은 배열명 대신 요소 0번 주소를 지정했을 뿐이다. 둘은 같은 의미이므로 어떤 방법을 써도 좋다. 또한 다음과 같이 배열 중간에서 입력을 받을 수도 있다.

📺 프로그램 15.5

```
#include <stdio.h>

int main(void)
{
    char str[256] = "DRAGON";
```

```
    scanf("%s", &str[6]);      /* 6번 요소의 주소 */
    printf("%s\n", str);
    return 0;
}
```

이 프로그램의 실행 결과는 다음과 같다.

실행 결과

```
QUEST      #키보드로 입력한 문자열
DRAGONQUEST
```

이 프로그램에서는 초기화 단계에서 배열에 DRAGON이라는 문자열을 입력하고 있다. 즉, 배열 0~5번까지 문자가 대입되어 있는 상태에서 scanf 함수에 6번 요소의 주소를 지정해서 입력하면 문자열은 6번 요소부터 입력되므로 DRAGON과 결합된다.

즉, 배열명만 전달하는 경우 확실히 겉으로는 &를 붙이지 않지만 실제로 실행되는 결과는 &를 붙인 변수를 지정하는 것과 같다.

15.4 주소를 기억하는 변수

15.4.1 포인터라는 단어

15.3절에서 함수에 변수 주소를 전달하면 변수 내용을 변경할 수 있다고 설명했다. 그러나 변수 내용을 변경하기 위해서는 주소 값을 기억할 수 있는 변수가 필요하다. 변수 없이는 주소 값을 인수에 전달해도 받을 수가 없다.

주소 값을 기억하는 변수를 포인터라고 부르지만 이 이름은 그렇게 정확한 호칭이 아니다. 왜냐하면 포인터는 주소를 취급하는 세 가지 기능의 총칭이기 때문이다. 포인터는 다음과 같이 세 가지로 나누어져 있다.

첫 번째는 포인터형이다. 지금까지 나온 int형이나 double형과 같은 형이다. 다만 포인터형이 조금 다른 특징을 가지고 있다. 두 번째는 포인터 값이다. 이것은 포인터형으로 취급할 수 있는 수치, 즉 주소다. 정수나 실수 같은 수치의 구분과 마찬가지로 포인터 값이라고 구분되는 것이다. 세 번째는 포인터 변수다. 이것은 포인터형에서 선언된 포인터 값을 기억할 수 있는 변수다. int형 변수나 double형 변수와 같은 것이다.

계속해서 이 세 가지에 대해 이야기할 것이다. 정확히 이해할 수 있도록 주의 깊게 읽기를 바란다.

15.4.2 포인터형

포인터형이란 주소를 기억하는 변수형을 의미한다. 포인터형은 일반 변수형과는 다른 측면이 있다. 포인터형이 다른 변수형으로부터 만들어지는 파생형이라는 점이다.

조금 어려운 설명이겠지만 실제로는 그렇게 어려운 내용이 아니다. 예를 들어, int형은 독립적인 형이다. 다른 형과는 아무런 관계가 없다. 반면 포인터형은 다른 형과 포인터형을 결합하여 만드는 것이다.

int형과 포인터형을 결합하면 int형 포인터라는 형이 만들어지며, double형의 경우 double형 포인터가 만들어진다. 또 int형 포인터에 포인터형을 결합하면 int 포인터의 포인터형이라는 다중 포인터형을 만들 수 있다. 즉, 포인터형은 다른 형과 결합하지 않는다면 존재할 수 없는 이른바 기생충 같은 형이다.

그런데 포인터형은 주소를 기억하는 변수형이다. 이 장의 앞부분에서 설명한 것처럼 주소는 결국 정수 값에 지나지 않는다. 그 정수 값을 기억하는 형이 왜 다른 형과 결합하는 것일까?

여기에는 분명한 이유가 있다. 지정된 주소에 기억된 수치를 꺼내기 위해서다. 예를 들어, int형, double형, char형은 모두 크기가 다르다. int형의 경우 표준 컴파일러로 4바이트 크기이기 때문에 억 단위로 존재하는 메모리라는 사물함을 4개 사용한다고 볼 수 있다. 이때 int형 값을 꺼내려면 4개를 한꺼번에 꺼내야 한다.

변수형에 따라 메모리에 기억된 2진수의 읽는 법까지 달라지는 경우도 있으므로 원래 형이 무엇이었는지 알지 못하면 기억된 수치를 꺼낼 수가 없다. 즉, 포인터형은 어떤 형의 변수 주소였는지 알 필요가 있다. 그래서 미리 다른 변수와 결합한 형태로 포인트 형을 만들어 두면 그 포인터형의 변수에 기억된 수치가 결합된 형이라는 것을 바로 알 수 있다.

void 포인터

단독으로 존재하는 포인터형으로 void형이 있다. 이 형은 어떤 변수의 주소라도 기억할 수 있지만 원래의 변수 형을 모르기 때문에 값을 꺼낼 수 없다.

15.4.3 포인터 값

포인터 값이란 포인터형의 변수가 기억할 수 있는 수치, 즉 변수 주소의 값을 말한다. 많은 컴파일러에서 포인터 값이라는 것은 단순한 부호 없는 정수 값에 지나지 않는다. 그 이유는 컴퓨터 메모리의 구조를 떠올리면 금방 알 수 있다. 컴퓨터 메모리는 수십억 개의 사물함 집합이며, 주소는 그 사물함에 붙은 번호이기 때문이다.

그러나 여기서 한 가지 의문이 남는다. 주소가 단순한 정수 값이라면 int형을 사용하면 충분할 것인데 왜 일부러 포인터 값이라는 새로운 수치로 취급해야 하는 것일까? 사실 int형을 사용한다는 의견도 어떤 의미에서는 맞다고 생각할 수 있다. 32비트 컴파일러에서는 주소와 int형 모두 32비트이기 때문에 C 언어의 조상인 B 언어에서는 C 언어의 int형에 해당하는 형에 주소를 기억하는 구조를 가지고 있었다.

그러나 C 언어에서 포인터 값을 수치로 두는 데는 이유가 있다. 포인터 값과 일반 정수 값은 그 의미가 분명하게 다르다. 일반 정수 값은 프로그램 안에서 계산 등을 실행하기 위한 수치이지만 포인터 값은 계산에 사용되는 수치가 아니다.

일반 정수 값을 포인터 값으로 사용한다는 것은 있을 수 없는 일이고, 동시에 포인터 값을 일반 정수 값에 사용하는 것도 있을 수 없는 일이다. 이 둘은 모두 단순한 정수이지만 그 목적은 전혀 다르다. 그러므로 이 둘을 int형 변수로 모두 취급하는 것이 별 이득이 되지 않는다. 오히려 변수에 기억된 수치가 정수 값인지 포인터 값인지 알기가 어려워진다. 차라리 두 개를 다른 수치로 처리하는 것이 훨씬 편할 것이다.

15.4.4 포인터 변수

포인터 변수는 포인터형으로 선언한 실제 변수다. 이 변수에는 기본이 되는 형의 변수 주소를 자유롭게 대입할 수 있다. 게다가 기억하고 있는 주소의 메모리를 읽거나 변경할 수도 있다.

이것만 봐도 지금까지 배운 변수와는 상당히 다른 성질을 가지는 것을 알 수 있다. 실제로 포인터 변수는 변수에 없는 기능을 가지고 있다.

지금까지의 변수는 어떤 값을 기억하든 계산에 사용되었다. 그러나 포인터 변수는 기억하고 있는 주소 값을 계산에 사용하지 않는다. 포인터 변수의 역할은 기억하고 있는 주소의 메모리를 조작하는 것이다. 다시 말해, 보통은 포인터 변수로 사용되고 메모리 조작이 필요한 경우에만 일반 변수로 변환한다. 이 변환 기능이야말로 포인터 변수의 가장 큰 특징이다. 포인터 변수는 포인터 변수 방식과 일반 변수 방식을 모두 가지고 있어 필요에 따라 변경하여 사용할 수 있다.

포인터 변수 방식에서는 별다른 기능은 제공하지 않는다. 주소 대입과 덧셈과 뺄셈이 전부다. 왜냐하면 포인터 변수 방식에서 중요한 것은 주소를 기억하는 것이기 때문이다. 주소만 기억한다면 나중에 아무것도 하지 않아도 된다.

일반 변수 방식으로 전환한 경우 그 성질은 일반 변수와 완전히 똑같다. 덕분에 일반 변수처럼 다양한 연산자를 사용해서 계산을 할 수도 있다. 당연히 그때 사용하는 메모리는 포인터 변수 방식에서 기억한 주소를 사용한다.

지금까지의 변수는 그냥 일반 변수로만 사용되었지만, 포인터 변수는 두 가지 방식을 적절히 전환해서 사용해야 함을 기억하길 바란다.

15.5 포인터 변수 사용하기

15.5.1 포인터 변수의 선언

15.4절에서는 포인터의 세 가지 기능을 설명했다. 여기서는 실제로 포인터 변수를 선언해 보기로 한다. 곧장 포인터 변수를 선언하는 예를 설명하고 싶지만, 일단 int형 포인터 변수를 선언하는 예로 시작하기로 하자.

🖥 프로그램 15.6

```
int *p;
int* p;
```

이 내용은 입문서에서 소개되는 포인터 변수의 선언 방법이다. 이는 p라는 이름의 int에 포인터형의 변수를 선언하는 두 가지 방법이다. 여기서 * 기호는 포인터형을 의미하며, 두 방법 모두 int형 변수 주소를 기억하는 변수 p를 선언한다는 의미다.

두 방법 중에서 (형명에 * 기호가 붙은) 두 번째 선언 방법이 읽기 쉽다고 여길 수 있겠지만, 두 개 이상의 변수를 선언할 경우 의미가 달라진다. 다음 예를 보자. 이 경우 두 번째 변수 p2는 포인터 변수가 아니라 일반 int형 변수가 된다.

🖥 프로그램 15.7

```
int* p1,p2;
```

깊이 생각하면 어려우므로 여기서는 첫 번째 작성법으로 통일하도록 한다. 즉, 변수 이름 앞에 *를 붙여 포인트 변수를 선언할 수 있다.

15.5.2 주소 대입

15.4절에서 설명한 대로 포인터 변수란 주소를 대입하는 변수다. 포인터 변수를 선언했으므로 이제 주소를 대입해 보자. 그런데 어떤 주소를 대입해야 할까? 이론상으로는 어떤 주소라도 대입할 수 있지만 사용하지 않는 주소를 대입하면 의미가 없다.

사용할 메모리 주소를 대입하는 간단한 방법이 있다. 또 하나의 별도 변수를 선언하고 그 주소를 대입하는 방법이다. 다음 프로그램은 포인트 변수 p에 변수 주소를 대입하는 예제다.

🖥 프로그램 15.8

```
int main(void)
{
    int *p, i;
    p = &i;
    return 0;
}
```

우선, 변수명 앞에 *를 붙여야 포인터 변수로 선언할 수 있으므로 변수명 앞에 *가 붙지 않은 변수 i는 일반 변수다.

이 예제는 & 연산자로 변수 i의 주소를 구해 포인터 변수 p에 대입하고 있다. 즉, 이 단계에서 포인터 변수 p에는 i의 주소가 들어 있다. i의 주소와 포인터 변수 p의 내용은 당연히 동일해야 한다. 다음 프로그램은 printf 함수에서 주소를 표시하여 확인하는 예제다.

🖥 프로그램 15.9

```
#include <stdio.h>

int main(void)
{
    int *p,i;
    p = &i;
```

```
    printf("p = %p\n", p);
    printf("&i = %p\n", &i);
    return 0;
}
```

이 프로그램의 실행 결과는 다음과 비슷할 것이다.

☑ 실행 결과

```
p = 0012FF80
&i = 0012FF80
```

같은 값이 나왔다. 이는 포인터 변수도 변수이므로 어떤 의미에서는 당연한 결과다. 왜냐하면 p에 &i를 대입하고 즉시 그 값을 표시하기 때문이다.

다만 여기서는 변수형에 주의하도록 하자. 포인터 변수 p는 int형 포인터다. 변수 i는 int형이지만 & 연산자를 사용해 얻을 수 있는 주소는 포인터형이다. 따라서 &i를 p에 대입할 수 있고, 양쪽 모두에 %p 지정자로 표시할 수도 있다.

널 포인터

포인터 변수도 선언한 직후는 이상한 값이 대입된다. 그 값이 사용 가능한 주소인지 전혀 알수 없기 때문에 착각해서 그 주소를 사용하지 않도록 주의해야 한다. 이를 방지하려면 주소를 대입했는지 구별해야 한다. 그래서 C 언어에서는 널 포인터가 준비되어 있다. NULL이라는 기호를 포인터 변수에 대입하면 주소가 대입되지 않았음을 나타낼 수 있다.

🖳 프로그램 15.10

```
 int *p = NULL;
```

이와 같이 if문에서 p == NULL인지를 판단하면 p에 주소가 대입되어 있는지 구별할 수 있다. 덧붙여 p = 0이라고 해도 널 포인터가 대입된다. 이는 문법으로 정해져 있는 것으로 NULL이 0이라는 의미는 아니다.

15.5.3 변수 상태 변경

15.4절에서 설명한 대로 포인터 변수는 일반 변수 방식과 포인터 변수 방식을 가지고 있다. 아무것도 지정하지 않고 포인터 변수를 사용하는 경우 포인터 변수 방식이 된다. 일반 변수 방식으로 전환하려면 변수 앞에 * 기호를 붙인다. * 기호가 붙은 포인터 변수는 일반 변수와 완전히 동일한 기능을 한다. 다음 프로그램은 포인터 변수를 일반 변수 방식으로 전환하는 예제다.

🖥 프로그램 15.11

```c
#include <stdio.h>

int main(void)
{
    int *p,i;
    p = &i;
    /* 일반 변수 방식으로 전환한 포인터 변수를 대입 */
    *p = 10;
    printf("*p = %d\n", *p);
    printf("i = %d\n", i);
    return 0;
}
```

이 프로그램의 실행 결과는 다음과 같다.

☑ 실행 결과

```
*p = 10
i = 10
```

여기서는 포인터 변수 p에 * 기호를 붙이고 일반 변수 방식으로 전환했다. *p는 일반 변수 방식으로 전환한 포인터 변수 p이다. *p는 일반 변수와 동일하게 처리할 수 있다.

일반 변수 방식으로 전환한 포인터 변수는 일반 변수와 같은 기능을 하는데, 그때 사용되는 메모리는 포인터 변수 방식 때 대입한 주소가 된다.

포인터 변수 방식일 때 읽고 쓰고 싶은 메모리 주소를 대입한 후 일반 변수 방식으로 전환하여 그 메모리를 조작한다.

이것이 포인터 변수의 가장 기본적인 사용법이다. 직접 "몇 번 메모리를 변경해라"라고 지정하는 것이 아니라 변경하고 싶은 메모리 주소를 대입하여 방식을 전환하고 사용하는 2단 구조로 되어 있기 때문에 직관적으로 이해하기가 어려울 수도 있다.

이 프로그램의 6번째 줄에서 포인터 변수 p에 변수 i의 주소를 대입하고, 8번째 줄에서 p를 일반 변수 방식으로 전환하여 p가 기억한 주소에 10을 대입했다. 이때 p가 기억한 주소는 결국 변수 i의 주소이므로 결과적으로 변수 i의 값을 10으로 변경할 수 있다.

좀 더 구체적으로 설명하면, 변수 i와 일반 변수 방식의 *p는 완전히 같은 메모리 영역을 사용한다. *p에 10을 대입하면 i도 자동으로 전환되는 것이 아니라 이 두 개는 원래 같은 장소를 가리키고 있다는 것이다.

이상한 기호 *

* 기호는 무려 세 가지 의미를 가지고 있어 혼란을 줄 수도 있다. 여기서 이 세 가지를 확실히 구별하도록 하자.

첫 번째는 **곱셈 연산자**다. 프로그램에서는 kai = 5 * 8처럼 사용한다. 두 번째는 **간접 참조 연산자**다. 포인터 변수를 일반 변수 방식으로 바꾼다. 프로그램에서는 *p처럼 사용한다. 포인터 변수 방식일 때 포인터 변수는 곱셈을 할 수 없기 때문에 곱셈 연산자와 같은 기호를 사용해도 구별이 된다. 세 번째는 포인터 변수를 **선언할 때 사용하는 기호**다. 선언 시에만 사용되며 int *p처럼 사용한다. 이 부분이 까다롭지만 일반 변수 방식으로 전환하는 간접 참조 연산자 *와 선언할 때에 사용하는 * 기호는 아무 관계도 없는 **전혀 다른 기호**다. 우연히 같은 문자를 사용하고 있을 뿐이다.

이 세 가지 기능을 모두 다른 문자로 사용했으면 구별하기 쉬웠을 텐데, 모두 * 기호를 사용한다는 것이 **C 언어의 결함 중 하나**다. 하지만 마음대로 바꿀 수 없기 때문에 여러분은 세 가지가 다른 의미로 사용되고 있음을 확실히 인식하도록 하자.

15.5.4 포인터는 바로 가기

15.5.3절까지 포인터 변수 기능을 모두 설명했다. 사실 포인터는 15.5.3절에서 설명한 기능만 가지고 있다. 포인터 변수 방식일 때 메모리 주소를 대입해서 일반 변수 방식으로 전환하고 그 메모리를 조작하는 것이 포인터의 전체 기능이다.

여기까지 이해했다면 당연히 나올 만한 질문이 있다. 결국 포인터란 어떤 도움이 되는 기능일까? 15.5.3절처럼 포인터 변수 방식을 일반 변수 방식으로 전환하여 조작하는 것은 무슨 의미가 있을까? 이는 사실 아무런 의미가 없다. 포인터 변수를 전환하여 쓰는 것보다 일반 변수를 조작하는 방법이 편하고 실수도 줄일 수 있다.

포인터의 실제 사용법은 바로 가기로 사용하는 것이다. Windows 바탕화면에 나열되어 있는 바로 가기와 동일하다. 바로 가기는 어딘가 다른 위치에 있는 어떤 파일을 가리키는 파일이다. 바로 가기를 열면 바로 가기가 가리키는 파일이 열리며, 바로 가기는 실제 파일이 아니므로 어디서나 자유롭게 여러 개를 만들고 삭제해도 원본 파일에는 아무 영향이 없다.

이것이 바로 포인터 역할이다. 포인터 변수에 실제로 존재하는 변수 주소를 기억해 두면 그 포인터 변수가 사용 가능한 곳이라면 원래 변수를 사용할 수 없는 장소라도 포인터 변수를 일반 변수 방식으로 전환하여 원래 변수처럼 사용할 수 있다. 바로 가기와 같은 기능을 할 수 있는 것이다.

다른 언어의 포인터

포인터는 C 언어의 기능 중에서도 까다로운 기능으로 유명하다. 그래서 포인터를 없애 알기 쉽게 만든 언어도 있다. 그러나 주소를 직접 대입할 수 없어서 그런 언어도 포인터와 같은 바로 가기 기능을 도입했다. 연결 리스트 등 복잡한 데이터 구조나 객체지향을 실현하기 위해 바로 가기 기능이 필요하기 때문이다.

15.6 인수로 정보 전달

15.6.1 포인터형 인수

11장에서는 사용자 정의 함수의 사용법과 작성법을 설명했고, 함수에서 정보를 반환하는 방법으로 반환값을 사용하는 방법도 설명했다. 반환값을 사용해서 정보를 돌려주는 것이 가장 간단한 방법인 것은 틀림없지만 이 방법으로는 항상 한 개의 정보만을 전달할 수 있다. 두 개 이상의 정보를 전달할 때는 사용할 수 없다. 그런 경우에는 포인터형 인수를 사용해서 정보를 반환할 수 있다. 포인터형 인수라고 해도 특별한 것이 없다. 단순히 인수형이 포인터형일 뿐 일반 인수와 다르지 않다.

C 언어에서는 함수에 정보를 전달할 때 반드시 원래 변수 값의 복사본을 전달한다. 이러한 방법을 값에 의한 호출이라고 부르며, 원래 변수의 값이 변경되지 않는 것이 특징이다. 포인터형 인수라도 값의 복사본이 전달되는 원칙에는 차이가 없다.

그래도 포인터형을 사용하는 이유는 포인터형은 주소를 받을 수 있기 때문이다. 함수를 호출할 때 이미 존재하는 변수 주소를 지정하면, 호출된 함수에서 받은 주소를 포인터 변수에 대입하고, 그 포인터 변수를 일반 변수 방식으로 전환하여 반환 정보에 대입할 수 있다. 반환된 정보는 호출한 측에서 지정한 변수에 기억된다. 다음 프로그램은 실제로 포인터형 인수를 사용해서 정보를 반환하는 예다.

🖥 프로그램 15.12

```
#include <stdio.h>

void func(int *pvalue);        /* 프로토타입 선언 */

int main(void)
```

```
{
    int value = 10;
    printf("&value = %p\n", &value);
    func(&value);               /* 주소를 전달 */
    printf("value = %d\n", value);
    return 0;
}

void func(int *pvalue)
{
    printf("pvalue = %p\n", pvalue);
    *pvalue = 100;              /* 일반 변수 모드로 전환하고 대입 */
    return;
}
```

이 프로그램의 실행 결과는 다음과 비슷할 것이다. 또한 LSI C-86에서의 결과이므로
주소는 2바이트로 되어 있다.

☑ 실행 결과

```
&value = 0F68
pvalue = 0F68
value = 100
```

이 프로그램은 함수를 호출할 때 value 변수의 주소를 전달한다. func 함수에 전달되는
것은 어디까지나 주소 값 자체(여기에서는 0F68)다. func 함수는 그 주소 값이 포인터 변
수에 대입되어 있기 때문에 당연히 func 함수에 전달된 주소와 받은 주소는 동일하다.

포인터 변수에 주소 값이 대입되어 있는 경우에는 일반 변수 방식으로 전환하여 그 메
모리를 자유롭게 읽고 쓸 수 있기 때문에 결과적으로 호출된 함수에서 원래 호출한 변
수의 내용을 변경할 수 있다.

지금까지 &를 붙여 호출한 함수는 모두 같은 구조다. 이것이 C 언어에서 가장 대중적
인 포인터 사용법이다.

배열형 인수

지금까지는 다루지 않았지만 배열을 인수로 사용할 수 있다. 그러나 배열의 경우 일반 인수와는 다른 성질이 많아 다루기가 쉽지 않다. 우선 지금까지와 같은 방법으로 배열형 인수를 갖는 함수를 만들어 보자.

인수는 int형에서 요소 10의 배열로, 배열에 대입된 값의 평균을 구하는 함수를 만든다. 지금까지와 같은 방법으로 구현하면 다음과 같다.

프로그램 15.13

```c
#include <stdio.h>

int getaverage(int data[10]);

int main(void)
{
    int average,array[10] = {15,78,98,15,98,85,17,35,42,15};
    average = getaverage(array);
    printf("%d\n", average);
    return 0;
}

int getaverage(int data[10])
{
    int i,average = 0;
    for (i = 0;i < 10;i++) {
        average += data[i];
    }
    return average / 10;
}
```

이 프로그램의 결과는 다음과 같다.

실행 결과

```
49
```

이 함수는 배열의 요소 번호 0~9까지의 값을 변수에 더하고, 마지막에 그 결과를 10으로 나눈 평균값을 구한다. 이처럼 언뜻 보면 배열도 인수로 전달하는 것처럼 보인다.

15.6.3 배열형 인수의 특이한 성질

15.6.2절에서 배열을 인수로 사용하는 함수를 만들었다. 이 함수는 지금까지 인수에 없었던 특이한 성질을 가지고 있다. 먼저, 배열 요소 개수는 무시된다. 다음 프로그램은 요소 개수 5의 배열을 강제로 전달해 보는 예제다.

🖥 프로그램 15.14

```
#include <stdio.h>

int getaverage(int data[10]);

int main(void)
{
    int average,array[5] = {15,98,98,27,42};    /* 요소 개수가 5 */
    average = getaverage(array);
    printf("%d\n", average);

    return 0;
}

int getaverage(int data[10])
{
    int i,average = 0;
    for (i = 0;i < 10;i++) {
        average += data[i];
    }
    return average / 10;
}
```

이 프로그램의 실행 결과는 다음과 비슷할 것이다.

인수형의 요소 수가 10인 배열로 선언되어 있어도 요소 수가 5인 배열을 넘길 수 있다. 그 결과 함수 쪽에서 무리하게 10개의 요소를 처리하게 되어 결과가 이상해진다.

게다가 다른 현상으로 함수 안에서 배열 값을 변경하면 호출하는 쪽까지 변경된다. 다음 프로그램은 함수 안에서 배열 값을 변경하는 예이다.

💻 프로그램 15.15

```c
#include <stdio.h>

int getaverage(int data[10]);

int main(void)
{
    int average,array[10] = {15,78,98,15,98,85,17,35,42,15};
    printf("array[3] = %d\n", array[3]);
    average = getaverage(array);
    printf("array[3] = %d\n", array[3]);
    printf("%d\n", average);
    return 0;
}

int getaverage(int data[10])
{
    int i,average = 0;
    for (i = 0;i < 10;i++) {
        average += data[i];
    }
    data[3] = 111;              /* 인수 배열의 값을 변경 */
    return average / 10;
}
```

이 프로그램의 실행 결과는 다음과 같다.

```
array[3] = 15
array[3] = 111
49
```

지금까지 인수는 호출된 함수 안에서 인수 값을 변경해도 호출 측 인수값이 변경되지 않았는데, 배열에서는 호출된 쪽의 변경이 호출 측에도 영향을 준다. 이런 현상은 값에 의한 호출에서는 있을 수 없는 일이다.

15.6.4 주소 전달

15.6.3절에서 배열형 인수가 가지는 특이한 성질을 설명했다. 이 현상은 배열이 값에 의한 호출을 한다면 절대 있을 수 없는 일이다. 반대로 말하면, 배열 자체는 값에 의한 호출은 하지 않는다.

그러나 실제로 함수에 배열을 전달하여 평균값을 계산하는 데는 성공했다. 즉, 어떤 형태로 배열이 전달된 것은 틀림없는 사실이다. 이를 검증하기 위해 실험을 해 보자. 15.6.3절에서 배열형 인수는 요소 개수를 무시했다. 그러면 요소 개수를 지정하지 않으면 어떻게 될까? 함수를 다음과 같이 수정해 보자.

💻 프로그램 15.16

```
int getaverage(int data[])
```

이 프로그램도 문제없이 동작한다. 게다가 프로토타입 선언에서 요소 수를 지정하지 않고 실제 함수 선언에서 요소 수를 지정한 경우에도 아무런 오류가 없다. 이 점에서 요소 개수가 완전히 무시되고 있는 것을 알 수 있다.

그러나 요소 개수를 무시하고 어떻게 배열 값을 전달하는 것일까? 일반적으로 배열을 전달할 때는 요소 개수만큼 값을 복사한다. 그러나 요소 개수를 무시하면 그런 방법은 사용할 수 없다.

여기에서 또 다른 실험을 해 보려고 한다. 15.6.3절에서 호출된 함수에서 배열 값을 변경하면 호출 측까지 변경되는데, 이 현상은 포인터형 인수를 사용했을 때와 비슷하다. 그렇다면 배열이 아닌 주소를 전달하는 것이 아닐까? 이를 확인해 보기 위해 함수를 다음과 같이 변경해 보자.

```
int getaverage(int *data);
```

놀랍게도 별 문제없이 동작했다. 이로써 이상한 현상의 원인이 모두 밝혀졌다. 즉, 배열을 전달하는 것이 아니라 배열 시작 주소를 전달한 것이다.

배열의 시작 주소를 전달하는 데 요소 개수는 전혀 연관이 없다. 또한 호출된 함수에서의 배열은 호출 측과 같은 메모리 영역을 가리키는 것이기 때문에 호출된 함수에서 배열 값을 변경하면 호출 측도 변경되는 것이 당연하다.

정리해 보면, 다음 세 가지는 같은 의미의 가인수 선언이다. 다만, 이 세 가지는 함수의 가인수 선언에서만 같은 의미가 된다.

```
int getaverage(int data[10]);
int getaverage(int data[])
int getaverage(int *data);
```

그리고 함수 안에서 data는 모두 포인트형 변수다. 그리고 호출된 곳과 호출한 곳은 동일한 메모리 영역의 배열을 사용한다.

어느 것을 선택할까?

그렇다면 이 세 가지 선언 중 어느 것을 사용하면 좋을까? 나는 **두 번째 선언처럼 요소 개수를 생략한 형태**를 사용하는 것을 추천한다. 세 번째 선언은 일반 포인터형과 혼동하기 쉽다. 두 번째 선언은 배열을 받는 것을 명시적으로 알 수 있다. 첫 번째 선언은 C 언어에 익숙한 사람들에게는 유치한 선언으로 보일 수 있다.

배열과 포인터의 이상한 관계

15.7.1 배열과 같은 사용법

15.6절에서 함수에 배열을 전달하려면 배열의 첫 번째 요소의 주소를 전달해야 한다고 설명했다. 다음 프로그램은 포인터형을 인수로 한 15.6절의 예제 프로그램이다. 어딘가 부자연스러운 부분이 보이지 않는가?

🖥 프로그램 15.19

```c
#include <stdio.h>

int getaverage(int *data);

int main(void)
{
    int average,array[10] = {15,78,98,15,98,85,17,35,42,15};
    average = getaverage(array);
    printf("%d\n", average);
    return 0;
}

int getaverage(int *data)
{
    int i,average = 0;
    for (i = 0;i < 10;i++) {
        average += data[i];  /* 포인터 변수인데? */
    }
    return average / 10;
}
```

부자연스러운 부분은 주석이 표시된 행의 data다. 왜냐하면 이 data 변수는 포인터 변수지 배열이 아니다. 그런데도 [ ]를 사용해서 요소 번호를 지정할 수 있는 것은 왜일까?

이것은 15.3절에서도 간단히 설명했다. [ ]는 배열 요소 번호를 지정하는 연산자이지만 그 구조는 단순히 배열명이라는 주소에 덧셈을 하고 있을 뿐이다. 특별히 배열이 아니더라도 주소 값이라면 어떤 값이든 가능하다는 의미다.

자세히 설명하면, 수식 안의 배열명을 기술한 경우 [ ] 기호의 유무에 관계없이 배열명은 배열의 첫 번째 요소에 주소(포인터 값)로 처리된다. 그리고 그 배열명에 [ ]을 붙인 경우 그 주소의 번호 값을 덧셈하여 그 결과를 번호 요소로 처리한다.

선언과 수식의 차이

배열을 선언할 때는 [ ]로 요소 개수를 지정하고 배열 요소를 사용할 때는 [ ]로 번호를 지정하는데, 사실 이 둘은 전혀 다른 기호다. 선언에서의 [ ]는 요소 개수를 지정한다는 의미를 가지고 있지만, 수식에서의 [ ]는 주소로 덧셈하는 연산자다.

C 언어에서는 비슷한 사용법을 가진 기능에 같은 기호를 사용하는 경향이 있어 같은 기호라도 다른 의미를 가지는 경우가 많다.

이 때문에 포인터 변수를 배열처럼 사용할 수 있는 것이다. 다음 프로그램은 포인터 변수를 배열처럼 사용하는 예다.

프로그램 15.20

```
#include <stdio.h>

int main(void)
{
    int *data;
    int i;
    int average = 0;
    int array[10] = {15,78,98,15,98,85,17,35,42,15};

    data = array;              /* 포인터 변수에 배열 주소를 대입 */
```

```
    for (i = 0;i < 10;i++) {

    }

    printf("%d\n", average / 10);
    return 0;
}
```

이 프로그램의 실행 결과는 다음과 같다.

49

평소에는 이런 까다로운 방법을 사용하지 않아도 되지만, 언젠가 동적 메모리 확보를 위해 필요하게 될 것이다.

배열과 포인터는 전혀 다르다

많은 사람이 배열과 포인터를 착각한다. 배열이 많은 변수에 순서를 정해 취급하는 방법이라면, 포인터는 변수 바로 가기를 작성하는 방법이다. 그런데도 비슷한 사용법이 생기는 것은 배열 설계와 관련이 있다. C 언어에서는 배열을 구현하는 수단으로 주소 덧셈을 이용한다. 그런데 포인터 변수도 같은 기능을 가지고 있기 때문에 포인터 변수를 사용해도 배열과 같아진다. 그러므로 포인터와 배열은 혼동하기 쉽지만 배열은 어디까지나 여러 변수의 시작을 나타내는 고정된 변수이며, 포인터 변수는 원하는 변수 주소를 대입하고 원하는 메모리 영역을 사용할 수 있는 가변적 변수다.

15.7.2 **포인터만의 작성법**

15.7.1절에서는 포인터 변수에 배열 주소를 대입하면 똑같이 사용할 수 있다고 설명했다. 똑같이 사용할 수 있다는 것은 [ ] 연산자로 요소 번호를 지정할 수 있다는 의미다.

그러나 포인터 변수에는 포인터 변수만의 작성법이 있다. 이것은 포인터 연산이라고 불리는 작성법이며 다음과 같이 사용한다.

처음의 * 기호는 포인터 변수를 일반 변수 방식으로 전환하기 위한 연산자다. 괄호를 사용하여 포인터 변수의 주소 값에 요소 번호만큼 덧셈하여, 그 계산된 주소 값을 일반 변수 방식으로 전환하면 시작 주소에서 지정된 수만큼 이동한 위치의 메모리에 접근할 수 있다.

POINT 포인터 연산

포인터 변수를 더하거나 빼서 배열 요소를 사용하는 작성법. 예전에는 C 언어답다는 이유로 많이 사용되었다.

다음 프로그램은 이 작성법으로 앞의 프로그램을 변경한 예다.

💻 프로그램 15.21

```c
#include <stdio.h>

int main(void)
{
    int *data;
    int i;
    int average = 0;
    int array[10] = {15,78,98,15,98,85,17,35,42,15};



    for (i = 0;i < 10;i++) {

    }

    printf("%d\n", average / 10);
    return 0;
}
```

[ ]를 사용하지 않고 포인터 연산을 사용하여 배열에 접근하고 있다. 물론, 실행 결과는 앞의 프로그램과 같다.

포인터 변수는 값을 변경할 수 있는 점을 이용하여 다음과 같이 작성할 수도 있다. 일반적으로 포인터 연산은 이 작성법을 가리킨다.

🖳 프로그램 15.22

```
#include <stdio.h>

int main(void)
{
    int *data;
    int average = 0;
    int array[10] = {15,78,98,15,98,85,17,35,42,15};

    /* 여기에 주목 */
    for (data = array;data != &array[10];data++) {
        average += *data;
    }

    printf("%d\n", average / 10);
    return 0;
}
```

이 프로그램은 까다로운 부분이 많아 설명이 필요하다. 먼저, for문을 시작할 때 포인터 변수 data에 배열 주소를 대입했다. 그리고 data++가 지정되어 있는데, 이는 data 변수의 주소를 한 개만큼 증가시키는 연산이다. (정확하게는 그 포인터 변수가 가리키는 형의 크기만큼 증가시킨다.) 그리고 포인터 변수가 10번째 요소와 같은 값이 될 때까지 반복한다(0부터 시작). 포인터 변수 값 자체를 증가시켜 배열 요소 하나하나에 차례로 접근하는 방법이다.

이 방법은 빠르다는 이유로 C 언어에서 자주 사용됐다. 일반적으로 [ ] 배열을 사용하면 그 배열에 접근할 때마다 덧셈이 필요한데, 포인터 연산은 루프마다 한 번씩만 실행하면 된다.

15.7.3 오래되고 좋지 않은 포인터 연산

15.7.2절에서 포인터 변수로 배열 요소에 접근하는 포인터 연산을 설명했다. 하지만 그 작성법이 알기 쉬웠는가? 적어도 나는 어렵게 느껴졌다. 다음 두 가지는 똑같은 의미이지만 어느 쪽이 쉬운지 금방 알 수 있다.

```
data[5]
*(data + 5)
```

또한 ++ 연산자를 사용해서 주소를 증가시키는 방법이 포인터 연산에서는 더 복잡하다. 다음 두 가지 중에서 두 번째 방법이 더 보기 좋다고 생각하는 사람은 없을 것이다.

```
for (i = 0;i < 10;i++) {
    average += data[i];
}

for (data = array;data != &array[10];data++) {
    average += *data;
}
```

게다가 ++ 연산자를 사용해서 증가시키는 방법이 빠르다고 했지만 그건 옛날 이야기다. 최근에는 컴파일러 성능이 많이 좋아졌고 CPU 내에서도 최적화가 이루어지므로 어떤 방법이든 실제 속도에는 차이가 없다. 그러나 두 번째 방법이 좋은 속도를 내는 경우는 매우 제한적이다.

임베디드에서는

대부분의 컴퓨터용 컴파일러는 적절한 최적화를 하고 있지만 임베디드(가전제품 등에 내장되는 컴퓨터)는 그렇다고 할 수 없다. 또한 CPU의 구조가 간단한 만큼 약간의 차이가 성능에 바로 영향을 미칠 수 있다. 전자 기기를 위한 프로그래밍을 할 때는 주의가 필요하다.

예전에 많이 사용되던 ++ 포인터 연산을 아직도 사용하는 사람이 많지만, 나는 알기 쉬운 [ ]를 사용하여 배열에 접근하는 것을 추천한다.

결론은 취향에 맡긴다

지금도 ++ 포인터 연산이 C 언어 본연의 모습이라 믿으며 남용하는 사람이 많다. 물론, 보통은 [ ]를 사용하는 것이 편하다고 생각할 테지만, 그렇지 않더라도 선택은 각자의 취향에 맡긴다.

15.7.4 주소 관련 내용은 잊어라

지금까지 포인터 변수 기능은 거의 다 설명했으며, 포인터 변수는 주소를 기억하는 변수라는 점에 주목하고 그와 관련된 여러 가지를 설명했다. 그러나 실제로 프로그램을 작성할 때는 포인터 변수가 주소를 기억하는 변수임을 완전히 잊어 버려라.

왜냐하면 포인터 변수의 진짜 기능은 변수 바로 가기이기 때문이다. 결코 주소를 다루는 것이 아니다. 포인터 변수가 주소를 기억하는 것은 컴파일러 내부에서 일어나는 처리이며, 사용법만 알고 있다면 내부 구조가 어떻든 사용하는 데는 문제가 없다. 컴퓨터 구조를 전혀 몰라도 컴퓨터를 사용할 수 있는 것과 같은 의미다.

많은 사람이 포인터 변수를 어려워하는 것은 주소를 기억하는 것만 의식하기 때문이다. 내부 구조를 몰라도 포인터 변수는 간단하게 사용할 수 있다. 변수에 & 연산자를 붙여 바로 가기를 설정하고, * 기호를 붙여 일반 변수 방식으로 사용한다. 이 절차에 따라 사용하는 한 주소는 아무 상관이 없다.

다만 C 언어에서 때때로 매우 이상한 오류가 날 때가 있다. 이런 오류의 원인은 대부분 포인터 변수 사용법이 잘못됐기 때문이다. 오류를 수정할 때는 포인터 변수가 주소를 기억하는 변수임을 기억하고 어딘가에 잘못된 주소가 대입되었는지 확인해야 한다.

개념

1. 변수에 붙여진 메모리상의 번호를 무엇이라 부르는가?

2. 문제 **1**의 번호를 변수에 대입하고 다루는 방법을 무엇이라 부르는가?

프로그램 읽기

3. 다음 프로그램에서 sum 함수의 반환값은 void형임에도 불구하고 계산 결과를 반환할 수 있는 이유는 무엇인지 간략하게 설명해라.

🖵 프로그램 15.23

```c
#include <stdio.h>

void sum(int,int,int*);

int main(void)
{
    int value;
    sum(50,100, &value);
    printf("%d\n", value);
    return 0;
}

void sum(int min,int max,int *ans)
{
    *ans = (min + max) * (max - min + 1) / 2;
    return;
}
```

4. 0~100 범위에서 입력된 여러 수치 중에서 최댓값과 최솟값을 구해 표시하는 프로그램을 작성해라. -1이 입력되면 입력 종료로 판단한다. 다만 최댓값과 최솟값은 main 함수가 아닌 다른 함수에서 구해라. 또한 입력된 수치를 기억하는 배열의 요소 개수는 10으로 하고 그 이상이 입력될 경우 오류가 발생한다는 것을 전제로 한다.

【 힌트 】 배열 안에 -1이 있으면 데이터의 끝이라고 판단할 수 있다.

【 힌트 】 최솟값을 찾으려면 최댓값을 기억한 변수와 비교 반복하면 좋다.

주관식

5. 포인터가 무엇인지 간략하게 설명해라.

16

여러 변수형을
하나로 묶음

C programming

다른 형의 변수를 하나로 묶음

16.1.1 한 번에 데이터를 처리하고 싶을 때

13장에서는 같은 형의 여러 변수를 한꺼번에 처리하는 배열을 설명했다. 그러나 경우에 따라서는 다른 형도 한꺼번에 처리하고 싶은 때가 있다. 또한 각 요소를 번호로 구별하는 것보다 이름으로 구별하는 것이 편리할 수도 있다.

예를 들어, 학교에서 학생의 신체 측정 결과를 저장하려고 한다면 학생의 학년, 학급, 출석번호, 이름, 신장, 체중 등의 데이터가 필요하다. 이를 변수로 제공하면 다음과 같다. 신장과 체중은 소수점 첫째 자리까지 표현하는 것이 많기 때문에 실수형으로 나타냈다.

🖥 프로그램 16.1

```
int year;          /* 학년 */
int clas;          /* 학급 */
int number;        /* 출석번호 */
char name[64];     /* 이름 */
double stature;    /* 신장 */
double weight;     /* 체중 */
```

clas는 오타 아니야?

원래는 class가 올바른 철자인데 C++에서 class가 예약어로 사용되고 있기 때문에 일부러 clas로 정했다. 마음에 들지 않으면 group이라고 해도 좋다.

이 정도로도 학생 데이터로서 충분히 작동한다. 그러나 이러한 데이터는 모두 연관된 데이터임에도 불구하고 하나하나 다른 변수로 선언되어 있어 복잡하다.

이런 경우 여러 변수형을 하나로 묶어 처리하는 방법이 준비되어 있다. 바로 구조체라는 기능이다.

 구조체
여러 변수형을 묶어서 새로운 자료형으로 정의한 것

구조체는 여러 종류의 자료형을 하나로 묶어 새로운 형으로 만들 수 있다. 예를 들어 학생 데이터를 다음과 같이 새로운 형의 구조체로 만들 수 있다.

🖥 프로그램 16.2

```
struct student {
    int year;           /* 학년 */
    int clas;           /* 학급 */
    int number;         /* 출석번호 */
    char name[64];      /* 이름 */
    double stature;     /* 신장 */
    double weight;      /* 체중 */
};
```

구조체형을 선언할 때는 처음에 struct[1]를 붙인다. 그다음은 변수와 동일한 규칙을 바탕으로 새롭게 선언하는 구조체 형명을 붙인다. 구조체 형명은 구조체 태그명으로도 불린다.

 구조체 태그명
작성한 구조체의 이름. 엄밀하게는 형명이 아니기 때문에 주의해야 한다.

여기서는 구조체 형명에 학생이라는 의미의 **student**라는 이름을 붙였다. 다음은 {} 안에 하나로 묶고 싶은 변수형과 이름을 선언한다.

이렇게 새로운 구조체형을 만들 수 있지만 이는 단순히 형을 선언한 것뿐이므로 실제

---

1 struct: structure(구조물, 건축물)의 약자

로 사용할 수 없다. 실제로 사용하기 위해서는 구조체형의 변수를 선언할 필요가 있다. 구조체형의 변수 선언은 다음과 같다.

프로그램 16.3

```
struct student data;
```

이 예에서는 student 구조체 태그에 data 구조체 변수를 선언하고 있다. 구조체 태그 변수를 선언할 때는 먼저 struct를 쓰고 이어서 구조체 형명을 쓴 다음, 마지막으로 구조체 변수의 이름을 지정한다. 앞으로 구조체형을 구조체 태그, 구조체 태그에서 선언된 변수를 구조체 변수라고 부르기로 한다.

C++에서는

C 언어의 확장판인 C++에서는 struct를 붙이지 않아도 구조체 변수를 선언할 수 있다. 현재의 컴파일러는 대부분 C++용이므로 struct를 붙이지 않아도 선언된다.

이제 구조체 태그와 구조체 변수를 선언할 수 있다. 다음 프로그램은 구조체 태그와 구조체 변수를 선언한 예다.

프로그램 16.4

```
struct student {
    int year;           /* 학년 */
    int clas;           /* 학급 */
    int number;         /* 출석번호 */
    char name[64];      /* 이름 */
    double stature;     /* 신장 */
    double weight;      /* 체중 */
};

int main(void)
{
    struct student data;
    return 0;
}
```

이처럼 구조체 태그는 함수보다 먼저 선언한다. 함수보다 먼저 선언되어야 나중에 등장하는 모든 함수에서 구조체를 사용할 수 있기 때문이다.

16.1.2 구조체의 사용 방법

16.1.1절에서 구조체 태그와 구조체 변수의 선언에 대해 설명했으므로 여기서는 구조체를 직접 사용해 보도록 하자.

구조체 변수는 바탕이 되는 구조체 태그에 선언된 모든 형을 가지고 있다. 배열은 같은 자료형의 변수를 번호로 구분하지만, 구조체 변수는 자료형에 관계없이 모든 요소를 이름으로 구분한다. 구조체 변수가 가지는 하나의 요소에 접근하려면 다음과 같이 하면 된다.

📋 서식

구조체 변수명.요소명

여기서 '.'은 마침표다. 쉼표가 아니다. 이렇게 하면 개별 요소에 접근할 수 있다. 다음 프로그램은 앞의 프로그램에서 구조체의 year 요소를 사용하는 예다.

🖥 프로그램 16.5

```c
#include <stdio.h>

struct student {
    int year;           /* 학년 */
    int clas;           /* 학급 */
    int number;         /* 출석번호 */
    char name[64];      /* 이름 */
    double stature;     /* 신장 */
    double weight;      /* 체중 */
};

int main(void)
{
```

```
    struct student data;

    data.year = 10;    /* year 요소에 접근 */
    printf("%d\n", data.year);

    return 0;
}
```

이 프로그램의 실행 결과는 다음과 같다.

☑ 실행 결과

```
10
```

이 예에서는 student 구조체 태그에서 data 구조체 변수의 year 요소를 사용하고 있다. 이렇게 접근하면 이제 일반 변수와 사용 방법이 같다. 또한 마찬가지로 배열에 접근할 수 있다. 다음은 앞의 프로그램의 구조체 name 요소에 접근하는 예다.

🖥 프로그램 16.6

```
#include <stdio.h>
#include <string.h>

struct student {
    int year;            /* 학년 */
    int clas;            /* 학급 */
    int number;          /* 출석번호 */
    char name[64];       /* 이름 */
    double stature;      /* 신장 */
    double weight;       /* 체중 */
};

int main(void)
{
    struct student data;

    strcpy(data.name,"MARIO");
```

```
    printf("%s\n", data.name);

    return 0;
}
```

이 프로그램의 실행 결과는 다음과 같다.

```
MARIO
```

물론, [ ]를 사용하여 배열의 각 요소에 접근할 수 있다.

16.1.3 구조체 변수 자체 처리

16.1.2절에서는 구조체 각 요소에 접근하는 방법을 설명했다. 이는 보기에 확실히 각 요소가 한 번에 처리된 것처럼 보이지만 실제 사용 방법은 일반 변수와 동일해서 별 의미가 없어 보인다.

그러나 구조체는 구조체 변수 자체를 변수로서 사용할 수 있다. 예를 들어 구조체 변수에 또 다른 구조체 변수를 대입할 수 있다. 다음 프로그램은 구조체 변수에 또 다른 구조체 변수를 대입하는 예다.

🖳 프로그램 16.7

```
#include <stdio.h>
#include <string.h>

struct student {
    int year;              /* 학년 */
    int clas;              /* 학급 */
    int number;            /* 출석번호 */
    char name[64];         /* 이름 */
    double stature;        /* 신장 */
    double weight;         /* 체중 */
```

```
};

int main(void)
{
    struct student data1,data2;

    /* data1에 대입 */
    data1.year = 3;
    data1.clas = 4;
    data1.number = 18;
    strcpy(data1.name, "MARIO");
    data1.stature = 168.2;
    data1.weight = 72.4;

    data2 = data1;              /* data1 내용을 data2에 복사 */

    /* data1과 data2의 내용을 표시 */
    printf("data1.year = %d : data2.year = %d\n",
                        data1.year,data2.year);
    printf("data1.clas = %d : data2.clas = %d\n",
                        data1.clas,data2.clas);
    printf("data1.number = %d : data2.number = %d\n",
                        data1.number,data2.number);
    printf("data1.name = %s : data2.name = %s\n",
                        data1.name,data2.name);
    printf("data1.stature = %f : data2.stature = %f\n",
                        data1.stature,data2.stature);
    printf("data1.weight = %f : data2.weight = %f\n",
                        data1.weight,data2.weight);

    return 0;
}
```

이 프로그램의 실행 결과는 다음과 같다.

☑ 실행 결과

```
data1.year = 3 : data2.year = 3
data1.clas = 4 : data2.clas = 4
data1.number = 18 : data2.number = 18
```

```
data1.name = MARIO : data2.name = MARIO
data1.stature = 168.200000 : data2.stature = 168.200000
data1.weight = 72.400000 : data2.weight = 72.400000
```

이 프로그램을 보면, 먼저 data1의 각 요소에 적절한 수치를 대입하는 것을 볼 수 있다. 그리고 data2에 data1을 대입했다. 실행 결과에서 data1과 data2의 내용이 같은 것을 확인할 수 있다.

이와 같이 구조체 변수는 전체 요소를 일괄적으로 대입할 수 있다. 나중에 설명하겠지만 그 밖에도 함수 인수로 사용하는 등 구조체 변수는 그 자체를 하나의 변수로 사용할 수 있어 하나하나 대입해야만 하는 배열보다 편리하다.

구조체 변수의 비교

구조체 변수는 그 자체를 하나의 변수로 사용할 수 있다고 설명했다. 그러나 불행히도 구조체 변수끼리의 연산이나 비교는 불가능하다. 즉, 다음과 같은 프로그램은 쓸 수 없다.

💻 프로그램 16.8

```
struct student data1,data2;
/* data1을 data2에 대입 */
if (data1 == data2) {
    /* 어떤 처리 */
}
```

16.1.4 구조체의 간결한 선언

지금까지 구조체 태그를 선언하고 구조체를 사용했다. 이 경우 구조체를 사용할 때는 반드시 struct가 필요하다. 그러나 구조체 태그를 새로운 형으로 한 번에 선언하는 방법이 있다.

C 언어에서는 새로운 형을 선언하는 typedef[2]가 준비되어 있다. 자세한 설명은 나중에 하겠지만 다음과 같이 typedef를 사용해서 새로운 형을 선언할 수 있다.

---

2 typedef: type definitions(형 정의)의 약자

---

typedef 새로운 형의 형태 새로운 형명

이를 이용하면 구조체 태그를 직접 새로운 형으로 선언할 수 있다. 다음 프로그램은 구조체 태그를 바탕으로 새로운 형을 만드는 예다.

🖥 프로그램 16.9

```
struct student_tag {
    int year;          /* 학년 */
    int clas;          /* 학급 */
    int number;        /* 출석번호 */
    char name[64];     /* 이름 */
    double stature;    /* 신장 */
    double weight;     /* 체중 */
};

typedef struct student_tag student;
```

이 예에서는 student_tag 태그를 student형으로 선언할 수 있다. 이렇게 하면 구조체 변수를 선언할 때 struct가 필요 없다. 앞으로 이 책에서 언급되는 구조체형은 이 방법으로 구조체 변수를 선언하는 것을 의미한다.

그러나 student_tag 태그를 student형으로 선언하기 위해 typedef를 사용해 형을 정의하는 것은 번거롭다. 이 경우 구조체 태그와 구조체형을 한 번에 선언하는 방법이 있다.

🖥 프로그램 16.10

```
typedef struct student_tag {
    int year;          /* 학년 */
    int clas;          /* 학급 */
    int number;        /* 출석번호 */
    char name[64];     /* 이름 */
    double stature;    /* 신장 */
    double weight;     /* 체중 */
} student;
```

게다가 이 경우 새로운 형을 정의한다면 구조체 태그를 생략할 수 있다.

🖥 프로그램 16.11

```
typedef struct {
    int year;           /* 학년 */
    int clas;           /* 학급 */
    int number;         /* 출석번호 */
    char name[64];      /* 이름 */
    double stature;     /* 신장 */
    double weight;      /* 체중 */
} student;
```

이 방법이 가장 간결한 구조체형 선언 방법이다.

16.2 구조체 인수

16.2.1 구조체로 정보 전달

구조체 변수는 그 자체가 하나의 변수로 취급된다. 따라서 구조체형 인수를 사용할 수 있으며, 한 번에 여러 정보를 전달할 수 있다.

구조체형 인수도 앞에서 배운 인수와 완전히 같은 방법으로 지정할 수 있다. 다만 typedef에서 선언하지 않은 경우 struct를 태그명 앞에 붙일 필요가 있다. 다음 함수는 여러 정보를 전달하는 student형의 구조체 변수를 인수로 받는다.

🖥 프로그램 16.12

```
void student_print(student data)
```

호출받는 측의 함수 사용 방법도 일반 인수와 완전히 같다. 다음 함수는 student형의 내용을 모두 표시한다.

🖥 프로그램 16.13

```
void student_print(student data)
{
    printf(" [학년]:%d\n", data.year);
    printf(" [학급]:%d\n", data.clas);
    printf(" [출석번호]:%d\n", data.number);
    printf(" [이름]:%s\n", data.name);
    printf(" [신장]:%f\n", data.stature);
    printf(" [체중]:%f\n", data.weight);
    return;
}
```

배열을 인수로 사용할 때는 시작 주소만 전달되지만, 구조체형 인수는 호출받는 측의 함수에 모든 값이 복사된다. 따라서 호출받는 측의 함수에서 인수 내용을 변경해도 원래 구조체 변수에는 영향이 없다.

호출하는 측에서도 일반 변수와 완전히 같은 방법으로 호출할 수 있다. 다음은 앞의 프로그램에서 함수를 호출하는 예다.

🖥 프로그램 16.14

```
#include <stdio.h>
#include <string.h>

typedef struct {
    int year;           /* 학년 */
    int clas;           /* 학급 */
    int number;         /* 출석번호 */
    char name[64];      /* 이름 */
    double stature;     /* 신장 */
    double weight;      /* 체중 */
} student;

void student_print(student data);

int main(void)
{
    student data;

    data.year = 3;
    data.clas = 4;
    data.number = 18;
    strcpy(data.name, "MARIO");
    data.stature = 168.2;
    data.weight = 72.4;

    student_print(data);        /* 호출 */

    return 0;
}
```

```
void student_print(student data)
{
    printf(" [학년]:%d\n", data.year);
    printf(" [학급]:%d\n", data.clas);
    printf(" [출석번호]:%d\n", data.number);
    printf(" [이름]:%s\n", data.name);
    printf(" [신장]:%f\n", data.stature);
    printf(" [체중]:%f\n", data.weight);
    return;
}
```

이 프로그램의 실행 결과는 다음과 같다.

☑ 실행 결과

```
[학년]:3
[학급]:4
[출석번호]:18
[이름]:MARIO
[신장]:168.200000
[체중]:72.400000
```

이 함수는 student형의 구조체 변수 내용을 모두 표시한다.

구조체 안의 배열

구조체 안에 배열이 포함된 경우에는 배열 내용도 복사되어 전달된다. 따라서 배열 내용을 변경해도 호출 측의 변수에는 영향이 없다.

16.2.2 구조체에서도 포인터 변수

구조체형의 포인트 변수를 작성할 수 있다. 선언 방법도 보통의 포인트 변수를 작성할 때와 같다. 다음 프로그램은 student형에 포인터 변수를 사용하는 예다.

```c
#include <stdio.h>
#include <string.h>

typedef struct {
    int year;               /* 학년 */
    int clas;               /* 학급 */
    int number;             /* 출석번호 */
    char name[64];          /* 이름 */
    double stature;         /* 신장 */
    double weight;          /* 체중 */
} student;

int main(void)
{
    student data;
    student *pdata;

    /* 초기화 */
    pdata = &data;
    /* 일반 변수 방식으로 전환 */
    (*pdata).year = 10;
    /* 일반 변수 방식으로 전환 */
    strcpy((*pdata).name,"MARIO");

    return 0;
}
```

구조체의 각 요소는 선언할 때의 순서와 같고 & 연산자로 구하는 주소는 구조체 시작 요소의 주소다.

구조체 포인터 변수의 경우에도 * 기호를 사용하여 일반 변수 방식으로 전환할 수 있다. 그러나 마침표(.)가 우선순위가 더 높아서 다음과 같이 괄호를 사용해야 한다.

📋 서식

(*구조체 포인터 변수명).요소명

다만, ()와 *를 모두 붙이는 것은 귀찮으므로 다음과 같이 고쳐 쓸 수 있다.

 서식

```
구조체 포인터 변수명->요소명
```

-> 연산자는 뺄셈과 비교 연산자를 결합한 연산자다. 이 작성법을 사용한다면 *를 붙이지 않아도 각 요소에 접근할 수 있다. 다음 프로그램은 -> 연산자를 사용해서 각 요소에 접근하는 예다.

🖥 프로그램 16.16

```
int main(void)
{
    student data;
    student *pdata;

    pdata = &data;                      /* 초기화 */
    pdata->year = 10;                   /* ->에 의한 접근 */
    strcpy(pdata->name,"MARIO");        /* ->에 의한 접근 */

    return 0;
}
```

이 방법이 * 기호와 ()를 모두 사용하는 방법보다 간단하다.

16.2.3 구조체에서도 포인터 인수

16.2.2절에서는 구조체에서도 포인터 변수를 작성할 수 있다고 설명했지만 마찬가지로 구조체형에 포인터형의 인수를 가지는 함수도 작성할 수 있다. 다음은 앞의 프로그램에서 함수에 포인터 변수를 사용하도록 고친 것이다.

🖥 프로그램 16.17

```
#include <stdio.h>
```

```c
#include <string.h>

typedef struct {
    int year;            /* 학년 */
    int clas;            /* 학급 */
    int number;          /* 출석번호 */
    char name[64];       /* 이름 */
    double stature;      /* 신장 */
    double weight;       /* 체중 */
} student;

void student_print(student *data);

int main(void)
{
    student data;

    data.year = 3;
    data.clas = 4;
    data.number = 18;
    strcpy(data.name, "MARIO");
    data.stature = 168.2;
    data.weight = 72.4;

    student_print(&data);    /* 주소로 호출 */

    return 0;
}

void student_print(student *data)
{
    /* ->로 접근 */
    printf(" [학년]:%d\n", data->year);
    printf(" [학급]:%d\n", data->clas);
    printf(" [출석번호]:%d\n", data->number);
    printf(" [이름]:%s\n", data->name);
    printf(" [신장]:%f\n", data->stature);
    printf(" [체중]:%f\n", data->weight);
    return;
}
```

프로그램을 보면, 인수형이 포인터형으로 선언되어 있는 것을 알 수 있다. 함수를 호출할 때 & 연산자를 붙여 주소를 전달하는 것도 확인할 수 있다. 또한 호출된 함수 내에서는 -> 연산자로 각 요소에 접근하고 있다.

일반적으로 전달할 수 있는 구조체를 포인터 변수로 넘기는 이유가 있다. 첫째, 일반 포인터 변수처럼 함수 내에서 값을 변경하기 위해서다. 여기서는 예를 들지 않았지만 함수 내에서 값을 변경하면 호출 측의 변수 내용도 변경된다. 둘째, 함수 호출의 고속화 때문이다. 구조체를 전달할 때 그 내용은 모두 복사된다. 만약 구조체 안에 큰 배열이 있으면 그 내용까지 통째로 복사되므로 당연히 처리되는 데 시간이 걸린다. 포인터 주소 값만 전달하는 것이라면 시간은 얼마 걸리지 않는다.

구조체는 주로 포인터 변수를 사용하여 전달하는데, 처리 중간에 값이 변경되는 문제가 자주 발생하므로 사용이 익숙해질 때까지는 일반적으로 전달하는 방법을 사용하자.

16.3 구조체의 배열

16.3.1 구조체의 배열

구조체도 배열로 작성할 수 있다. 방법은 지금까지와 동일하다. 다음은 student형에서 10개의 요소를 가지는 구조체 배열을 선언하는 예다.

🖥 프로그램 16.18

```
student data[10];
```

사용법도 앞에서 배운 배열과 완전히 동일하다. 다음은 요소 번호를 지정해서 구조체 배열의 요소에 접근하는 예다.

🖥 프로그램 16.19

```
data[1].year = 3;
strcpy(data[1].name, "MARIO");
```

다른 점도 지금까지의 배열 사용법과 비슷하다.

다른 작성법

POINT 구조체 배열을 이용하면 앞에서 설명한 작성법 이외에도 다른 작성법을 사용할 수 있다. 다음 세 가지 작성법은 모두 같은 의미다.

```
(*data).year
data->year
data[0].year
```

이 작성법은 배열로 작성되지 않는 구조체 포인터형 변수에서도 사용할 수 있다. 그러나 이는 모두 번거롭기 때문에 사용하지 않는 편이 낫다. 이 세 가지 표현이 완전히 동일한 의미임을 이해하려면 구조체와 포인터 구조에 관한 심도 있는 이해가 필요하다. 여기서는 구조체 배열을 사용하면 다양한 작성법을 사용할 수 있다는 정도로만 이해하고 넘어가자.

16.3.2 구조체 배열 인수

구조체 배열을 인수로 함수에 전달할 수 있는데 이 경우 지금까지 배운 배열처럼 전달하면 된다. 즉, 구조체 배열의 첫 번째 요소에 주소를 전달하는 형태가 된다.

호출받은 함수에서는 지금까지 배운 배열 인수처럼 처리할 수 있다. 다음 함수는 지정된 수만큼 student형의 내용을 표시한다.

🖥 프로그램 16.20

```
void student_print(student data[],int count)
{
    int i;
    for (i = 0;i < count; i++) {
        printf(" [학년]:%d\n", data[i].year);
        printf(" [학급]:%d\n", data[i].clas);
        printf(" [출석번호]:%d\n", data[i].number);
        printf(" [이름]:%s\n", data[i].name);
        printf(" [신장]:%f\n", data[i].stature);
        printf(" [체중]:%f\n", data[i].weight);
    }
    return;
}
```

이 경우 배열을 전달할 때와 같은 처리가 이루어진다. 배열을 전달받은 곳에서 구조체 변수의 내용을 변경하면 호출 측의 변수 내용도 변경된다.

개념

1. 여러 자료형을 하나로 묶는 방법을 무엇이라 부르는가?

프로그램 읽기

2. 다음 구조체 선언에서 잘못된 곳을 찾고 그 이유를 설명해라.

💻 프로그램 16.21

```
struct {
    int id;
    int price;
    char name[64];
} products;
```

프로그램 만들기

3. 세 사람의 이름, 나이, 성별을 입력하고 표시하는 프로그램을 작성해라. 다만 데이터는 구조체로 기억하게 하고, 데이터 입력과 표시는 각각 전용 함수를 만들어서 실행한다.

주관식

4. 변수를 따로따로 선언해도 문제없이 데이터를 기억할 수 있는데도 구조체를 사용하는 이유는 무엇인가?

텍스트 파일 읽고 쓰기

17.1.1 파일 처리

지금까지 입출력 시에는 모든 결과를 화면에 표시했다. 화면에 표시하면 결과를 즉시 알 수 있어 편리하기 때문이다. 그러나 화면에 표시된 결과는 프로그램이 종료되면 사라진다. 또한 방대한 양의 데이터를 화면에 표시하는 것은 비현실적이다.

이런 경우 파일에 데이터를 저장하는 것이 일반적이다. 파일로 저장된 데이터는 디스크에 저장되기 때문에 사라지지 않고 복사나 변경이 편리하다. 여기에서는 C 언어로 파일을 읽고 쓰는 방법을 설명한다.

17.1.2 파일 열기와 닫기

프로그램에서 파일을 조작하는 방법은 대략 다음과 같은 순서로 이루어진다.

파일을 연다 → 파일을 읽고 쓴다 → 파일을 닫는다

즉, 파일 조작은 파일 열고 닫기가 필수다. 그래서 C 언어에는 파일은 열고 닫는 함수가 준비되어 있다. 여는 함수가 fopen 함수, 닫는 함수가 fclose 함수다.[1] 이 함수를 사용하려면 stdio.h의 include가 필요하다. 각 함수의 사용법은 다음과 같다.

📋 서식

```
FILE형 포인터 변수 = fopen(파일명, 모드);
fclose(FILE형 포인터 변수);
```

---

1 fopen: file open의(파일을 연다) 약자, fclose: file close(파일을 닫는다) 약자

파일명은 말 그대로 파일 이름이다. 전체 경로를 지정하거나 이름만 지정할 수 있다. 모드(mode)는 파일을 열 목적을 나타내는 문자열이다. 모드에는 다음 여섯 종류의 문자열 중 어느 하나를 지정한다.

표 17.1 **fopen 함수의 모드 문자열**

모드 문자열	목적
r	읽기. 파일이 없을 때는 실패.
r+	읽고 쓰기. 파일이 없을 때는 실패.
w	쓰기. 파일이 있어도 비어 있는 파일을 만든다.
w+	읽고 쓰기. 파일이 있어도 비어 있는 파일을 만든다.
a	추가 쓰기. 파일이 없을 때는 파일을 만든다
a+	읽고 쓰기. 파일이 없을 때는 파일을 만든다

FILE형이 생소할 텐데 바로 이것이 구조체다. fopen 함수를 실행하면 파일 정보를 가지는 FILE형 포인터를 반환한다. 이 포인터는 이후 열린 파일의 식별자로만 사용되므로 포인터 특유의 조작을 하거나 구조체 요소를 사용하는 것은 아니다. 앞으로 FILE형 포인터 변수를 파일 포인터라 부른다.

여기까지 설명한 것만 이해한다면 파일을 열고 닫을 수 있다. 다음 프로그램은 text.txt 라는 이름의 파일을 여는 예다.

프로그램 17.1

```
#include <stdio.h>

int main(void)
{
    FILE *file;
    file = fopen("test.txt", "w");

    fclose(file);
    return 0;
}
```

이 프로그램을 실행하면 test.txt라는 이름의 파일이 생성된다. 파일을 열기만 했으므로 당연히 내용은 비어 있다.

fclose 역할

겉보기에는 fclose 함수가 무의미해 보이지만 이 함수도 맡은 역할이 있다. 만약 Windows, Unix(Linux), Mac 등 동시에 여러 소프트웨어가 움직이는 환경에서 동시에 같은 파일을 두 개의 소프트웨어에서 변경한다면 어느 쪽을 반영해야 할지 고민될 것이다. fclose 함수는 fopen 함수에서 쓸 수 있도록 열려 있는 파일을 다른 소프트웨어가 변경하지 못하도록 자물쇠처럼 잠가 둔다. 작업이 끝나면 fclose 함수는 자물쇠를 풀어 다른 프로그램에서 사용할 수 있도록 한다.

이 밖에도 파일이 열려 있을 때는 내용을 메모리에 저장해 두었다가 fclose 함수가 실행될 때 디스크에 저장함으로써 속도를 고속화한다.

17.1.3 파일에 쓰기

파일에 텍스트를 쓰는 함수는 여러 종류가 있다. 그중에는 우리가 잘 알고 있는 printf 함수와 유사한 fprintf[2] 함수가 있다. fprintf 함수의 사용법은 다음과 같다.

📋 서식

```
fprintf(파일 포인터, 쓰기 문자열, 변수...);
```

사용법은 파일 포인터를 지정하는 것 외에는 printf 함수와 완전히 동일하다. 그러나 지정된 문자열은 화면이 아니라 파일에 써진다. 다음 프로그램은 test.txt 파일에 Hello,world라는 문자열을 기록한다.

🖥 프로그램 17.2

```
#include <stdio.h>
```

---

2 fprintf: file print formatted(서식화된 파일에 출력)의 약자

```
int main(void)
{
    FILE *file;
    file = fopen("test.txt","w");
    fprintf(file,"Hello,world");
    fclose(file);
    return 0;
}
```

이 프로그램을 실행하면 test.txt 파일의 내용은 다음과 같이 나타난다. test.txt 파일은
실행 파일과 같은 폴더에 만들어진다.

🖥 프로그램 17.3 test.txt

```
Hello,world
```

printf 함수처럼 변수 값을 쓸 수도 있다. 다음 프로그램은 test.txt 파일에 변수 i 값을
기록한다.

🖥 프로그램 17.4

```
#include <stdio.h>

int main(void)
{
    int i = 100;
    FILE *file;
    file = fopen("test.txt","w");
    fprintf(file,"%d",i);
    fclose(file);

    return 0;
}
```

이 프로그램을 실행하면 test.txt 파일의 내용은 다음과 같다.

```
100
```

읽기 모드와 추가 모드

읽기 모드에서는 쓰기용 함수를 사용해도 아무일도 일어나지 않는다. 또한, 추가 모드에서는 원본 파일 마지막에 데이터가 추가된다.

17.1.4 파일에서 읽기

파일 텍스트를 읽는 함수에도 많은 종류가 있지만, 여기서는 앞에서 배운 scanf 함수와 비슷한 fscanf[3] 함수를 살펴보자. 첫 번째 인수에 파일 포인터를 지정하는 것을 제외하면 scanf 함수와 사용법이 같다.

scanf 함수는 실행되면 대기 상태에서 키보드로부터 데이터를 읽어 들이고, fscanf 함수는 파일 안의 텍스트를 처음부터 읽어 들인다. 다음 프로그램은 test.txt 파일에서 처음 숫자를 읽어 들여 표시하는 예다.

🖳 프로그램 17.5

```c
#include <stdio.h>

int main(void)
{
    int i;
    FILE *file;
    file = fopen("test.txt", "r");
    fscanf(file,"%d", &i);
    fclose(file);

    printf("%d\n", i);
    return 0;
}
```

---

3 fscanf: file scan formatted(서식화된 파일로 입력)의 약자

이 프로그램의 실행 결과는 test.txt 파일 내용에 따라 다르다. test.txt 파일이 다음과 같을 때 실행 결과는 다음과 같다.

🖥 프로그램 17.6 **test.txt**

```
100
```

☑ 실행 결과

```
100
```

문자열 입력에 사용하는 %s 지정자를 사용하면 문자열 전체를 읽을 수 있다. 그러나 공백 등이 포함되면 거기까지만 읽는다.

🖥 프로그램 17.7

```c
#include <stdio.h>

int main(void)
{
    char str[50];
    FILE *file;
    file = fopen("test.txt", "r");
    fscanf(file,"%s", str);
    fclose(file);
    printf("%s\n", str);
    return 0;
}
```

🖥 프로그램 17.8 **test.txt**

```
test100
```

☑ 실행 결과

```
test100
```

또한, 여러 수치를 쉼표(,)로 구분하여 나열하면 여러 변수를 읽어 들일 수 있다.

🖳 프로그램 17.9

```
#include <stdio.h>

int main(void)
{
    int i,j;
    FILE *file;
    file = fopen("test.txt", "r");
    fscanf(file, "%d, %d", &i, &j);
    fclose(file);
    printf("i = %d : j = %d\n", i, j);
    return 0;
}
```

🖳 프로그램 17.10 **test.txt**

```
23,56
```

☑ 실행 결과

```
i = 23 : j = 56
```

이와 같이 쉼표로 구분하여 수치나 문자열을 나열한 파일을 CSV[4] 형식이라고 부르며, 엑셀 등의 스프레드시트 소프트웨어에서 취급하는 범용적인 파일 형식으로 알려져 있다.

---

4 CSV: comma-separated values(쉼표로 구분한 값)의 약자

17.2 바이너리 파일 읽고 쓰기

17.2.1 텍스트와 바이너리

파일에는 다양한 종류가 있지만, 가장 기본적으로 텍스트와 바이너리로 구분한다. 모든 파일은 본질적으로 바이너리 파일이다. 바이너리를 직역하면 2진수라는 의미이지만, 바이너리 파일은 그 이름대로 2진으로 기록된 파일, 즉 수치만으로 기록된 파일을 의미한다.

반면, 텍스트 파일은 문자열만 기록된 파일이다. 그러나 컴퓨터에서는 문자열도 수치로 표현되므로 텍스트 파일도 본질적으로는 바이너리 파일이다. 그러나 텍스트 파일은 문자열로 기록되어 있기 때문에 텍스트 편집기 등으로 수정하는 것이 편리하다.

바이너리 파일도 특정 편집기로 보거나 수정할 수 있지만 모든 데이터가 수치로 되어 있어 내용을 봐도 그 의미를 전혀 알 수 없다. 그러나 수치를 직접 쓰기 때문에 크기가 작고 빠르다.

일반적으로 다루기 편해야 하는 경우에는 텍스트 파일, 고속성이 필요한 경우에는 바이너리 파일을 사용한다.

17.2.2 파일 열고 닫기

텍스트이든 바이너리이든 파일 조작의 기본적인 순서는 변함이 없다. 바이너리 파일도 fopen 함수와 fclose 함수를 사용해서 열고 닫는다. 파일명과 모드를 지정하는 방법도 동일하다. 다만, 바이너리 파일을 열 때 모드 문자열의 마지막에 b를 붙인다.

여기까지 설명한 내용을 이해했다면 바이너리 파일을 열고 닫을 수 있다. 다음 프로그램은 test.dat라는 이름의 파일을 여는 예다.

💻 프로그램 17.11

```c
#include <stdio.h>

int main(void)
{
    FILE *file;
    file = fopen("test.dat", "wb");
    fclose(file);
    return 0;
}
```

이 프로그램을 실행하면 test.dat라는 파일이 생성된다. 이번에는 열기만 실행하므로 당연히 내용은 비어 있다.

구별 없이 사용할 수 있다

실제로 바이너리로 열려도 텍스트 데이터를 읽고 쓸 수 있고 그 반대로도 가능하다. 그러나 줄바꿈 처리 등으로 불편한 점이 많다.

17.2.3 파일에 쓰기

파일에 수치를 직접 쓰려면 fwrite[5] 함수를 사용한다. fwrite 함수의 사용법은 다음과 같다.

📋 서식

```
fwrite(기록할 변수의 주소, 한 항목의 크기, 항목 개수, 파일 포인터);
```

---

5 fwrite: file write(파일 쓰기)의 약자

기록할 수치를 변수에 대입해 두고 그 변수의 주소를 지정한다. 항목 크기는 sizeof 연산자를 사용하여 구할 수 있다. 변수를 기록할 뿐이라면 항목 개수는 1이라도 상관없다. 다음 프로그램은 test.dat 파일에 100이라는 수치를 기록한다.

🖥 프로그램 17.12

```
#include <stdio.h>

int main(void)
{
    int buf = 100;
    FILE *file;
    file = fopen("test.dat", "wb");
    fwrite(&buf, sizeof(buf), 1, file);
    fclose(file);
    return 0;
}
```

이 프로그램을 실행하면 test.dat 파일에 값이 기록되지만 이 값은 일반적인 텍스트 편집기에서는 볼 수 없다.

바이너리 파일을 보려면
바이너리 파일을 보려면 다음과 같은 바이너리 편집기가 필요하다.
HHD Hex Editor Neo http://www.hhdsoftware.com/free-hex-editor

바이너리 편집기를 사용하여 파일을 열면 다음과 같다. LSI C-86은 16비트 컴파일러이므로 수치는 4바이트로 기록된다. 다른 컴파일러는 32비트이므로 8바이트로 기록된다.

☑ 실행 결과: **test.dat**

```
64 00          #LSI C-86
64 00 00 00 #기타
```

대부분의 바이너리 편집기에서는 수치를 16진수로 표시한다. 따라서 100이라는 수치는 64로 표시된다.

리틀 엔디안과 빅 엔디안

수학에서 100을 16진수로 변환하면 0064다. 그러나 바이너리 편집기에서 열어 보면 6400으로
되어 있다. 이는 인텔 호환 CPU에서 사용되는 리틀 엔디안이라는 표현 방식이다. 리틀 엔디안
방식은 **16진수를 2자리씩 구분해서 역순**으로 저장한다. 한편 매킨토시는 IBM 제품의 CPU를
사용하며, IBM 제품의 CPU는 16진수를 순서대로 표현하는 빅 엔디안 방식을 사용한다.

fwrite 함수를 사용하면 배열을 한 번에 쓸 수 있다. 변수 대신에 배열을 지정하면 된다.
다음 프로그램은 배열 값을 기록하는 프로그램이다.

기억하고 있는가?
POINT 배열명은 함수식 안에서 첫 번째 주소가 되므로 &를 붙이지 않는다.

🖥 프로그램 17.13

```
#include <stdio.h>

int main(void)
{
    int buf[] = { 10,100,1000,10000 };
    FILE *file;
    file = fopen("test.dat", "wb");

    fwrite(buf,sizeof(buf), 1, file);
    fclose(file);
    return 0;
}
```

이 프로그램을 실행하면 test.dat에 값이 기록된다. 바이너리 편집기를 사용하여 파일을
열면 다음과 같다.

☑ 실행 결과: test.dat

```
0A 00 64 00 E8 03 10 27  #LSI C-86
0A 00 00 00 64 00 00 00 E8 03 00 00 10 27 00 00  #기타
```

17.2.4 파일에서 읽기

파일 수치를 직접 읽으려면 fread[6] 함수를 사용한다. fread 함수의 사용법은 다음과 같다.

📋 서식

fread(읽는 변수 포인터, 한 항목의 크기, 항목 개수, 파일 포인터);

이 서식을 보면 사용법이 fwrite 함수와 동일하다는 것을 알 수 있다. 다음 프로그램은 test.dat 파일에서 int형 수치를 읽어 들인다.

🖥 프로그램 17.14

```c
#include <stdio.h>

int main(void)
{
    int buf;
    FILE *file;

    file = fopen("test.dat", "rb");
    fread(&buf, sizeof(buf), 1, file);
    fclose(file);

    printf("%d\n", buf);

    return 0;
}
```

이 프로그램의 실행 결과 역시 test.dat 파일 내용에 따라 달라지며, 17.2.3절에서 작성한 프로그램에 의하면 주어진 test.dat 파일의 실행 결과는 다음과 같이 나타난다.

---

6 fread: file read(파일 읽음)의 약자

```
0A 00 00 00
```

```
10
```

fwrite 함수와 마찬가지로 배열을 읽을 수 있다.

17.3 드래그 지원

17.3.1 드래그된 파일명 가져오기

17.2절을 이해했다면 이제 최소한의 파일 처리는 할 수 있게 되었다. 그러나 매번 파일명을 입력하는 것은 번거롭다. 탐색기 등에서 드래그하여 열 수 있다면 편할 것이다.

사실 Windows 명령 프롬프트 화면에서 파일을 드래그하면 파일명이 자동으로 입력된다. 이 방법이라면 파일명을 간단히 입력할 수 있다. 그러나 무턱대고 실행 파일에 파일을 드래그한다고 해서 파일명을 입력할 수 있는 건 아니다.

C 언어에는 응용 프로그램을 시작할 때 파일명을 전달하는 기능이 있다. 바로 명령행 인수다.

 명령행 인수
응용 프로그램이 시작될 때 전달되는 문자열. 주로 처리하는 파일명과 동작 옵션을 지정한다.

지금까지 main 함수의 인수는 void형으로 선언했지만 사실 여기에는 정해진 형의 인수를 지정할 수 있다. 명령행 인수를 받으려면 다음과 같은 인수를 지정한다.

 서식

```
int main(int argc, char *argv[]);
```

argc는 명령행 개수, argv는 문자 배열의 포인터 변수다.[7] 문자 배열의 포인터 변수라고

---

[7] argc: argument count(인수 개수)의 약자, argv: argument vector(인수 배열)의 약자

하면 복잡해 보이지만 실제로는 간단하다. 다음을 보자.

🖥 프로그램 17.16

```
printf("%s", argv[0]);
```

이렇게 하면 0번째(최초)의 명령행을 표시할 수 있다. argv 요소 개수를 변경하면 그에 대응하는 명령행에 접근할 수 있다.

명령행 0번째 값은 응용 프로그램의 파일명이다. 탐색기 등에서 드래그한 파일명은 1번째로 저장되어 있다. 다음 프로그램은 드래그된 파일명을 표시하는 예다.

🖥 프로그램 17.17

```
#include <stdio.h>

int main(int argc,char *argv[])
{
    if (argc > 1) {

    }

    fflush(stdin);
    getchar();

    return 0;
}
```

* fflush: file flush(출력 버퍼를 강제 출력)의 약자

argc 명령행 개수를 확인하여 하나 이상의 명령행이 있으면 명령행이 있다고 판단하고 첫 번째 명령행 내용을 표시한다.

🖥 프로그램 17.18

```
    fflush(stdin);
    getchar();
```

이 두 줄은 화면 표시를 막기 위한 처리다. 실행 대기는 아무 키를 입력하면 끝난다.

탐색기에서 적당한 파일을 드래그해 보자.

 실행 결과

```
D:\BCPad\Source\test.exe
```

이처럼 드래그된 파일명이 전체 경로로 표시된다.

실행 파일 위치

대부분 컴파일한 소스 파일과 같은 폴더에 같은 소스 파일명의 실행 파일이 생성된다.

17.3.2 옵션 분석

일반적으로 명령행에는 파일명 외에도 응용 프로그램 동작을 지정하는 옵션을 설정할 수 있다. 예를 들어 Windows의 '프로그램 및 파일 검색'에서 defrag[8]를 입력하고 실행하면 조각 모음은 아무것도 실행되지 않는다. 그러나 defrag c:를 입력하고 실행하면 C 드라이브의 조각 모음이 시작된다. 또한 defrag c: -a로 지정하면 C 드라이브 분석 결과만 표시한다. 이러한 사용법은 컴퓨터를 잘 다루는 사람에게 익숙한 방식이다.

이 예에서는 c: 와 -a라는 두 개의 문자열이 명령행으로 전달되고, 이를 응용 프로그램에서 분석하여 동작을 결정한다. 명령행 문자열을 분석하면 옵션 유무를 간단히 알 수 있다. 다음은 -a와 -s 옵션의 유무를 분석하는 예다.

---

8 defrag: de-fragmentation(단편화 해소)의 약자

```
#include <stdio.h>

int main(int argc,char *argv[])
{
    while (argc > 0) {

        argc--;

        if (argv[argc][0] == '-') {
            if (argv[argc][1] == 'a' ) printf("-a 옵션\n");
            if (argv[argc][1] == 's' ) printf("-s 옵션\n");
        }
    }

    return 0;
}
```

이 프로그램에 –a –s 옵션을 지정하고 실행한 결과는 다음과 같다.

```
-s 옵션
-a 옵션
```

이처럼 실행하면 어떤 옵션이라도 사용할 수 있다. 또한, 앞에 –가 아닌 문자열을 파일
명으로 처리하도록 하면 파일명도 17.3.1절처럼 표시할 수 있다.

1. 문자 정보만 기록된 파일을 무엇이라고 부르는가?

2. 수치만 기록된 파일을 문제 **1**의 파일과 구별해서 무엇이라고 부르는가?

3. 다음 프로그램을 실행하면 어떤 파일명에 어떤 형식으로 값이 써지는가?

💻 프로그램 17.20

```
#include <stdio.h>

int main(void)
{

    FILE *fp;
    int dat[3] = { 10 , 20 , 30 };

    fp = fopen("file.dat" ,"wb");
    fwrite(&dat,sizeof(dat),1,fp);
    fclose(fp);

    return 0;
}
```

4. 다음 표를 엑셀에서도 열 수 있는 형식으로 작성하는 프로그램을 만들어라.

번호	이름	시험 평균점수
1	홍길동	0
2	이순신	90
3	김유신	40
4	신사임당	70

【 힌트 】 CSV 형식은 어떤 스프레드시트 소프트웨어에서도 볼 수 있다.

주관식

5. 화면에 표시하면 좋은 정보를 일부러 파일로 만드는 이유는 무엇인가?

18

매크로 기능

C programming

변하지 않는 값의 처리

18.1.1 처음부터 마지막까지 변하지 않는 값

실행 중에 변하지 않는 값을 상수라고 한다. 지금까지 작성한 프로그램에서 직접 쓴 수치는 모두 상수다. 직접 쓴 문자열도 상수이며 문자열 리터럴이라고 부른다. 프로그램에서는 같은 수치나 문자열을 반복해서 사용하기도 한다. 예를 들어 원주율은 약 3.14159이며 이 값은 언제나 같다. 이와 같이 동일한 값이나 문자열을 여러 번 쓰는 것은 낭비다. 또한 그 수치나 문자열을 변경해야 하는 경우 수정이 번거롭다.

예를 들어 소비세를 계산하는 기능이 있는 계산기 소프트웨어를 생각해 보자. 소비세를 3%에서 5%로 변경하려면 프로그램상의 0.03이라는 수치를 모두 0.05로 변경해야만 한다. 또한, 소비세 말고도 다른 의미의 0.03이 있을지도 모르기 때문에 이를 하나하나 구분하여 변경해야 한다. 그래서 미리 수치에 이름을 붙이고 그 이름을 사용한다. 이름 값만 변경하면 모든 수치가 변경되어 편리하며, 수치보다는 이름이 의미를 파악하기가 쉽다.

18.1.2 수치에 이름 붙이기

C 언어에는 수치에 이름을 붙이는 방법이 준비되어 있다. 바로 #define[1] 전처리 지시자다. #define 전처리 지시자 사용법은 다음과 같다.

 서식

```
#define 이름 수치
```

---

1 define: 정의하다

먼저 #define 전처리 지시자는 문자의 끝에 ;을 붙이지 않는다. 또한 이 지시자는 프로그램 앞에 두는 것이 일반적이다. 이름에는 변수와 같은 문자를 사용할 수 있지만 대문자 한꺼번으로 쓰는 것이 일반적이다. 다음은 원가를 입력하면 세금을 포함한 가격을 표시하는 프로그램이다.

🖥 프로그램 18.1

```
#include <stdio.h>
#define EXCISETAX 0.03          /* 여기에 상수 선언 */
int main(void)
{
    int price;
    printf("원가:");
    scanf("%d", &price);
    price = (int) ((1 + EXCISETAX) * price);   /* 상수 사용 */
    printf("세금포함 가격:%d\n", price);
    return 0;
}
```

* EXCISETAX: excise tax(소비세)의 약자

이 프로그램을 실행하고 300을 입력한 결과는 다음과 같다.

☑ 실행 결과

```
원가:300              #  입력한 데이터
세금포함 가격:309
```

이 프로그램에서는 수치 계산에 #define 전처리 지시자에 의한 상수를 사용했다. 세금을 포함한 가격을 계산하는 식에서 EXCISETAX라는 이름을 사용하며, 이 이름은 #define 전처리 지시자에 의해 0.03으로 변경된다.

또한 0.03은 실수 값이므로 계산 결과도 실수 값이어야 하지만, 가격에 실수를 사용하지는 않으므로 int형으로 명시적 형 변환하여 대입했다.

#define의 수치를 변경하면 프로그램상의 수치도 변경된다. 다음 프로그램은 소비세를 0.05로 변경하는 예다.

```
#define EXCISETAX 0.05   /* 여기에 상수를 선언 */
```

이 프로그램을 실행하여 300을 입력하면 결과는 다음과 같다.

```
원가:300            #  입력한 데이터
세금포함 가격:315
```

이와 같이 상수를 사용하면 수치의 의미를 알기 쉽고, 수정도 간편해진다.

18.1.3 문자열에 이름 붙이기

#define 전처리 지시자에서는 수치뿐 아니라 문자열에도 이름을 붙일 수 있다. 사용법은 수치와 같지만 문자열에는 당연히 ""을 붙일 필요가 있다. 다음 프로그램은 프로그램의 저자명을 표시한다.

```
#include <stdio.h>

int main(void)
{
    printf("저자명:%s\n",       );
    return 0;
}
```

이 프로그램의 실행 결과는 다음과 같다.

저자명:MMGames

여기에서도 AUTHOR [2] 는 "MMGames"로 변경된다. 물론 #define 전처리 지시자를 변경하면 모든 AUTHOR에 영향을 미친다.

---

2 author: 저자

18.2 다른 상수 선언

18.2.1 const 상수

18.1절에서는 #define을 사용하여 상수를 선언하는 방법을 설명했다. C 언어에는 상수를 선언하는 방법이 다양하다. 그중 하나가 const[3] 상수로 선언하는 방법이다.

const 상수란 값을 변경할 수 없는 변수다. 변수를 선언할 때 앞에 const를 지정하면 그 변수는 선언 시에 대입된 초깃값을 변경할 수 없다. 다음 프로그램은 18.1절에서 작성한 소비세 프로그램을 const 상수로 변경한 예다.

🖥️ 프로그램 18.4

```
#include <stdio.h>

int main(void)
{
    const double EXCISETAX = 0.05;
    int price;
    printf("원가:");
    scanf("%d", &price);
    price = (int) ((1 + EXCISETAX) * price);
    printf("세금포함 가격:%d\n", price);
    return 0;
}
```

실행 결과는 #define을 사용한 18.1절과 동일하다.

---

3 const: constant(불변의, 상수)의 약자

const를 붙여 선언한 변수에는 대입을 할 수 없다. 예를 들어 다음과 같은 문장을 먼저 프로그램에 추가하면 오류가 발행한다.

📺 프로그램 18.5

```
EXCISETAX = 0.03;
```

이외에는 일반 변수와 완전히 동일하다. const 상수는 상수로 사용하는 한 #define과 거의 동일하다. 일반적으로 상수를 선언할 때에는 #define을 사용하는 것이 대부분이지만, 특정 함수 안에서만 사용되는 상수를 선언하고 싶을 때에는 const 상수를 사용하는 것이 편리하다.

상수를 배열의 요소 개수로

C 언어에는 const 상수를 배열의 요소 개수로 쓸 수 없지만 C++이나 C99에서는 가능하다. 또한 #define 전처리 지시자는 어디라도 사용할 수 있다.

const의 용도

const는 다른 함수의 인수형으로 사용되는 경우가 있다. 배열을 전달할 때 그 값을 변경하지 않기 때문이다. 이에 대한 설명은 나중에 이어서 하기로 하자.

18.2.2 enum 상수

C 언어에는 #define이나 const 이외에 enum[4] 상수도 있다. enum 상수의 선언 방법은 다음과 같다.

---

4 enum: enumeration(열거)의 약자

```
enum {
    이름,
    이름,
    이름
};
```

enum 상수는 수치를 지정할 필요가 없고 (지정할 수도 있다) 이름만으로 자동으로 수치
가 지정되므로 많은 양의 상수를 선언할 때 편리하다.

자동으로 수치가 붙여지므로 상수로 이용할 수 없다고 생각할 수 있지만 enum 상수는
주로 플래그 상수[5]로 사용된다. 예를 들면, 롤플레잉 게임에서 캐릭터 상태를 나타낼
때 다음과 같이 번호를 붙일 수 있겠지만 수치만 봤을 때는 어느 것이 어느 상태인지
구별하기 어려우므로 아주 불편하다.

0 정상
1 독
2 마비
3 저주

여기에서 #define을 이용하면 다음과 같이 이름으로 표시할 수 있어 알기 쉽다.

🖳 프로그램 18.6

```
#define STATE_NORMAL   0       /* 정상 */
#define STATE_POISON   1       /* 독 */
#define STATE_NUMBLY   2       /* 마비 */
#define STATE_CURSE    3       /* 저주 */
```

---

5 플래그: flag(깃발, 표시)

그러나 이 경우 수치 자체는 의미가 없고 값만 구별할 수 있으면 된다. 다음과 같이 enum에서 자동으로 번호를 붙이는 것이 편리하다.

```
enum {
    STATE_NORMAL,       /* 정상 */
    STATE_POISON,       /* 독 */
    STATE_NUMBLY,       /* 마비 */
    STATE_CURSE         /* 저주 */
};
```

이처럼 편리한 enum이지만 불행히도 enum은 정수 값만 다룰 수 있다. 실수 값을 취급하려면 #define나 const 상수를 사용해야 한다. 또한 문자열도 다룰 수 없다.

마지막에 붙이는 쉼표

공식적으로 enum 이름 뒤에 붙이는 쉼표(,)는 마지막 이름에는 붙이지 않지만, 붙이더라도 대부분 문제없이 동작한다. 다음과 같이 쓰면 이름 추가나 수정이 편리하다.

```
enum {
    STATE_NORMAL,
    STATE_POISON,
    STATE_NUMBLY,
    STATE_CURSE         /* 여기에도 ,가 있다 */
};
```

그러나 임베디드용 컴파일러에서는 동작하지 않을 수도 있다.

18.2.3 수치 지정 enum 상수

enum 상수에서는 수치를 생략할 수 있지만 필요한 경우 지정할 수도 있다. enum 상수 선언 방법은 다음과 같다.

📋 서식

```
enum {
    이름 = 수치,
    이름 = 수치,
    이름 = 수치
};
```

다음은 수치를 지정한 enum 상수 예다.

🖥 프로그램 18.9

```
enum {
    ENUM_0,
    ENUM_1,
    ENUM_5 = 5,
    ENUM_6,
    ENUM_7,
    ENUM_9 = 9,
};
```

수치를 생략하면 가장 첫 번째 이름에 0이 지정되고 이후부터 1씩 증가된 값이 지정된다. 그러다 어딘가에서 수치를 지정하면 그다음에는 지정된 수치로부터 1씩 증가된 값이 지정된다. 위의 예를 보면 처음부터 0, 1, 5, 6, 7, 9 순서로 수치가 지정된 것을 확인할 수 있다.

간단한 함수 구현

18.3.1 #define 전처리 지시자의 고급 기능

18.1절에서 소개한 #define 전처리 지시자는 상수를 선언하는 전처리 지시자이지만 사실 그 이상의 고급 기능을 가지고 있다.

#define 전처리 지시자에 의한 상수는 단순한 치환이지만 이를 이용하면 특수한 처리를 실행할 수 있다. 예를 들어, 변수 내용을 화면에 표시하려면 printf문을 다음과 같이 사용한다.

🖥 프로그램 18.10

```
printf("temp = %d\n", temp);
```

그러나 변수 temp[6] 값을 곳곳에 표시하려면 printf문을 여러 번 입력해야 하므로 번거롭다. 이때는 다음과 같이 #define 전처리 지시자를 사용하여 치환할 수 있다.

🖥 프로그램 18.11

```
#include <stdio.h>

#define PRINT_TEMP printf("temp = %d\n", temp)

int main(void)
{
    int temp = 100;
    PRINT_TEMP;
```

---

6 temp: temporary(임시 보존 장소)의 약자

```
    return 0;
}
```

이 프로그램의 실행 결과는 다음과 같다.

☑ 실행 결과
```
temp = 100
```

이 프로그램에서 속임수는 #define 전처리 지시자의 정의 내용이다. #define 전처리 지시자는 수치가 아니더라도 무엇이든 치환할 수 있다. 여기에서는 PRINT_TEMP가 변수를 표시하는 printf문에 그대로 치환되고 있다. 프로그램적으로는 그 부분에 printf문을 쓰는 것과 동일하다.

물론, #define 전처리 지시자를 남용하면 프로그램이 복잡해질 수 있다. 그러나 #define 전처리 지시자의 강력한 기능이므로 꼭 알고 넘어가야 한다.

18.3.2 간단한 함수, 매크로

18.3.1절에서 #define 전처리 지시자의 강력한 기능을 배웠다. 그러나 #define 전처리 지시자는 더욱 강력한 기능을 가지고 있다. #define 전처리 지시자는 간단한 함수를 작성하는 것이 가능하다.

#define 전처리 지시자는 이름 다음에 나오는 () 안에 문자를 지정하면 그다음부터 치환하려는 내용 안에 () 안과 같은 알파벳이 있으면 치환할 수 있다. 예를 들어, 다음의 #define 전처리 지시자는 지정한 int형 변수를 화면에 표시한다.

🖥 프로그램 18.12
```
#define PRINTM(X) printf("%d\n",X)
```

다음 프로그램은 방금 설명한 #define 전처리 지시자를 사용한 예다.

📟 프로그램 18.13

```
#include <stdio.h>

#define PRINTM(X) printf("%dWn", X)

int main(void)
{
    int a1 = 100, a2 = 50;
    PRINTM(a1);
    PRINTM(a2);
    return 0;
}
```

이 프로그램의 실행 결과는 다음과 같다.

☑ 실행 결과

```
100
50
```

이 #define 전처리 지시자 이름 뒤의 () 안에 X가 지정되어 있다. 이후에 #define 전처리 지시자를 사용하면 X는 () 안의 내용으로 치환된다. 앞의 예에서는 X가 a1과 a2로 치환되었다. 이를 보면 마치 함수 같다. 실제로 이 기능은 간단한 함수 대신 사용되며, 이를 매크로라고 부른다.

매크로

프로그램에서 자주 사용하는 식 등을 #define 전처리 지시자에 의한 치환으로 간단히 표현하는 것.

매크로 사용법은 일반 함수와 완전히 동일하지만 구조는 크게 다르다. 함수는 본체 정의가 한 곳에 선언되어 있어 필요시에 호출된다. 그러나 매크로는 매크로를 사용하는 위치의 프로그램 자체가 치환되므로 호출 등의 작업이 필요 없기 때문에 속도가 조금 빨라진다.

그러나 매크로를 사용한 부분 모두가 치환되기 때문에 너무 거대한 매크로를 작성하면 프로그램 크기가 매우 커질 수 있다. 따라서 매크로는 일반적으로 정해진 수식 등에 이용된다. 예를 들어, 다음은 사다리꼴 면적을 구하는 매크로다.

🖵 프로그램 18.14

```c
#include <stdio.h>

#define GET_TRAPEZOID_AREA(A,B,H) (A + B) * H / 2

int main(void)
{
    int up,down,h,s;
    printf("윗변, 아랫변, 높이:");
    scanf("%d, %d, %d", &up, &down, &h);
    s = GET_TRAPEZOID_AREA(up, down, h);
    printf("면적:%d\n", s);
    return 0;
}
```

* TRAPEZOID: 도형. GET_TRAPEZOID_AREA에서 도형의 면적을 구하는 함수다.

이 프로그램의 실행 결과는 다음과 같다.

☑ 실행 결과

```
윗변, 아랫변, 높이:5,10,8 #입력
면적:60
```

이렇게 하면 정해진 수식을 여러 번 입력할 필요가 없다.

18.3.3 **부작용의 공포**

#define 전처리 지시자에 따른 매크로는 간편하고 편리하지만 사용법이 틀리면 예상치 못한 현상이 발생할 수 있다. 예를 들어 사다리꼴 면적을 구하는 프로그램에서 높이를 항상 +3하여 계산해야 한다고 해 보자. 다음 프로그램은 그렇게 변경한 예다.

🖥 프로그램 18.15

```
#include <stdio.h>

#define GET_TRAPEZOID_AREA(A,B,H) (A + B) * H / 2

int main(void)
{
    int up,down,h,s;
    printf("윗변, 아랫변, 높이:");
    scanf("%d, %d, %d", &up, &down, &h);
    s = GET_TRAPEZOID_AREA(up,down,h + 3);
    printf("면적:%d\n", s);
    return 0;
}
```

이 프로그램의 실행 결과는 다음과 같다.

☑ 실행 결과

```
윗변, 아랫변, 높이:5,10,5  #입력
면적:76
```

높이를 +3하여 계산했기 때문에 결과가 이전 프로그램(윗변, 아랫변, 높이:5, 10, 8)에서처럼 60이어야 하는데, 보다시피 76으로 표시되었다.

#define 전처리 지시자는 단순 치환밖에 없다. 따라서 GET_TRAPEZOID_AREA(up,down,h+3)을 (A + B) * H / 2로 치환하면 (up + down) * h + 3 / 2이 된다. 이 때문에 높이에 3이 더해지지 않아 계산이 이상해진다. 이처럼 치환으로 예기치 않은

계산 결과가 생기는 것을 매크로 부작용이라 부른다.

이를 해결하는 방법은 두 가지다. 하나는 호출 시에 괄호를 붙이는 것이다.

🖥 프로그램 18.16

```
GET_TRAPEZOID_AREA(up,down, (h + 3));
```

이와 같이 괄호를 붙이면 제대로 계산할 수 있다. 또 다른 방법은 매크로 쪽에 괄호를 붙이는 방법이다. 매크로로 사용되는 모든 치환 부분에 괄호를 붙이고 매크로 전체에도 괄호를 붙인다.

🖥 프로그램 18.17

```
#define GET_TRAPEZOID_AREA(A,B,H)  (((A) + (B)) * (H) / 2)
```

이렇게 하면 모든 수치에 괄호가 붙어 있기 때문에 문제없다. 그러나 사용이 복잡해지면 자주 실수하기 마련이다. 그래서 매크로는 많이 사용하지 않는 것이 좋다. #define 전처리 지시자는 상수 선언에만 사용하고 수식 등의 계산에는 함수를 사용하는 것이 좋다.

매크로 작성 시 공백 주의

이와 같이 매크로는 강력한 시스템이지만, 실수하기 쉬운 구조로 되어 있어 꽤 번거롭다. 예를 들어, 앞의 매크로에서 실수로 매크로명과 인수의 () 사이에 공백을 넣으면 오류가 발생한다. 왜냐하면 공백 다음부터 치환하는 문자열로 생각하기 때문에 인수 항목도 치환되어 삽입된다. 잘못 작성된 매크로는 컴파일 오류로 알아채기 어렵기 때문에 정수 이외의 매크로 사용에는 각별한 주의가 필요하다.

개념

1. 프로그램 안에서 값이 변하지 않는 변수를 무엇이라 부르는가?

2. 치환 기능을 이용해서 작성된 간편한 함수를 무엇이라 부르는가?

프로그램 읽기

3. 다음 프로그램에서 매크로 TRI는 무엇을 위한 매크로인가? 처리 내용과 변수명으로부터 판단하여 답해라.

프로그램 18.18

```c
#include <stdio.h>

#define TRI(A,H) ((A) * (H) / 2)

int main(void)
{

    int base,height;

    scanf("%d,%d",&base,&height);
    printf("%d\n",TRI(base,height));

    return 0;
}
```

프로그램 만들기

4. 11장 연습문제 **6**을 바탕으로 함수 반환값을 enum 상수로 반환하도록 다시 작성해라.

주관식

5. 수치를 직접 쓰거나 변수를 사용할 수 있는데도 상수를 사용하는 이유는 무엇인가?

19

동적 배열

C programming

자유로운 배열 생성

19.1.1 배열의 단점

13장에서 배열 사용법을 설명했다. 이 배열은 다량의 데이터 처리에 매우 효과적인 수단이지만 사실 몇 가지 단점이 있어 실용성이 낮은 면이 있다. 배열의 최대 단점은 요소 개수를 프로그램 안에서 변경할 수 없다는 것이다. 배열은 선언할 때 요소 개수를 상수로 직접 지정해야 하며, 실행 중에 사용자에게 입력받은 값을 이용할 수는 없다.

> **변경할 수 있는 환경**
>
> GCC라는 컴파일에서는 요소 수를 프로그램 안에서 변경하는 기능을 지원한다. C99 역시 변경 기능이 추가되어 있다. (C++은 할 수 없다.)

이러한 단점은 다양한 목적으로 동작하는 프로그램을 작성하는 데 방해가 된다. 예를 들어 회사 사원의 월급을 관리하는 소프트웨어를 작성하려고 하면, 사원의 월급을 기억하는 배열이 사원 수만큼 필요하다.

그런데 세상에는 몇 명의 사원만 있는 회사도 있고 수천 명의 사원이 있는 회사도 있다. 만약 요소 개수를 1만으로 하면 직원이 10명인 회사에서는 나머지 9990개가 낭비다. 또한 이 나머지 요소 개수도 메모리를 사용하기 때문에 이는 거대한 메모리 낭비로 이어진다.

이와 같이 배열 요소 개수는 자유롭게 변경할 수 없기 때문에 메모리를 활용하는 것이 어렵고 실용성도 떨어진다.

19.1.2 메모리 확보

19.1.1절에서 배열은 자유롭게 요소 개수를 변경할 수 없기 때문에 불편하다고 설명했다. 이 때문에 C 언어에는 자유롭게 배열을 작성하는 malloc[1] 함수가 준비되어 있다. 또한 malloc 함수를 사용하려면 stdlib.h를 #include해야 한다. malloc 함수의 사용법은 다음과 같다.

📋 서식

```
#include <stdlib.h>
```

📋 서식

```
포인터 변수 = malloc(필요한 메모리 바이트 크기);
#메모리를 확보할 수 없었던 경우는 NULL이 반환된다.
```

반환되는 포인터 변수에는 확보된 배열의 첫 번째 주소가 대입되므로 [ ] 연산자를 사용하여 배열처럼 사용할 수 있다.

괜찮은가?

이 절의 설명을 이해하기 힘든 독자는 15장부터 다시 살펴보도록 하자.

malloc 함수로 지정할 수 있는 것은 바이트 단위 크기이므로 임의의 요소 개수 배열을 확보하려면 sizeof 연산자를 사용한다. 또한 malloc 함수는 힙 영역에서 메모리를 확보하며, 힙에 확보된 배열을 동적 배열이라 부른다.

또한 메모리 확보에 실패하면 NULL이 반환된다. 이 NULL을 그대로 사용하면 당연히 오류가 발생하기 때문에 malloc 함수 반환값은 반드시 확인해야 한다.

---

[1] malloc: memory allocate(메모리 할당)의 약자

그러나 약간의 메모리라도 확보에 실패한다면 시스템 전체가 심각한 메모리 부족으로 바로 멈추기 때문에 이때는 강제 종료 이외의 대책은 없다.

힙
장기적으로 사용되는 대용량 메모리를 저장하는 영역

동적 배열
프로그램이 실행되는 동안 malloc 함수 등을 사용하여 필요한 만큼 준비한 임의의 크기의 배열

malloc 함수에 의해 확보된 메모리는 프로그램이 끝날 때까지 남지만 그 메모리가 불필요하게 된 경우 free[2] 함수를 사용해서 해제한다. 그렇지 않으면 쓸데없는 메모리가 계속 남아 있기 때문에 malloc 함수 사용 시에는 반드시 free 함수를 호출한다. free 함수 사용법은 다음과 같다.

💻 프로그램 19.1

```
free(포인터 변수);
```

종료 시 free 함수

free 함수는 반드시 호출한다고 설명했지만 예외도 있다. 프로그램 종료 직전에는 free 함수를 사용하지 않아도 프로그램 종료와 동시에 메모리가 해제된다. 그러나 이식성 등을 고려하면 역시 호출해야 한다고 생각한다.

포인터 변수는 malloc 함수 반환값을 저장한 포인터 변수를 지정한다. 다음 프로그램은 int형 요소 개수 10개 배열을 동적으로 확보한다.

---

2 free: memory free(메모리 해제)의 약자

```
#include <stdio.h>
#include <stdlib.h>

int main()
{
    int i;
    int *heap;
    heap = (int *)malloc(sizeof(int) * 10);
    if (heap == NULL) exit(0);

    for (i = 0;i < 10;i++) {
        heap[i] = i;
    }

    printf("%d\n", heap[5]);

    free(heap);

    return 0;
}
```

sizeof(int)로 int형 변수 한 개의 바이트 단위 사이즈가 구해지고, 거기에 10배를 하면 int형 변수 10개의 메모리가 확보된다. malloc 함수의 반환 주소는 void형 포인터다. 이는 어떤 포인터 변수에도 대입할 수 있는 자료형이므로 (int *)로 명시적 형 변환을 할 필요는 없지만, C++ 컴파일러에서는 명시적 형 변환을 하지 않으면 오류가 난다.

메모리 확보에 실패한 경우는 exit[3] 함수를 호출해서 강제 종료한다. exit 함수는 프로그램을 종료시키는 함수다. 또한 exit 함수를 사용하려면 <stdlib.h>를 #include해야 한다. 오류에 의한 강제 종료에는 abort[4] 함수를 사용할 수도 있다. 확보한 배열을 사용한 후에는 free 함수를 호출하여 해제한다.

---

3 exit: 프로그램을 정상 종료시킴.

4 abort: 프로그램을 비정상 종료시킴.

malloc 함수의 이면

malloc 함수는 원하는 크기의 동적 배열을 만들 수 있기 때문에 매우 편리하지만, 사실 그 구조는 **메모리를 표시하고 있을 뿐**이다.

이는 마치 냉장고에 들어 있는 과자에 이름을 적는 것과 같다. 가족 모두가 적어 둔 이름에 따라 다른 사람의 과자를 먹지 않으면 문제가 없지만 착각해서 다른 사람의 과자를 먹을 가능성이 충분히 있다.

malloc 함수도 비슷한 성질이 있다. 잘 사용하는 것이 의외로 어렵다. 따라서 프로그램을 작성할 때는 가능한 한 일반 배열을 사용하도록 하고 **꼭 필요한 부분에만** malloc 함수를 사용하는 것이 좋다.

19.1.3 동적 배열의 요소 개수 확대

malloc 함수는 원하는 대로 요소 개수의 동적 배열을 만들 수 있다. 그러나 이것만으로는 처음에 말한 배열 요소 개수를 변경할 수 없는 문제를 완전히 해결하긴 어렵다. 따라서 C 언어에는 요소 개수를 변경하는 realloc[5] 함수가 준비되어 있다. realloc 함수의 사용법은 다음과 같다.

📋 서식

```
새로운 포인터 변수 = realloc(이전 포인터 변수, 필요한 메모리 바이트 크기);
```

이전 포인터 변수는 malloc 함수에서 확보한 메모리 주소를 지정한다. realloc 함수는 내용을 유지하면서 새로운 크기의 메모리를 확보한다. 새로운 포인터 변수는 확장된 메모리의 주소가 반환되지만 특별한 이유가 없으면 이전 포인터 변수와 동일한 변수를 지정할 수 있다. 다음 프로그램은 realloc 함수에서 동적 배열의 요소 개수를 변경한다.

---

5 realloc: memory re-allocate(메모리 재할당)의 약자

```
#include <stdio.h>
#include <stdlib.h>

int main(void)
{
    int *heap;
    heap = (int *)malloc(sizeof(int) * 10);
    heap = (int *)realloc(heap,sizeof(int) * 100);
    free(heap);
    return 0;
}
```

realloc 함수에서 요소 개수를 10개에서 100개로 증가시키고 있다.

호출 횟수를 줄이자

realloc 함수를 여러 번 호출하면 메모리가 분산된다. 이러한 상태를 **단편화**라고 하며 단편
화될수록 상태가 불안정해진다. 처음 malloc 함수에서 어느 정도 메모리를 크게 확보하고,
realloc 함수를 호출하는 경우에도 한 번에 크게 메모리를 확보해야 한다.

1. 프로그램 실행 중에 자유롭게 만들 수 있는 배열을 무엇이라 부르는가?

2. 장기적으로 사용된 대용량 메모리 영역을 무엇이라 부르는가?

프로그램 읽기

3. 다음 프로그램은 이식하는 데 문제가 있다. 어떤 문제인지 간략하게 설명해라.

🖥 프로그램 19.4

```c
#include <stdio.h>
#include <stdlib.h>

int main()
{
    int i;
    int *data;

    data = (int *)malloc(sizeof (int) * 10);

    return 0;
}
```

프로그램 만들기

4. 16장 연습문제 **2**에서 세 명의 이름, 나이, 성별을 입력하고 표시하는 프로그램을 작성했다. 이를 바탕으로 더 많은 사람들의 정보를 입력할 수 있는 프로그램을 만들어라. 또한 나이에 –1을 입력하면 입력이 종료되도록 하고, 배열 번호가 int형이므로 int형 최댓값까지 사용하면 된다.

5. 배열을 사용해도 데이터를 저장할 수 있는데 굳이 동적 배열을 사용하는 이유는 무엇인가?

20.1 최소한의 분할

20.1.1 여러 소스 파일을 사용하는 이유

지금까지 우리는 프로그램을 편집기 창에 작성했으며 그때마다 항상 하나의 화면 안에 모든 프로그램을 작성했다. 즉, 하나의 파일에 프로그램을 작성한 것이다.

이 방법은 단순하므로 규모가 작은 프로그램에는 효과적이다. 그러나 규모가 큰 프로그램에서는 하나의 파일에 모든 내용을 작성하면 어디에 어떤 프로그램이 있는지 파악하기가 어려워진다. 게다가 하나의 파일에 두 명 이상의 사람이 동시에 쓰는 것이 불가능하므로 여럿이서 함께 프로그래밍할 수도 없다.

이 문제를 해결하려면 여러 파일로 분할하여 프로그램을 작성해야 한다. 파일을 분할함으로써 어디에 어떤 프로그램이 있는지 알기도 쉽고, 여러 명이 하나의 프로그램을 만드는 것도 가능해진다.

20.1.2 소스와 헤더 파일

프로그램을 여러 파일에 분할한다는 것이 어쩐지 더 어려운 것처럼 느낄 수 있지만, 사실 처음부터 우리는 프로그램을 분할하여 만들고 있었다.

우리는 앞에서 printf 함수 등을 사용하기 위해 #include <stdio.h>를 앞쪽에 작성했다. 사실 이것이 프로그램을 여러 파일로 분할한다는 것이다.

#include 전처리 지시자는 지정된 파일 내용을 넣는 명령이다. 그리고 stdio.h는 printf 함수 등의 다양한 함수 선언을 포함한다. 여기서 중요한 것은 stdio.h에는 printf 함수의 선언만 적혀 있을 뿐 실제 프로그램은 stdio.h에 작성되어 있지 않다는 것이다. printf 함

수의 실제 프로그램은 stdio.h가 아니라 별도의 파일에 작성되어 있다.

stdio.h 같은 선언만 적힌 파일을 헤더 파일이라고 부른다. 헤더 파일에는 .h 확장자를 붙이는 것이 일반적이다.

헤더 파일

함수나 변수 선언만 작성된 파일. 확장자는 .h로 하는 것이 일반적이다.

반면 실제로 프로그램을 기술하는 파일은 소스 파일이라고 부른다. 지금까지 작성한 것은 모두 소스 파일이며 확장자는 .c이다.

소스 파일

프로그램이 작성된 파일. 확장자는 .c로 하는 것이 일반적이다.

소스 파일과 헤더 파일은 일반적으로 일대일로 대응하도록 작성한다. 소스 파일에서 선언 부분만 빼서 같은 이름(확장자만 변경)으로 헤더 파일을 작성한다.

20.1.3 최소한의 헤더 파일

20.1.2절에서는 헤더 파일의 의미에 대해서 설명했다. 여기서는 실제로 최소한의 구성으로 헤더 파일과 소스 파일을 작성하고, 11장에서 작성한 sum 함수를 나누고자 한다.

우선 sum 함수를 포함한 소스 파일 sum.c를 작성해 보자. 이는 아주 쉬운 일이다. 11장에서 작성한 sum 함수를 복사하기만 하면 된다.

💻 프로그램 20.1 **sum.c**

```
/* sum.c */
int sum(int min,int max)
{
    int num;
    num = (min + max) * (max - min + 1) / 2;
    return num;
}
```

다음은 sum.c 안에 포함된 함수를 다른 소스 파일에서 사용할 수 있도록 sum.c의 선언 부분을 추출하여 헤더 파일 sum.h를 작성한다. sum.c 안에 포함된 선언은 sum 함수 선언뿐이기 때문에 이를 헤더 파일에 작성하면 된다.

💻 프로그램 20.2 **sum.h**

```
/* sum.h */
int sum(int min,int max);
```

이렇게 sum 함수를 나누었다. 그러나 여기에는 main 함수가 없기 때문에 프로그램을 실행할 수 없다. 그러므로 main 함수를 포함하는 소스 파일 main.c를 작성해야 한다.

main.c를 작성하는 방법도 11장과 동일하지만 한 가지 다른 점이 있다. 여기서는 sum 프로토타입 선언을 sum.h에 작성했기 때문에 sum.h를 포함하지 않는 한 sum 함수를 사용할 수가 없다.

sum.h를 포함시키는 데는 당연히 #include 전처리 지시자를 사용한다. 다만 지금까지 헤더 파일명을 <>로 묶었다면, 자신이 작성한 헤더 파일을 포함시키기 위해서는 ""로 묶어야 한다. 또한 #include 전처리 지시자에서 헤더 파일을 포함시키는 것을 인클루드 (include)라고 한다.

🔑 인클루드
KEY WORD #include 전처리 지시자에서 헤더 파일을 포함시키 것

💻 프로그램 20.3 **main.c**

```
/* main.c */
#include <stdio.h>
#include "sum.h"

int main(void)
{
    int value;
    value = sum(50, 100);
    printf("%d\n", value);
```

```
    return 0;
}
```

이제 main.c도 완성했다. 또한 main.c의 헤더 파일 main.h는 작성할 필요가 없다. main.c 안에 포함된 함수를 다른 소스 파일에서 사용할 필요가 없기 때문이다.

그런데 당장 컴파일하여 실행해 보고 싶지만 이대로는 컴파일할 수 없다. 지금까지는 편집기 기능에 의해 한 개의 파일이면 컴파일러가 자동적으로 지정됐지만 두 개 이상의 파일을 사용할 경우에는 사용 파일을 지정해야 한다. 설정 방법은 사용하는 컴파일러에 따라 조금씩 다르다.

 Microsoft Visual C++ 설정 방법
화면 왼쪽 또는 오른쪽에 있는 솔루션 탐색기 창에서 프로젝트 항목을 마우스 오른쪽 버튼을 클릭한 후(대부분 위에서 두 번째 항목) 메뉴에서 '추가' → '새 항목'을 실행한다. 표시된 대화상자에서 'Visual C++' → 'C++ 파일'을 선택하고 대화상자 아래의 <이름을 입력하십시오> 위치에 'sum.c'를 입력하고 '추가' 버튼을 누른다.

다른 IDE와 컴파일러를 사용한다면 각각의 설명서를 참조하자. 설정이 끝나면 바로 컴파일해 본다. 컴파일이 끝나면 지금까지와 마찬가지로 실행된다.

stdio.h를 사용할 때는 설정할 필요 없음

지금까지도 stdio.h 등에 의해 무의식 중에 여러 파일을 분할하고 있었지만 그때는 컴파일러가 자동으로 설정했기 때문에 이번처럼 다른 파일을 지정할 필요가 없었다.

이렇게 다른 파일에 나누어 두면 sum 함수를 직접 작성하지 않아도 sum.h와 sum.c 파일을 복사해서 #include "sum.h"만 작성하면 sum.c에 포함된 함수를 모두 사용할 수 있다. sum.c 함수가 있는 경우 같은 파일을 복사하는 것보다 깔끔하고, 함수 이름과 인수만 정해 두면 다른 사람에게 그 함수를 작성하게 하고 나중에 함께 컴파일하는 대규모 개발도 가능하다.

20.2 분할의 정석

20.2.1 변수의 공유

20.1절에서는 최소한의 구성으로 프로그램을 여러 파일로 분할했다. 그러나 공유할 수 있었던 것은 함수뿐이고 변수는 공유하지 않았다. 여러 소스 파일로 나누어 개발할 경우 함수뿐만 아니라 변수나 상수 등도 공유할 필요가 있다. 그러나 20.1절에서 설명한 방법으로는 변수를 공유할 수 없다.

예를 들어, 다음과 같은 헤더 파일에서 변수를 선언하면 선언이 중복되고 있다는 의미의 오류가 표시되면서 컴파일되지 않는다.

🖥 프로그램 20.4 **sum.h**

```
/* sum.h */
int sum(int min,int max);
int Public;
```

이 오류를 보다 정확하게 이해하려면 선언의 의미를 이해할 필요가 있다. 지금까지 함수든 변수든 선언한다고 표현해 왔는데 사실 선언에는 두 종류의 기능이 있다.

변수와 함수를 선언하면 컴파일러는 그 이름과 형태를 기억한다. 이것이 선언이라고 부르는 기능이다. 그리고 동시에 컴파일러는 실제로 변수나 함수를 작성한다. 이것이 정의라고 부르는 기능이다. 지금까지 변수는 이 선언과 정의를 항상 동시에 수행했다.

선언은 변수와 함수 형태를 컴파일러에게 알려 주기 때문에 그 형태만 같으면 몇 번 선언해도 문제없다. 그러나 정의에는 함수나 변수의 실제 내용을 작성한다. 같은 함수나 변수가 여러 번 만들어지면 구별이 어려우므로 오류가 생긴다.

프로토타입 선언이라면

20.1절에서 프로토타입 선언만 작성하고도 문제없이 실행됐는데, 이는 프로토타입 선언은 선언만 수행하고 정의는 수행하지 않는다. 따라서 프로토타입 선언은 (같은 작성법이라면) 몇 개라도 쓸 수 있다.

20.2.2 extern 선언

20.2.1절에서는 변수는 선언과 정의를 동시에 수행하기 때문에 여러 번 선언할 수 없음을 설명했다. 이 문제를 해결하려면 선언은 여러 번 하되 정의는 한 번만 해야 한다. 이를 위해 C 언어에는 선언만 하는 extern[1] 선언이 준비되어 있다.

extern 선언

extern을 사용하여 선언만 하고 정의는 하지 않는 선언 방법

extern 선언 사용법은 간단하다. 지금까지 선언한 방법과 비슷하며 선언 전에 extern을 작성하기만 하면 된다. 다음 헤더 파일은 함수와 변수에 대해 extern 선언을 하는 예다. 이 extern 선언을 사용하면 다른 소스 파일에서 변수를 공유할 수 있다.

🖥 프로그램 20.5 sum.h

```
/* sum.h */
extern int sum(int min,int max);
extern int Public;
```

먼저, 헤더 파일에 어떤 변수를 extern으로 선언한다.

🖥 프로그램 20.6 sum.h

```
/* sum.h */
extern int sum(int min, int max);
extern int Public;   /* 변수 extern 선언 */
```

---

1 extern: external(외부의)의 약자. 작성 중인 소스 파일이나 외부에서도 사용할 수 있다.

이제 변수 Public은 sum.h를 include하는 모든 소스 파일에서 공유할 수 있다. 그러나 이는 선언되었을 뿐이지 정의된 것이 아니기 때문에 변수 Public은 만들어진 것이 아니다. 그래서 어딘가 하나의 소스 파일 안에 일반 선언을 하고 실제 내용을 작성한다.

🖥 프로그램 20.7 **sum.c**

```
/* sum.c */
int Public;    /* 변수의 실제 내용 작성 */

int sum(int min, int max)
{
    int num;
    num = (min + max) * (max - min + 1)  / 2;
    return num;
}
```

이제 변수 Public은 main.c에서도 sum.c에서도 사용할 수 있다. 다음 예를 보자.

🖥 프로그램 20.8 **main.c**

```
/* main.c */
#include <stdio.h>
#include "sum.h"

int main(void)
{
    int value;
    value = sum(50, 100);
    printf("%d\n", Public);
    return 0;
}
```

🖥 프로그램 20.9 **sum.c**

```
/* sum.c */
int Public;

int sum(int min, int max)
```

```
{
    int num;
    num = (min + max) * (max - min + 1) / 2;
    Public = 100;
    return num;
}
```

이 프로그램의 실행 결과는 다음과 같다.

☑ 실행 결과

```
100
```

sum 함수 내용이 그대로인 것은 수정하기가 귀찮았던 것뿐이다.

필요할 때 최소로

변수 공유는 매우 유용한 기술이지만 너무 남용하지는 말자. 파일 분할은 각 기능을 독립시키기 위함인데 변수 공유를 사용하면 동일한 변수를 사용하게 되므로 독립의 의미가 사라진다. 따라서 가능한 한 함수의 인수와 반환값을 사용하고 변수 공유는 꼭 필요한 경우에만 사용하자.

20.2.3 헤더 파일의 중복 방지

여기까지 extern 선언을 사용해서 중복으로 정의되는 것을 방지해 왔지만, 사실 헤더 파일의 중복 인클루드를 방지하는 방법이 있다. 바로 #ifndef ~ #endif[2] 전처리 지시자를 사용하는 방법이다.

#ifndef ~ #endif 전처리 지시자는 특정 매크로가 정의되어 있지 않은 경우에만 그 사이에 있는 프로그램을 컴파일한다. 이 성질을 이용해서 다음과 같은 헤더 파일을 작성할 수 있다.

---

2 ifndef: if not defined ~(~이 정의되지 않았다면)의 약자, endif: end if(가정 종료)의 합성어

```
/* sum.h */
#ifndef _INCLUDE_SUM_
#define _INCLUDE_SUM_

int sum(int min,int max);

#endif
```

이 헤더 파일은 먼저 매크로 _INCLUDE_SUM_이 정의되어 있는지 조사하고, 정의되지 않은 경우에만 다음 프로그램을 컴파일한다. 이 프로그램에서는 나중에 컴파일된 프로그램에서 #define 전처리 지시자를 사용해서 매크로 _INCLUDE_SUM_을 정의하고 있으므로 이 헤더 파일이 두 번째로 호출된 경우 컴파일은 실행되지 않는다.

이렇게 하면 같은 선언을 여러 번 할 수 없게 된다. 두 번째 이후부터 컴파일되지 않는다는 설명이 첫 번째 헤더 파일만 사용할 수 있다는 것처럼 들릴 수 있겠지만, 최종적으로 모든 소스 파일은 결합되므로 한 번의 컴파일로도 충분하다.

일반적으로 extern 선언도 추가하여 다음과 같이 사용한다. 또한 다음과 같은 주석을 넣으면 더 나은 헤더 파일이 완성된다.

프로그램 20.11 sum.h

```
/* sum.h */
#ifndef _INCLUDE_SUM_
#define _INCLUDE_SUM_

/* min~max 사이의 합계를 계산하는 함수
int min 최솟값
int max 최댓값
반환값 int 합계
*/
extern int sum(int min,int max);

#endif
```

주석의 위치

우리는 함수를 부가 설명해 주는 주석이 달린 프로그램을 자주 볼 수 있다. 주석을 달아 두면 다른 사람이 프로그램을 볼 때나 자신이 작성한 프로그램을 오랜 시간이 지난 뒤에 봤을 때도 그 내용을 빠르게 파악할 수 있어 편리하다. 다만 나는 주석을 **헤더 파일에 써야지** 소스 파일에 쓰는 것은 좋지 않다고 생각한다. 헤더 파일은 함수를 이용하는 모든 사람이 읽을 수 있지만, 소스 파일은 그렇지 않기 때문이다.

자동으로 해야 할 것 같은 생각도 들지만..

매번 비슷비슷한 헤더 파일을 쓰다 보면 소스 파일에서 자동으로 생성하면 좋을 것 같단 생각이 든다. 그리고 실제로 다른 많은 언어에서는 헤더 파일에 해당하는 선언을 자동으로 생성한다. (Java는 클래스 파일에서 자동으로 선언을 만든다.)

그러나 헤더 파일은 곧 **소스 파일 설계서**다. 먼저 헤더 파일을 만들고 거기에 맞추어 프로그램을 만들어 나가는 것이다. 또한 소스 파일에는 헤더 파일에 쓸 필요가 없는 해당 소스 파일의 고유 함수나 변수가 사용될 수 있기 때문에 자동으로 생성해서 불필요한 선언까지 헤더에 포함시킬 이유가 없다. 이런 이유로 C 언어에서는 헤더 파일을 수동으로 만든다.

전용 프로그램을 만들어 C 언어에서 헤더 파일을 자동으로 만들 수도 있지만 별로 추천하지 않는다.

연습문제

1. 주로 선언을 기술하는 파일을 무엇이라 부르는가?

2. 실제 프로그램이 작성된 파일을 무엇이라 부르는가?

프로그램 만들기

3. 다음 프로그램을 헤더 파일과 소소 파일로 정리해라.

🖥 프로그램 20.12

```c
void InputPeople(People *data)
{
    printf("이름:");
    scanf("%s", data->name);
    printf("나이 :");
    scanf("%d", &data->age);
    printf("성별(1-남성, 2-여성):");
    scanf("%d", &data->sex);
    printf("\n");
}

void ShowPeople(People data)
{
    char sex[16];

    printf("이름:%s\n", data.name);
    printf("나이:%d\n", data.age);

    if (data.sex == 1) {
        strcpy(sex, "여성");
    } else {
        strcpy(sex, "남성");
```

```
    }

    printf("성별:%s\n", sex);
    printf("\n");
}
```

4. 모든 함수를 하나의 소스 파일에 작성할 수 있는데도 불구하고 파일을 분할하는 이유는 무엇인가?

키보드 입력
더 알아보기

C programming

1행 문자열

21.1.1 gets 함수로 키보드 입력

6.2절에서는 scanf 함수에서 키보드로 입력할 때 실수를 해도 프로그램이 그 실수를 알아차릴 수 없음을 설명했다. 입력 실수에 대한 대책으로 문자열을 입력받아 수치로 읽고 변경하는 방법을 설명한다.

C 언어에는 키보드로 1행 문자열을 입력하는 gets 함수가 준비되어 있다. gets[1] 함수를 사용하려면 stdio.h를 #include해야 한다. gets 함수 사용법은 다음과 같다.

📋 서식

```
#include <stdio.h>
```

📋 서식

```
gets(문자 배열);
```

gets 함수를 실행하면 scanf 함수와 마찬가지로 입력 대기 상태가 된다. 사용자가 키보드로 입력하면 문자열은 지정한 문자 배열 안으로 저장된다.

이어서 화면에 1행 문자열을 표시하는 puts[2] 함수도 설명하겠다. puts 함수를 사용하려면 stdio.h를 #include해야 한다. puts 함수 사용법은 다음과 같다.

---

1 gets: get string(문자열 취득)의 약자

2 puts: put string(문자열 표시)의 약자

```
#include <stdio.h>
```

```
puts(문자 배열);
```

지정한 문자열이 화면에 표시된다. 또한 문자열 마지막에는 반드시 줄바꿈된다. printf 함수보다도 간단한 기능이지만 문자열만 표시한다면 puts 함수가 편리하다. 다음 프로그램은 사용자가 입력한 문자열을 그대로 표시하는 예다.

🖥 프로그램 21.1

```
#include <stdio.h>

int main(void)
{
    char str[32];

    gets(str);
    puts(str);

    return 0;
}
```

이 프로그램의 실행 결과는 다음과 같다.

☑ 실행 결과

```
DRAGON QUEST 3 #입력한 문자열
DRAGON QUEST 3
```

입력한 문자열이 그대로 표시되고 있다. scanf 함수에서 %s를 사용했을 때와 달리 공백이 포함되도 문제없다.

21.1.2 버퍼 오버런 대책

아무래도 내 비뚤어진 성격은 여전히 고쳐지지 않은 것 같다. 왜냐하면 방금 설명한 gets 함수를 사용하지 말라고 할 생각이기 때문이다. 15.6절에서 함수에 배열을 전달하는 것에 대해 설명할 때, 함수에 전달되는 것은 배열의 첫 번째 주소이며 요소 개수는 무시된다고 설명했다. 그런데 방금 전의 gets 함수는 문자 배열만 건네주었다. 이는 gets 함수가 문자 배열의 요소 개수를 알 수 없다는 의미다. 이런 경우 요소 개수를 넘는 입력을 받아들여 오류가 발생할 수 있다. 예를 들어, 앞의 프로그램에서 요소 개수는 32였으므로 다음과 같이 31문자 이상을 입력하면 오류가 발생한다.

☑ 실행 결과

```
01234567890123456789012345678901234567789  #입력한 문자열
```

실행해 보면 익숙한 오류 화면이 표시되고 강제 종료된다. 이러한 문제가 있는 이상 gets 함수는 사용할 수 없다. 그 대신에 fgets[3] 함수를 사용할 수 있다. fgets 함수를 사용하려면 stdio.h를 #include해야 한다. fgets 함수 사용법은 다음과 같다.

📋 서식

```
fgets(문자 배열, 배열 요소 개수, 파일 포인터);
```

마지막에 있는 파일 포인터를 보면 이 함수가 파일에서 문자열을 읽어 들이기 위한 함수라는 점을 알 수 있다.

사실 C 언어에서는 모든 주변 장치를 파일로 처리할 수 있다. 키보드에는 stdin이라는 파일 포인터가 할당되어 있다. 이 stdin을 지정하면 파일에서 읽기 함수가 키보드용으로 변한다.

---

3 fgets: file get string(파일로부터 문자열 취득)의 약자

배열 요소 개수를 알려면 sizeof 연산자를 사용하는 것이 간단하고 확실하다. 즉, 다음과 같이 작성하면 안전하게 gets 함수 대신 사용할 수 있다.

 서식

```
fgets(문자 배열, sizeof(문자 배열), stdin);
```

 줄바꿈 문자

gets 함수는 '\n'을 포함하지 않지만 fgets 함수는 포함한다. 입력의 끝을 확인하려면 '\n'을 검색해 보자.

다음은 이전 프로그램을 fgets 함수를 사용하여 변경한 예다.

🖥 프로그램 21.2

```c
#include <stdio.h>

int main(void)
{
    char str[32];

    fgets(str, sizeof(str), stdin);
    puts(str);

    return 0;
}
```

이 프로그램에서 긴 문자열을 입력하여 테스트한 결과는 다음과 같다.

☑ 실행 결과

```
01234567890123456789012345678901234567890123456789        #입력한 문자열
0123456789012345678901234567890
```

요소 개수 한계가 되는 부분에서 입력을 중단하여 오류가 발생하는 것을 막아 준다.

21.1.3 문자열에서 수치 등을 추출

지금까지 문자열 입력에 대해 다뤘지만 여전히 문제가 남아 있다. scanf 함수와 달리 수치를 입력할 수 없다는 점이다. 입력한 문자열을 수치로 읽고 변경하는 방법을 알아보자.

문자열을 수치로 읽고 변경하는 가장 간단한 방법은 atoi 함수를 사용하는 것이다. 이 함수는 14.3.1절에 설명되어 있으므로 자세한 설명은 생략한다. 다음 프로그램은 입력한 수치의 제곱을 표시하는 예다.

🖥 프로그램 21.3

```c
#include <stdio.h>
#include <stdlib.h>

int main(void)
{
    char str[32];
    int val;

    fgets(str,sizeof(str), stdin);
    val = atoi(str);
    printf("%d\n", val * val);

    return 0;
}
```

이 프로그램의 실행 결과는 다음과 같다.

☑ 실행 결과

```
5
25
```

atoi 함수는 입력한 문자열에 숫자 이외의 문자가 포함되어 있어도 무시하기 때문에

scanf 함수에서처럼 이상한 값이 표시되지는 않는다. 또한 원래 문자열의 문자 수를 세면 입력한 숫자의 자릿수를 알 수 있으므로 아주 큰 수치를 입력해도 확인할 수 있다. 실수의 경우 atof [4] 함수를 사용한다. 사용법은 동일하다.

단순한 수치를 입력한다면 앞의 설명으로 충분하지만 scanf 함수처럼 여러 수치를 기호로 구분해서 사용하려면 기호를 검색해서 각각 수치로 변환해야 한다.

문자열 중에서 단어를 검색하려면 strtok [5] 함수를 사용한다. 또한 strtok 함수를 사용하려면 string.h를 #include해야 한다. strtok 함수의 사용법은 다음과 같다.

📋 서식

```
/* 첫 번째 단어를 꺼냄 */
단어 주소 값 = strtok(문자 배열, 구분 문자);

/* 다음 단어를 꺼냄 */
단어 주소 값 = strtok(NULL, 구분 문자);

#단어가 없으면 NULL을 반환한다.
```

strtok 함수는 구분 기호를 검색하고 그 위치를 EOS로 바꾼다. 그러면 문자열을 구분 기호의 앞과 뒤로 분할할 수 있다. 그런 다음 그 단어를 atoi 함수에서 변환하면 수치를 얻을 수 있다. 다음 프로그램은 입력된 수치의 목록을 표시하는 예다.

🖥 프로그램 21.4

```
#include <stdio.h>
#include <stdlib.h>
#include <string.h>

void main(void)
{
```

---

4 atof: ASCII to float(문자열을 실수로 변환한다)의 약자

5 strtok: string token(문자열을 토큰으로 분할)의 약자

```
    int i,j,val[10];
    char str[32],*ch;

    fgets(str, sizeof(str), stdin);

    ch = strtok(str, ",\n");
    for (i = 0;i < 10;i++) {
        if (ch == NULL) {
            break;
        } else {
            val[i] = atoi(ch);
        }
        ch = strtok(NULL, ",\n");
    }

    for (j = 0;j < i;j++) printf("%d\n", val[j]);

    return;
}
```

이 프로그램의 실행 결과는 다음과 같다.

☑ 실행 결과

```
85,41,26,956,12          #입력한 문자열
85
41
26
956
12
```

숫자의 자릿수를 늘리거나 문자열을 입력해도 치명적인 오류가 발생하는 일은 없을 것이다.

APPENDUM

부록

C programming

A 단어와 기호

A.1 예약어

C 언어의 기본적인 예약어는 다음과 같다.

표 A.1 **예약어**

auto	break	case	char
const	continue	default	do
double	else	enum	extern
float	for	goto	if
int	long	register	return
short	signed	sizeof	static
struct	switch	typedef	union
unsigned	void	volatile	while

컴파일러에 따라 표 A.1 이외의 예약어를 정의하고 있는 경우도 있다. 또한 C++ 컴파일러에는 C++ 예약어도 정의되어 있다. 대부분은 평소 사용하는 단어이기 때문에 따로 외우지 않아도 되며, 만약 잘못 사용하더라도 컴파일러의 에러 표시로 바로 알 수 있다.

또한 예약어는 매크로명으로도 사용될 수 있지만 혼란의 원인이 되므로 사용하지 말자. 사실 main은 예약어가 아니기 때문에 변수명 등에 사용할 수 있지만 혼란을 줄 수 있어서 일부러 사용하지 않는다.

A.2 출력 형식 지정자

출력 형식 지정자 서식과 지정자에 관한 자료다. printf 함수 등에서 사용된다.

📋 서식 **형식 지정자**

%옵션 길이.정밀도 형

이 서식을 추가하여 사용한다. 형 외의 지정자는 생략할 수 있다. 일반적으로 수평 정렬을 목적으로 길이만 지정하는 경우가 많다. 또한 길이와 정밀도 사이의 점은 마침표다. 쉼표가 아니다. 덧붙이자면, 정밀도와 형 사이의 크기에 관한 정보를 가지는 프로세서도 있지만, far, near 포인터용으로 사용된 오래된 프로세서로 지금은 사용하지 않는다.

표 A.2 **옵션 목록**

옵션	의미
-	왼쪽 정렬로 표시
+	오른쪽 정렬로 표시
#	0 또는 소수점 제어를 하지 않음

표 A.3 **길이와 정밀도의 형식**

길이 또는 정밀도	의미
L	최소 L 자릿수로 출력한다. 여백은 공백으로 채운다.
0L	최소 L 자릿수로 출력한다. 여백은 0으로 채운다.
L. P	전체를 최소 L 자릿수, 소수점 이하를 P행으로 출력한다.
L. 0	전체를 최소 L 자릿수, 소수점 이하는 출력하지 않는다.

* 길이 수치를 L, 정밀도 수치를 P라 한다.
* 0은 정확히는 옵션이지만 설명을 위해 길이와 정밀도에 포함했다.

형 목록

형	의미
d,i	정수 10진수
o	정수 8진수 등호 없음
x, X	정수 16진수 등호 없음. x는 소문자, X는 대문자
u	정수 10진수 등호 없음
f	실수
e, E	실수의 지수 형식. e는 소문자, E는 대문자
g, G	실수 크기에 따라 일반 출력 또는 지수 형식이 선택됨
c	하나의 문자
s	문자열. 널 문자까지 출력
p	포인터 주소로 출력. 16진수 대문자.
n	지금까지 내보낸 문자 출력. 형 변환을 안 함.
%	문자 % 출력. 형 변환을 안 함.

double형 표시에 사용하는 것은 %f가 정답이다. 원래 출력 형식 지정자에는 %lf가 존재하지 않는다. 그러나 요즘은 대부분의 컴파일러에서 %lf도 사용할 수 있다.

A.3 입력 형식 지정자

입력 형식 지정자 서식과 지정자에 관한 자료다. 주로 scanf 함수 등에서 사용된다.

📋 서식 **형식 지정자의 서식**

% ★ 길이 크기 형

이 서식을 추가하여 사용한다. 형 이외의 지정자는 생략할 수 있다. 일반적으로 입력 제한의 목적으로 길이만을 지정하는 경우가 많다. 참고로 길이와 크기 사이에 포인터 크기에 관한 정보를 가지는 프로세서도 있지만, 이것은 far, near 포인터용이며 오래된 프로세서이므로 사용하지 않는다.

*를 붙이면 데이터를 건너뛰고 읽는다(변수에 대입하지 않는다). 파일 데이터를 읽어 들일 때 불필요한 데이터를 버리기 위해 사용된다.

길이를 지정하면 그 자릿수만큼의 숫자(또는 문자열)를 읽는다. 숫자 자릿수 제한 및 문자열 버퍼 영역을 넘지 않도록 하기 위해 사용된다.

표 A.5 **크기 목록**

크기	의미
h	읽어 들인 데이터를 short형으로 변환한다.
l	읽어 들인 데이터를 형 지정에 맞게 long형이나 double형으로 변환한다.
L	읽어 들인 데이터를 long double형으로 변환한다.

표 A.6 **형 목록**

형	의미
d	int형의 10진수
o	int형의 8진수
x	int형의 16진수
i	int형. 진수는 데이터에 맞춰 결정한다.
u	unsigned int형의 등호 없는 10진수
f	float형
e, E	float형의 지수 형식. e는 소문자, E는 대문자
g, G	일반 형식이나 지수 형식
c	char형 문자
s	공백을 포함하지 않는 char형의 문자열
p	포인터 값
n	지금까지 읽어 들인 문자 수를 대입. 데이터를 읽어 들이지 않음.
%	아무것도 하지 않음. 무의미한 지정.

입력 형식 지정자는 대입을 하기 때문에 형 지정이 까다롭다. 표 A.6에는 double형이 없지만 크기 지정자 l과 함께 지정한다.

A.4 연산자와 우선 순위

연산자의 우선순위가 매우 잘 정의되어 있어 일반적인 사용에서는 명시적으로 ()를 붙일 필요가 없으며, 보통 수식처럼 사용하면 대부분 잘 동작한다. 다만 우선순위가 확실하지 않을 때는 다음 표를 보고 비교하기보다는 ()를 붙이는 것이 간단하고 명확하다.

다음 표에서 위쪽에 있을수록 우선순위가 높다. 표의 셀 배경이 진한 기호들은 같은 우선순위를 가진다.

표 A.7 **C 언어 연산자와 우선순위**

이름	기호	기능	결합 규칙	인자수
배열 첨자	[ ]	배열의 요소 번호 지정	왼쪽에서 오른쪽	단항
함수 호출	( )	함수 호출	왼쪽에서 오른쪽	단항
요소 선택	.	구조체 요소 선택	왼쪽에서 오른쪽	단항
화살표	->	구조체 포인터의 요소 선택	왼쪽에서 오른쪽	단항
후위 증가*	++	변수 값 1 증가	없음	단항
후위 감소*	--	변수 값 1 감소	없음	단항
전위 증가*	++	변수 값 1 증가	없음	단항
전위 감소*	--	변수 값 1 감소	없음	단항
참조	*	포인터가 가리키는 변수에 접근	없음	단항
주소	&	변수 주소에 접근	없음	단항
단항 플러스	+	양수로 한다.	없음	단항
단항 마이너스	-	음수로 한다.	없음	단항
논리 부정	!	참과 거짓의 상태를 반전	없음	단항
사이즈 오브	sizeof	변수, 배열, 형 크기 취득	없음	단항
명시적 형 변환	(형)	지정의 형으로 강제 변환	오른쪽에서 왼쪽	단항
곱셈	*	곱셈	왼쪽에서 오른쪽	2항
나눗셈	/	나눗셈	왼쪽에서	2항
나머지	%	나머지	왼쪽에서 오른쪽	2항
덧셈	+	덧셈	왼쪽에서 오른쪽	2항
뺄셈	-	뺄셈	왼쪽에서 오른쪽	2항

왼쪽 시프트	<<	변수의 값을 1비트 왼쪽으로 이동(2배)	왼쪽에서 오른쪽	단항
오른쪽 시프트	>>	변수의 값을 1비트 오른쪽으로 이동(반)	왼쪽에서 오른쪽	단항
작음	<	왼쪽 값이 오른쪽보다 작으면 참	왼쪽에서 오른쪽	2항
큼	>	왼쪽 값이 오른쪽보다 크면 참	왼쪽엣 오른쪽	2항
이하	<=	왼쪽 값이 오른쪽 이하이면 참	왼쪽에서 오른쪽	2항
이상	>=	왼쪽 값이 오른쪽 이상이면 참	왼쪽에서 오른쪽	2항
같다	==	왼쪽과 오른쪽 값과 같으면 참	왼쪽에서 오른쪽	2항
같지 않다.	!=	왼쪽과 오른쪽이 다르면 참	왼쪽에서 오른쪽	2항
비트 AND	&	AND 수행	왼쪽에서 오른쪽	2항
비트 배타적 논리합	^	배타적 논리합 수행	왼쪽에서 오른쪽	2항
비트 OR	|	OR 수행	왼쪽에서 오른쪽	2항
논리 AND	&&	왼쪽과 오른쪽이 모두 참이면 참	왼쪽에서 오른쪽	2항
논리 OR	||	왼쪽과 오른쪽 중 하나가 참이면 참	왼쪽에서 오른쪽	2항
조건	?과 :	참이면 이전 식을 거짓이면 다음 식을 대입	오른쪽에서 왼쪽	2항
대입	=	왼쪽 변수에 오른쪽 식의 값을 대입	오른쪽에서 왼쪽	3항
대입 곱셈	*=	왼쪽 변수에 오른쪽 식의 값을 곱셈하여 대입	오른쪽에서 왼쪽	2항
대입 나눗셈	/=	왼쪽 변수에 오른쪽 식의 값을 나눗셈하여 대입	오른쪽에서 왼쪽	2항
대입 나머지	%=	왼쪽 변수에 오른쪽 식의 값을 나눗셈한 나머지를 대입	오른쪽에서 왼쪽	2항
대입 덧셈	+=	왼쪽 변수에 오른쪽 식의 값을 덧셈하여 대입	오른쪽에서 왼쪽	2항
대입 뺄셈	-=	왼쪽 변수에 오른쪽 식의 값을 뺄셈하여 대입	오른쪽에서 왼쪽	2항
왼쪽 시프트 대입	<<=	왼쪽 변수에 오른쪽 식의 값만큼 왼쪽으로 시프트하여 대입	오른쪽에서 왼쪽	2항
오른쪽 시프트 대입	>>=	왼쪽 변수에 오른쪽 식의 값만큼 오른쪽으로 시프트하여 대입	오른쪽에서 왼쪽	2항

비트 AND 대입	&=	왼쪽 변수에 오른쪽 식의 값과 비트 AND한 결과를 대입	오른쪽에서 왼쪽	2항
비트 배타적논리합 대입	^=	왼쪽 변수에 오른쪽 식의 값과 비트 배타적 논리합을 한 결과를 대입	오른쪽에서 왼쪽	2항
비트 OR대입	|=	왼쪽 변수에 오른쪽 식의 값과의 비트 OR한 결과를 대입	오른쪽에서 왼쪽	2항
순차	,	식을 결합	왼쪽에서 오른쪽	2항

* 전위 증가와 후위 증가: 결과적으로는 1이 증가되는 것은 같지만 처리 순서에 따라 그 결과가 다르다. 전위 감소와 후위 감소도 마찬가지다.

이름은 특별히 정해진 것이 아니라 일반적으로 생각할 수 있는 이름을 사용했다. 그리고 몇 가지 연산자에 대해 추가로 설명하고자 한다.

참조 연산자는 포인터 변수를 일반 변수 방식으로 전환하는 연산자다. 포인터 변수를 선언할 때 붙이는 * 기호와는 문법상 관련이 없다. 배열 첨자 연산자는 배열에 붙여진 [ ]를 의미하며, 주소에 변수의 바이트 크기만큼 덧셈을 수행한다. 또한 배열을 선언할 때에 붙이는 []와는 문법상 관련이 없다. 조건 연산자는 조건식을 간단하게 만드는 것으로, 다음과 같이 사용한다.

📋 서식 조건 연산자

```
변수 = ( 조건식 ) ? 식1 : 식2;
```

조건식이 참일 때 식1이 수행되고 거짓일 때 식2가 수행된다. 그리고 그 결과가 변수에 대입되는데 변수를 지정하지 않아도 사용할 수 있다. if문보다 조건 판단을 간단하게 쓸 수 있어 사용하는 사람도 있다. 나 또한 사용하고 있다. 또한 이 연산자는 C 언어에서 유일하게 3항을 쓰기 때문에 3항 연산자라고도 부른다.

순차 연산자는 두 개의 식을 한 개로 정리하는 것이다.

🖥 프로그램

```
j = (i = 3, i + 2 );
```

이 예에서는 먼저 i = 3이 계산되고 다음에 i + 2가 계산된다. 마지막으로 j에는 5가 대입된다. 다만 이 연산자는 별다른 쓸모가 없다.

A.5 기억 클래스 지정자

C 언어에는 다음과 같은 기억 클래스 지정자가 준비되어 있다. 그러나 사용되지 않는 것도 많다.

- auto
- register
- static
- extern
- typedef

표 A.8 **기억 클래스 지정자**

지정자	의미
auto	변수가 자동 변수임을 의미한다. 그러나 함수 안에서는 자동 변수로 사용되지만 함수 밖에서는 오류로 인식되므로 무의미한 지정자다.
register	그 변수가 자주 사용된다는 것을 의미한다. 예전에는 변수를 레지스터에 할당해서 처리를 고속화했지만 현재는 컴파일러의 최적화 기능이 우선이다.
static	변수가 정적으로 사용되는 것을 의미한다. 함수 내에서는 변수 값이 함수에서 유지되도록 해 준다. 함수 밖에서는 변수가 소스 파일에서만 유효하다.
extern	변수 등의 정의가 다른 장소에서 이루어짐을 의미한다. 헤더 파일에서 공통 변수를 선언하는 데 사용된다.
typedef	새로운 형을 선언한다. 형 선언을 간단히 할 수 있으며 컴파일에서 확인도 가능하다. 원래 기억 클래스 지정자와 관계없지만 문법상으로는 여기에 포함된다.

A.6 이스케이프 문자

화면에 표시할 수 없지만 문자열 표시 등을 제어하는 데 사용된다. 줄바꿈을 수행하는 ₩n이 유명하지만 그 밖에도 다음과 같은 것들이 있다.

표 A.9 **이스케이프 문자**

이스케이프 문자	16진수	기능
₩a	07	'삐'처럼 경고 벨소리를 울린다.
₩b	08	커서 위치를 한 개 뒤로 옮긴다.
₩t	09	커서 위치를 다음 탭 위치로 이동한다.
₩n	0A	커서 위치를 다음 행으로 이동(줄바꿈)
₩f	0C	종이를 출력한다. (인쇄 시)
₩r	0D	커서 위치를 행의 제일 왼쪽으로 이동한다(Mac에서는 줄바꿈).
₩₩	5C	₩를 표시한다.
₩'	2C	'를 표시한다.
₩"	22	"를 표시한다.
₩?	3F	?를 표시한다.
₩숫자	8진수에서 동일	대응하는 8진수 문자 코드 표시
₩x숫자	숫자와 동일	대응하는 16진수 문자 코드 표시

이 중 자주 사용하는 것은 ₩n과 ₩t이다. ₩f는 프린터로 출력할 때만 사용할 수 있지만 잘 쓰이지 않는다. ₩r은 Mac에서 오래전부터 줄바꿈으로 사용되어 현재 다른 OS에서도 줄바꿈으로 사용된다. 이스케이프 문자 표기는 두 글자 이상을 사용하더라도 한 문자라고 봐야 한다.

A.7 정의된 상수

C 언어에서는 프로세서(processor) 정보와 디버그에 사용할 정보 등을 미리 정의된 상수로 가지고 있다.

표 A.10 **디버그용 상수**

상수	의미	상수	의미
__LINE__	실행된 행 번호	__DATE__	컴파일된 일시
__FILE__	실행된 소스 파일명	__TIME__	컴파일된 시간

__FILE__과 __LINE__을 사용하면 프로그램 실행 시 오류가 발생한 행 번호를 알아낼 수 있다. 로그 파일에 쓰거나 간단한 디버거로 사용하면 매우 편리하다. 이 상수들을 사용하려면 #include <limit.h>가 필요하다.

표 A.11 **정수형 크기의 미리 정의된 상수**

상수	의미
CHAR_BIT	char형의 비트 단위 크기
CHAR_MAX	char형 최댓값
CHAR_MIN	char형 최솟값
INT_MAX	int형 최댓값
INT_MIN	int형 최솟값
LONG_MAX	long형 최댓값
LONG_MIN	long형 최솟값
SCHAR_MAX	signed char형 최댓값
SCHAR_MIN	signed char형 최솟값
SHART_MAX	short형 최댓값
SHART_MIN	short형 최솟값
UCHAR_MAX	unsigned char형 최댓값
UINT_MAX	unsigned int형 최댓값
ULONG_MAX	unsigned long형 최댓값
USHRT_MAX	unsigned short형 최댓값

char형에 부호가 붙는지는 컴파일러에서 결정한다. 어떤 사용 방법이든 문자를 기억하는 데는 문제가 없도록 만들어져 있다.

표준 라이브러리 함수 목록

B.1 입출력 <stdio.h>

주로 파일을 취급하는 함수다. C 언어에서는 디스크 이외의 주변 기기도 파일로 취급할 수 있다. 또한 규정 파일 포인터로 함수들을 다룰 수 있다.

표 B.1 **규정 파일 포인터**

파일 포인터	의미
stdin	표준 입력(보통은 키보드)
stdout	표준 출력(보통은 화면)
stderr	표준 에러 출력(보통은 화면)

이것은 리다이렉션 등의 방법으로 사용자가 변경할 수 있고, 환경에 따라서는 다른 장비와 연관되거나 비활성화되기도 한다.

fopen *file open*

함수형	FILE *fopen(const char *filename, const char *mode);
인 수	파일명, 모드 문자열
반환값	열려 있는 파일 포인터. 실패한 경우 NULL
기 능	파일을 연다
모 드	r 읽기, w 신규, a 추가, b 바이너리(다른 모드에 추가됨), + 읽기/쓰기 가능(다른 모드에 추가됨)

fclose

함수형	`int fclose(FILE *fp);`
인 수	파일 포인터
반환값	성공한 경우 0, 실패한 경우 EOF
기 능	파일을 닫는다

fgetc

함수형	`int fgetc(FILE *fp);`
인 수	파일 포인터
반환값	읽어 들인 문자. 실패하거나 끝에 도달한 경우 EOF
기 능	파일에서 한 문자를 읽어 들인다

getc

함수형	fgetc와 동일
주 의	매크로로 사용되는 것도 있으므로 주의

fgets

함수형	`char *fgets(char *s, int n, FILE *fp);`
인 수	문자열을 저장하는 버퍼, 버퍼 크기, 파일 포인터
반환값	인수로 지정한 버퍼. 실패하거나 끝에 도달한 경우 NULL
기 능	파일에서 파일에서 한 줄을 읽어 들인다. 결과에 줄바꿈을 포함

fputc

함수형	`int fputc(int c, FILE *fp);`
인 수	문자, 파일 포인터
반환값	출력 문자. 실패한 경우 EOF
기 능	파일에 한 문자를 입력한다

putc

기 능	fputc와 동일
주 의	매크로로 사용되는 것도 있으므로 주의

fputs

함수형   int fputs(const char *s, FILE *fp);

인 수   문자열, 파일 포인터

반환값   성공한 경우 참, 실패한 경우 EOF

기 능   파일에 문자열을 입력한다

fread

함수형   size_t fread(void *ptr, size_t size, size_t nelem, FILE *fp);

인 수   읽어 들인 결과를 저장하는 버퍼, 1 항목 크기, 항목 수, 파일 포인터

반환값   읽어 들인 항목 수. 실패한 경우 0

기 능   파일로부터 고정 크기의 항목을 읽어 들인다

fwrite

함수형   size_t fwrite(const void *ptr,
                 size_t size,
                 size_t nelem,
                 FILE *fp);

인 수   입력 버퍼, 1 항목 크기, 항목 수, 파일 포인터

반환값   입력 항목 수. 실패한 경우 0

기 능   파일에 고정된 크기의 항목을 입력한다

fprintf

함수형   int fprintf(FILE *fp, const char *format, ...);

인 수   파일 포인터, 서식 첨부 문자열, 가변 변수

반환값   출력 문자 수. 실패한 경우 음수 값

기 능   파일에 서식 문자열을 입력한다

fscanf

함수형   int fscanf(FILE *fp, const char *format, ...);

인 수   파일 포인터, 변환 지정 문자열, 가변 버퍼

반환값   변환에 성공한 수. 실패한 경우 -1

기 능   파일에서 문자열을 읽어 지정된 형식으로 반환한다

ftell

함수형   long ftell(FILE *fp);

인 수   파일 포인터

반환값   현재 파일 위치

기 능   파일 위치를 취득한다

fseek

함수형   int fseek(FILE *fp, long offset, int ptrname);

인 수   파일 포인터, 파일 위치의 이동 수, 파일 위치의 기준

반환값   성공한 경우 0, 실패한 경우 0 이외

기 능   파일 위치를 변경한다

위 치   SEEK_SET 파일 시작, SEEK_CUR 현재의 위치, SEEK_END 종료

fgetpos

함수형   int fgetpos(FILE *fp, fpos_t *ptr);

인 수   파일 포인터, 파일 위치를 저장하는 변수 포인터

반환값   성공한 경우 0, 실패한 경우 0 이외

기 능   현재 파일 위치를 저장한다

fsetpos

함수형   int fsetpos(FILE *fp, const fpos_t *ptr);

인 수   파일 포인터, 파일 위치를 저장하는 변수 포인터

반환값   성공한 경우 0, 실패한 경우 0 이외

기 능   파일 위치를 변경한다

feof

함수형   int feof(FILE *fp);

인 수   파일 포인터

반환값   마지막에 도달하면 참, 도달하지 않은 경우는 거짓

기 능   파일이 마지막에 도달했는지 조사한다

ferror
file error

함수형   int ferror(FILE *fp);

인 수   파일 포인터

반환값   오류가 발생한 경우 참, 발생하지 않은 경우 거짓

기 능   파일에 오류가 발생했는지 조사한다

clearerr
clear error

함수형   void clearerr(FILE *fp);

인 수   파일 포인터

기 능   파일 오류 시 복구한다

fflush
file flush

함수형   int fflush(FILE *fp);

인 수   파일 포인터

반환값   성공한 경우는 0, 실패한 경우는 거짓

기 능   출력 버퍼를 강제 출력한다

주 의   컴파일러에 따라서는 입력 버퍼를 비울 수 있으나 좋지 않은 방법이다

freopen
file reopen

함수형   FILE *freopen(const char *filename,
                            const char *mode,
                            FILE *fp);

인 수   파일명, 모드 문자열, 파일 포인터

반환값   인수에서 지정된 파일 포인터. 실패한 경우 NULL

기 능   파일 포인터의 재할당

rename

함수형   int rename(const char *oldname, const char *newname);

인 수   현재 파일명, 새로운 파일명

반환값   성공한 경우 0, 실패한 경우 0 이외

기 능   파일명을 변경한다

remove

함수형	int remove(const char *filename);
인 수	파일명
반환값	성공한 경우 0, 실패한 경우 0 이외
기 능	파일을 삭제한다

getchar *get charater*

함수형	int getchar(void);
반환값	읽어 들인 문자. 실패한 경우 EOF
기 능	표준 입력(키보드)에서 한 문자를 읽어 들인다

putchar *put character*

함수형	int putchar(char c);
인 수	문자
반환값	출력 문자. 실패한 경우 EOF
기 능	표준 출력(화면)에 한 문자를 입력한다

gets *get string*

함수형	char *gets(char *s);
인 수	읽어 들인 문자열을 저장하는 버퍼
반환값	인수에서 지정한 버퍼. 실패했거나 마지막에 도달한 경우 NULL
기 능	표준 입력(키보드)에서 한 문자를 읽어 들인다. 결과에 줄바꿈을 포함하지 않음
주 의	버퍼 오버런(바이러스 침입)의 원인이 되므로 사용하지 말자

puts *put string*

함수형	int puts(const char *s);
인 수	문자열
반환값	성공한 경우 0, 실패한 경우 0 이외
기 능	표준 출력(화면)에 한 행을 쓴다(줄바꿈)

perror

함수형   void perror(const char *s);

인 수   표시하는 문자열

기 능   지정한 문자열과 함께 직전에 발생한 오류를 표시한다

printf

함수형   int printf(const char *format, ...);

인 수   서식 첨부 문자열, 가변 변수

반환값   출력 문자열. 실패한 경우 -1

기 능   표준 출력(화면)에 서식 첨부 문자열을 입력한다

scanf

함수형   int scanf(const char *format, ...);

인 수   변환 지정 문자열, 가변 버퍼

반환값   변환에 성공한 수. 실패한 경우 -1

기 능   표준 입력(키보드)에서 문자열을 읽어 지정된 형식을 변환한다

주 의   다른 입력 함수와 함께 사용하면 예상치 못한 동작이 발생할 수 있다

B.2 범용 <stdlib.h>

특별히 분류되지 않고 범용으로 사용되는 함수의 집합이다. 예를 들어, 메모리 관련 함수, 프로세스 관련 함수, 변환 함수 등이 있다.

malloc

함수형   void *malloc(size_t n);

인 수   확보할 메모리 크기

반환값   확보한 메모리 주소. 확보할 수 없는 경우 NULL

기 능   메모리를 동적으로 할당한다

calloc

함수형	void *calloc(size_t int nelem, size_t elsize);
인 수	요소 개수, 요소 하나의 크기
반환값	확보한 메모리 주소. 확보할 수 없는 경우 NULL
기 능	메모리를 동적으로 확보한다. 확보한 메모리는 0으로 초기화한다
주 의	0으로 초기화된 것을 버그가 줄어든 것으로 착각하지 않도록 주의

realloc

함수형	void *realloc(void *ptr, size_t size);
인 수	확보한 메모리 주소, 새로운 메모리 크기
반환값	확보한 메모리 주소. 확보할 수 없는 경우 NULL
기 능	확보한 메모리 크기를 변경한다. 내용은 유지된다
보 충	메모리 주소가 변경될 수 있다는 점에 주의

free

함수형	void free(void *p);
인 수	확보한 메모리 주소
기 능	동적으로 확보된 메모리를 해제

abs

함수형	int abs(int n);
인 수	수치
반환값	수치의 절댓값
기 능	절댓값을 구한다

labs

함수형	long labs(long n);
인 수	수치
반환값	수치의 절댓값
기 능	절댓값을 구한다

atof

함수형	double atof(const char *s);
인 수	숫자를 포함하는 문자열
반환값	변환된 값. 변환할 수 없는 경우 0
기 능	숫자를 포함하는 문자열을 실수 값으로 변환

atoi

함수형	int atoi(const char *s);
인 수	숫자를 포함하는 문자열
반환값	변환된 값. 변환할 수 없는 경우 0
기 능	숫자를 포함하는 문자열을 정수 값으로 변환

atol

함수형	long atol(const char *s);
인 수	숫자를 포함하는 문자열
반환값	변환된 값. 변환할 수 없는 경우 0
기 능	숫자를 포함하는 문자열을 정수 값으로 변환

strtod

함수형	double strtod(const char *s, char **endptr);
인 수	숫자를 포함하는 문자열, 종료 위치의 주소
반환값	변환된 값. 변환할 수 없는 경우 0
기 능	숫자를 포함하는 문자열을 실수 값으로 변환

strtol

함수형	long strtol(const char *s, char **endptr, int base);
인 수	숫자를 포함하는 문자열, 종료 위치의 주소, 수치의 진수(2진수나 16진수)
반환값	변환된 값. 변환할 수 없는 경우 0
기 능	숫자를 포함하는 문자열을 정수 값으로 변환

strtoul

string to unsigned long int

함수형	unsigned long strtoul(const char *s,
	                       char **endptr,
	                       int base);

인 수	숫자를 포함하는 문자열, 종료 위치의 주소, 수치의 진수(2진수나 16진수)
반환값	변환된 값. 변환할 수 없는 경우 0
기 능	숫자를 포함한 문자열을 부호 없는 정수 값으로 변환

div

division

함수형	div_t div(int num, int denom);
인 수	나누어지는 수, 나누는 수
반환값	나눗셈의 결과
기 능	몫과 나머지를 동시에 계산
구조체	div_t 구조체(int quot 몫과 int rem 나머지)
보 충	이 함수보다 /나 % 연산자를 사용하는 것을 추천한다

ldiv

long integer division

함수형	ldiv_t ldiv(long num, long denom);
인 수	나누어지는 수, 나누는 수
반환값	나눗셈의 결과
기 능	몫과 나머지를 동시에 계산
구조체	ldiv_t 구조체(long quot 몫과 long rem 나머지)
보 충	이 함수보다 연산자 /나 %를 사용하는 것을 추천한다

rand

random

함수형	int rand(void);
반환값	랜덤 값. 범위는 프로세서에 따라 다르다
기 능	난수를 얻는다
사용법	#define RANDOM (MIN, MAX) ((MIN) + (int) (rand () / (float) RAND_MAX * ((MAX) - (MIN) +1)))처럼 작성하면 min ~ max 사이의 난수를 얻을 수 있다

srand *seed random*

함수형	void srand(unsigned int seed);
인 수	난수 계열의 초깃값
기 능	난수 계열의 초깃값을 제공한다
사용법	srand ((unsigned int) time (0));을 자주 쓴다

exit

함수형	void exit(int n);
인 수	종료 코드. 일반적으로 EXIT_SUCCESS는 정상 종료, EXIT_FAILURE는 이상 종료
기 능	프로그램을 종료시킨다

abort

함수형	void abort(void);
기 능	프로그램을 이상 종료시킨다.
보 충	오류가 발생했을 때 종료에 사용한다

atexit *attach exit*

함수형	int atexit(void (*func)(void));
인 수	함수 주소
반환값	성공한 경우 0, 실패한 경우 0 이외
기 능	프로그램 종료 시 실행하는 함수를 등록한다

getenv *get environment*

함수형	char *getenv(const char *name);
인 수	이름
반환값	값을 포함하는 문자열의 시작 주소. 없는 경우 NULL
기 능	환경 변수를 취득한다

bsearch

함수형
```
void *bsearch(const void *key,
              const void *base,
              size_t nmemb,
              size_t size,
              int (*compar)(const void *x, const void *y));
```

인 수   찾는 값, 배열 첫 번째, 검색 수, 요소 하나의 크기, 비교 함수 주소

반환값   찾은 요소의 주소. 없는 경우 NULL

기 능   이진 검색을 실행. 데이터는 오름차순으로 정렬되어야 한다

비 교   비교 함수는 x > y의 경우는 양수, x = y인 경우는 0, x < y인 경우는 음수를 반환한다

qsort

함수형
```
void qsort(void *base,
           size_t nel,
           size_t width,
           int (*compar)(const void *x, const void *y));
```

인 수   배열의 첫 번째, 정렬 개수, 요소 하나의 크기, 비교 함수 주소

기 능   배열을 오름차순으로 정렬한다. 퀵 정렬을 사용하는 경우가 많다

비 교   비교 함수는 x> y의 경우 양수, x = y인 경우는 0, x <y는 음수를 반환한다

system

함수형   `int system(const char *string);`

인 수   명령 문자열

반환값   프로세서의 명령 의존. 명령을 실행할 수 없는 경우 -1

기 능   프로세서가 준비하고 있는 명령을 실행한다

보 충   당연하지만 명령은 프로세서가 다르면 호환성이 없다. NULL을 지정하면 명령이 사용
할 수 없는 환경에서는 0을 반환한다

B.3 문자 처리 <ctype.h>

한 문자를 처리하는 함수군이다. 대부분 매크로로 수행된다.

isalpha
is alphabet

함수형	int isalpha(int c);
인 수	문자
반환값	문자가 알파벳이라면 0 이외, 다른 경우 0
기 능	문자가 알파벳인지 판단한다

isupper
is upper case

함수형	int isupper(int c);
인 수	문자
반환값	문자가 영어 대문자이면 0 이외, 다른 경우 0
기 능	문자가 영어 대문자인지 판단한다

islower
is lower case

함수형	int islower(int c);
인 수	문자
반환값	문자가 영어 소문자이면 0 이외, 다른 경우 0
기 능	문자가 영어 소문자인지 판단한다

isdigit
is digit

함수형	int isdigit(int c);
인 수	문자
반환값	문자가 숫자이면 0 이외, 다른 경우 0
기 능	문자가 숫자인지 판단한다

isspace

함수형 int isspace(int c);

인 수 문자

반환값 문자가 공백 문자라면 0 이외, 다른 경우 0

기 능 문자가 공백 문자인지 판단한다

isalnum

함수형 int isalnum(int c);

인 수 문자

반환값 문자가 알파벳 또는 숫자이면 0 이외, 다른 경우 0

기 능 문자가 알파벳인지 숫자인지 판단한다

iscntrl

함수형 int iscntrl(int c);

인 수 문자

반환값 문자가 제어 문자이면 0 이외, 다른 경우 0

기 능 문자가 제어 문자인지 판단한다

isgraph

함수형 int isgraph(int c);

인 수 문자

반환값 문자가 공백 이외의 인쇄 가능한 문자라면 0 이외, 다른 경우 0

기 능 문자가 공백 이외의 인쇄 가능한 문자인지 판단한다

isprint

함수형 int isprint(int c);

인 수 문자

반환값 문자가 인쇄 가능한 문자라면 0 이외, 다른 경우 0

기 능 문자가 인쇄 가능한 문자인지 판단한다

ispunct

함수형 int ispunct(int c);

인 수 문자

반환값 문자가 구분 문자라면 0 이외, 다른 경우 0

기 능 문자가 구분 문자인지 판단한다.

isxdigit

함수형 int isxdigit(int c);

인 수 문자

반환값 문자가 16진수용 문자라면 0 이외, 다른 경우 0

기 능 문자가 16진수용 문자인지 판단한다

B.4 문자열 처리 <string.h>

주로 문자열 처리를 하는 함수군이다. 일반 메모리 처리와 함께 사용할 수 있는 함수도 많다.

strcpy

함수형 char *strcpy(char *s, const char *t);

인 수 문자 배열, 문자열

반환값 인수의 문자 배열을 그대로 반환

기 능 문자 배열에 문자열을 복사한다. 문자열의 대입에 사용한다

strncpy

함수형 char *strncpy(char *s, const char *t, size_t n);

인 수 문자 배열, 문자열, 최대 복사 문자 수

반환값 인수 문자 배열을 그대로 반환한다

기 능 문자 배열에 지정 문자 수만큼 문자열을 복사한다

주 의 문자 수가 많은 경우에는 널 문자를 추가하지 않는다. 반드시 s[n] = '\0';으로 널 문자를 추가한다.

strcat
string concatenate

함수형	char *strcat(char *s, const char *t);
인 수	문자 배열, 문자열
반환값	인수의 문자 배열을 그대로 반환한다
기 능	문자 배열 뒤의 문자열을 연결한다

strncat
string n concatenate

함수형	char *strncat(char *s, const char *t, size_t n);
인 수	문자 배열, 문자열, 최대 연결 문자수
반환값	인수의 문자 배열을 그대로 반환한다
기 능	문자 배열 뒤의 지정 문자수만큼 문자열을 연결한다

strlen
string length

함수형	size_t strlen(const char *s);
인 수	문자열
반환값	문자열 길이. 널 문자는 포함하지 않는다
기 능	문자열 길이를 반환한다

strcmp
string compare

함수형	int strcmp(const char *s, const char *t);
인 수	문자열 1, 문자열 2
반환값	문자열 1이 큰 경우는 양수, 같은 경우는 0, 문자열 2가 큰 경우는 음수
기 능	문자열 1과 문자열 2를 비교한다.

strncmp
string n compare

함수형	int strncmp(const char *s, const char *t, size_t n);
인 수	문자열 1, 문자열 2, 비교 문자 수
반환값	문자열 1이 큰 경우는 양수, 같은 경우는 0, 문자열 2가 큰 경우는 음수
기 능	문자열을 지정 문자 수만큼 비교한다

strchr

함수형 char *strchr(const char *s, int c);

인 수 문자열, 문자

반환값 발견된 위치 주소. 발견되지 않는 경우 NULL

기 능 문자열 첫 번째부터 문자를 검색한다

strrchr

함수형 char *strrchr(const char *s, int c);

인 수 문자열, 문자

반환값 발견된 위치 주소. 발견되지 않는 경우 NULL

기 능 문자열 뒤에서부터 문자를 검색한다

strcspn

함수형 size_t strcspn(const char *s, const char *t);

인 수 대상 문자열, 검색 문자열

반환값 발견된 위치까지의 문자 수

기 능 대상 문자열 중에서 검색 문자열에 포함되는 문자를 검색한다

strspn

함수형 size_t strspn(const char *s, const char *t);

인 수 대상 문자열, 검색 문자열

반환값 발견되지 않는 위치까지의 문자 수

기 능 대상 문자열 안에서 검색 문자열에 포함되는 않는 문자를 검색한다

strpbrk

함수형 char *strpbrk(const char *s, const char *t);

인 수 대상 문자열, 검색 문자열

반환값 발견한 처음 문자의 포인터. 발견되지 않는 경우는 NULL

기 능 대상 문자열의 첫 번째부터 검색 문자열에 포함하는 문자를 검색한다

strstr

string string

함수형   char *strstr(const char *s, const char *t);

인 수   대상 문자열, 검색 문자열

반환값   발견한 위치의 포인터. 발견되지 않는 경우는 NULL

기 능   대상 문자열에서 검색 문자열을 검색한다

strtok

string token

함수형   char *strtok(char *s, const char *t);

인 수   문자 배열, 구분 문자열

반환값   구분된 단어에 대한 포인터. 발견되지 않는 경우 NULL

기 능   문자 배열을 구분 문자열에 포함된 문자가 있는 위치에서 구분. 문자 배열을 NULL로
호출하면 다음 단어를 취득할 수 있다

strerror

string error

함수형   char *strerror(int n);

인 수   오류 번호

반환값   오류 메시지가 저장된 배열. 해당 오류가 없는 경우는 빈 문자열

기 능   오류 메시지를 취득한다

주 의   취득한 배열 내용은 변경하지 않도록 한다

memcpy

memory copy

함수형   void *memcpy(void *dest, const void *source, size_t count);

인 수   복사 대상, 복사 원본, 복사 크기

반환값   인수의 복사 대상을 반환한다

기 능   메모리 내용을 복사한다. 복사 영역이 겹치면 결과가 제대로 나오지 않는다

memmove

함수형   void *memmove(void *dest, const void *source, size_t count);

인 수   복사 대상, 복사 원본, 복사 크기

반환값   인수의 복사 대상을 반환한다

기 능   메모리 내용을 복사한다. 복사 영역이 겹쳐도 문제없다

보 충   이름에 move가 포함되어 있으나 이동을 의미하는 것이 아니므로 주의

memset

함수형   void *memset(void *addr, int byte, size_t count);

인 수   배열, 수치, 대입 크기

반환값   인수 배열을 그대로 반환한다

기 능   메모리 내용의 지정 크기만큼 요소 모두에 수치를 대입한다. 문자에도 사용할 수 있다

memcmp

함수형   int memcmp(const void *addr1,
                  const void *addr2,
                  size_t n);

인 수   배열 1, 배열 2, 비교 크기

반환값   배열 1이 크면 양수, 같으면 0, 배열 2가 크면 음수

기 능   메모리끼리 비교한다. 문자열 비교도 가능하다

memchr

함수형   void *memchr(const void *addr, int byte, size_t count);

인 수   배열, 1바이트 수치, 검색하는 크기

반환값   발견된 위치 주소. 발견되지 않는 경우 NULL

기 능   메모리 안에서 수치를 검색한다. 한 문자 검색에도 사용할 수 있다

B.5 숫자 함수 <math.h>

기본적인 수학 함수군이다. 각도는 라디안으로 표시되며, 도를 라디안으로 변환하는 수식은 다음과 같다.

라디안 = (도 × 3.14159 ÷ 180)

fabs
floating point absolute

함수형	double fabs(double x);
인 수	실수 값
반환값	절댓값
기 능	절댓값을 계산한다

sqrt
square root

함수형	double sqrt(double x);
인 수	임의의 실수 값
반환값	제곱근
기 능	제곱근을 계산한다

pow
power

함수형	double pow(double x, double y);
인 수	제곱 값, 지수
반환값	x의 y 제곱 값
기 능	제곱을 구한다

fmod
floating point modulus

함수형	double fmod(double x, double y);
인 수	나누어지는 수, 나눈 수
반환값	나머지
기 능	실수 값의 나머지를 구한다

sin

sine

함수형   double sin(double x);

인 수   라디안 단위의 각도

반환값   사인 값

기 능   사인을 계산한다

cos

cosine

함수형   double cos(double x);

인 수   라디안 단위의 각도

반환값   코사인 값

기 능   코사인을 계산한다

tan

tangent

함수형   double tan(double x);

인 수   라디안 단위의 각도

반환값   탄젠트 값

기 능   탄젠트를 계산한다

acos

arc cosine

함수형   double acos(double x);

인 수   코사인 값

반환값   아크코사인(라디안) 값

기 능   아크코사인을 계산한다

asin

arc sine

함수형   double asin(double x);

인 수   사인 값

반환값   아크사인(라디안) 값

기 능   아크사인을 계산한다

atan

함수형	double atan(double x);
인 수	탄젠트 값
반환값	아크탄젠트(라디안)값
기 능	아크탄젠트를 계산한다. 값은 'π ÷ 2' 범위 사이에 있다

atan2

함수형	double atan2(double y, double x);
인 수	세로 값, 가로 값
반환값	아크탄제트(라디안) 값
기 능	아크탄젠트를 계산한다. 값은 π의 범위가 된다. 인수 x가 0이라도 계산할 수 있다

sinh

함수형	double sinh(double x);
인 수	라디안 단위의 각도
반환값	하이퍼볼릭 사인 값
기 능	하이퍼볼릭 사인 값을 계산한다. (exp(x) – exp(-x)) / 2와 같다

cosh

함수형	double cosh(double x);
인 수	라디안 단위의 각도
반환값	하이퍼볼릭 코사인 값
기 능	하이퍼볼릭 코사인 값을 계산한다. (exp(x) + exp(-x)) / 2와 같다

tanh

함수형	double tanh(double x);
인 수	라디안 단위의 각도
반환값	하이퍼볼릭 탄젠트 값
기 능	하이퍼볼릭 탄젠트 값을 계산한다. sinh (x) / cosh (x)와 같다

ceil   *ceiling*

함수형   double ceil(double x);

인 수   임의의 실수 값

반환값   입력 값 이상의 정수 값

기 능   실수 값을 정수 값으로 반올림

floor

함수형   double floor(double x);

인 수   임의의 실수 값

반환값   입력 값 이하의 정수 값

기 능   실수 값을 정수 값으로 반올림

exp   *exponential*

함수형   double exp(double x);

인 수   실수 값

반환값   자연 로그 밑의 x 제곱 값

기 능   지수를 계산한다

log   *logarithm*

함수형   double log(double x);

인 수   임의의 실수 값

반환값   자연로그 값

기 능   자연로그를 구한다

log10   *logarithm10*

함수형   double log10(double x);

인 수   임의의 실수 값

반환값   상용로그 값

기 능   상용로그를 구한다

modf

mod fractional

함수형   double modf(double x, double *ip);

인 수   임의의 실수 값, 반환되는 정수부 값

반환값   소수부 값

기 능   실수 값을 정수부와 소수부로 나눈다

frexp

fraction exponential

함수형   double frexp(double x, int *p);

인 수   임의의 실수 값, 반환되는 지수부 값

반환값   가수부 값

기 능   부동소수점 값의 지수부와 가수부를 구한다

ldexp

load exponential

함수형   double ldexp(double x, int p);

인 수   가수부, 지수부

반환값   합성된 부동소수점 값

기 능   가수부와 지수부에서 부동소수점 값을 구한다

B.6 시간 <time.h>

시간을 다루는 함수군이다. 이 함수들은 유닉스 시절부터 세계 협정 시간(UTC)인 1970년 1월 1일 0시 0분 0초를 기준으로 하고 있다. 여기서는 1970년 1월 1일 0시 0분 0초를 기준 시간으로 표기한다.

time

함수형   time_t time(time_t *t);

인 수   시간을 저장하는 변수 주소

반환값   기준 시간에서 경과 시간(초 단위)

기 능   현재 시간을 표준 시간에서 경과 시간을 초로 반환한다

보 충   인수를 NULL로 호출하고 반환값만을 취득할 수 있다. 환경에 따라서는 초 이외의 단위를 사용할 수도 있다

clock

함수형	clock_t clock(void);
인 수	없음
반환값	사용 프로세스 시간
기 능	프로그램이 사용한 프로세스 시간을 반환한다
보 충	clock() / CLOCKS_PER_SEC로 하여 초 단위의 값을 얻을 수 있다
주 의	멀티 스레드 환경에서는 경과 시간(초 단위)이 달라질 수 있다

difftime   *difference time*

함수형	double difftime(time_t t1, time_t t2);
인 수	기준 시간 경과 시간(초 단위) 1, 표준 시간에서 경과 시간(초 단위) 2
반환값	두 개의 경과 시간(초 단위)의 차
기 능	시간 차를 계산한다. 환경에 따라서는 초 이외의 단위도 사용할 수 있다

localtime   *local time*

함수형	struct tm *localtime(const time_t *t);
인 수	기준 시간의 경과 시간(초 단위)
반환값	초수를 국내 시간 정보로 변환한 구조체
기 능	기준 시간 경과 시간(초 단위)를 국내 시간으로 변환한다
주 의	반환값은 시스템 전체에서 공유한 메모리 영역이기 때문에 반드시 별도 선언한 구조체에 복사할 필요가 있다

gmtime   *Greenwitch Mean Time*

함수형	struct tm *gmtime(const time_t *t);
인 수	기준 시간의 경과 시간(초 단위)
반환값	초수를 세계 표준시간 정보로 변환한 구조체
기 능	기준 시간 경과 시간(초 단위)를 세계 표준 시간으로 변환한다
주 의	반환값은 시스템 전체에서 공유한 메모리 영역이기 때문에 반드시 별도 선언한 구조체에 복사할 필요가 있다

asctime

함수형	char *asctime(const struct tm *tm);
인 수	시간을 저장한 구조체
반환값	시간을 변환한 문자열의 선두 주소
기 능	시간을 Wed Feb 17 20:14:04 1988 같은 문자열로 변환한다
주 의	반환값은 시스템 전체에서 공유한 메모리 영역이기 때문에 반드시 별도 선언한 구조체에 복사할 필요가 있다

ctime

함수형	char *ctime(const time_t *t);
인 수	기준 시간 경과 시간(초 단위)
반환값	시간을 변환한 문자열의 선두 주소
기 능	시간을 Wed Feb 17 20:14:04 1988 같은 문자열로 변환한다
주 의	반환값은 시스템 전체에서 공유한 메모리 영역이기 때문에 반드시 별도 선언한 구조체에 복사할 필요가 있다

strftime

함수형	size_t strftime(char *s, 　　　　　　　 size_t smax, 　　　　　　　 const char *fmt, 　　　　　　　 const struct tm *tp);
인 수	문자 배열, 문자 배열 크기, 시간 서식 지정 문자열, 시간을 저장한 구조체
반환값	배열에 쓴 문자 수. 실패한 경우 0
기 능	시간을 지정한 서식대로 문자열로 반환한다

B.7 제어

주로 프로그램 제어를 하는 함수군이다. 이들은 각각 헤더 파일이 다르다.

<assert.h>를 필요로 하는 함수들

assert

함수형	void assert(int expression);
인 수	진단할 변수 값
반환값	없음
기 능	디버깅을 위해 진단을 실시한다
보 충	인수에 지정한 값이 0인 경우 실행 중인 소스 파일명과 행 번호를 표시하고 강제 종료한다. NDEBUG 상수를 정의해 두면 컴파일러 단계에서 제외된다

<signal.h>를 필요로 하는 함수군

raise

함수형	int raise(int sig);
인 수	송신하는 신호 값
반환값	성공한 경우 0, 실패한 경우 0 이외
기 능	프로그램에 신호를 송신한다

signal

함수형	void (*signal(int sig, void (*handler)()))();
인 수	설정할 신호 값, 신호를 처리하는 함수 주소
반환값	이전에 설정된 함수 주소. 실패한 경우 SIG_ERR
기 능	신호를 처리하는 함수를 설정한다

<setjmp.h>를 필요로 하는 함수군

setjmp
set jump

함수형   int setjmp(jmp_buf env);

인 수   점프할 곳의 상태를 저장하는 변수 주소

반환값   longjmp로 돌아왔을 때의 값. 처음 호출됐을 때는 0

기 능   longjmp 함수에 준비된 상태를 보존한다

주 의   프로그램 흐름을 망칠 수 있는 함수이므로 불가피한 상황이 아니라면 사용하지 않는다

longjmp
long jump

함수형   void longjmp(jmp_buf env, int val);

인 수   점프할 곳의 상태가 저장된 변수 주소, 임의의 반환값

반환값   없음

기 능   함수 밖의 넓은 범위로 갈 수 있다

주 의   프로그램 흐름을 망칠 수 있는 함수이므로 불가피한 상황이 아니라면 사용하지 않는다

∧SCII 코드 표

	0	1	2	3	4	5	6	7
0	NUL	DEL	SP	0	@	P	`	p
1	SOH	DC1	!	1	A	Q	a	q
2	STX	DC2	"	2	B	R	b	r
3	ETX	DC3	#	3	C	S	c	s
4	EOT	DC4	$	4	D	T	d	t
5	ENQ	NAK	%	5	E	U	e	u
6	ACK	SYN	&	6	F	V	f	v
7	BEL	ETB	'	7	G	W	g	w
8	BS	CAN	(	8	H	X	h	x
9	HT	EM	)	9	I	Y	i	y
10	LF	SUB	*	:	J	Z	j	z
11	VT	ESC	+	;	K	[	k	{
12	FF	FS	,	<	L	₩	l		
13	CR	GS	–	=	M	]	m	}
14	SO	RS	.	>	N	^	n	~
15	SI	US	/	?	O	_	o	DEL

열이 상위 3비트를, 행이 하위 4비트를 의미한다. A가 16진수라면 0x41번, 결국 10진수에서는 $4 \times 16^1 + 1 \times 16^0 = 65$번이 된다.

ΛSCII 코드 표 활용법

- 대문자 ASCII 값에 32(0x20)를 추가하면 소문자로 변환할 수 있다.

  예) A는 16진수로 하면 0x41번

    0x41 + 0x20 = 0x61

    0x61번은 a

- 숫자 48(0x30)을 빼면 해당 값이 얻어진다.

  예) 숫자 1은 16진수로 하면 0x31번

    0x31 - 0x30 = 0x01

    0x01은 수치 1

연습문제
정답

C programming

1장 연습문제 정답

개념

1. 함수

2. (책마다 다른 용어를 쓰기도 하므로 단어가 조금 다르더라도 정답으로 볼 수 있다.)

> 🖥 프로그램 1.7

```
형명 함수명 (인수) {처리}
```

3. 컴파일러. 컴파일은 번역 작업 자체를 말하는 것이므로 오답이다.

프로그램 만들기

4. 다음과 같이 작성한다. (여기서는 컴파일만 가능하다면 정답으로 볼 수 있다.)

> 🖥 프로그램 1.8

```
int main(void) {return 0;}
```

주관식

5. C 언어 함수는 순서 개념이 없으므로 순서 없이 사용해도 되지만, 처음 사용하는 함수가 어떤 함수인지 알 수 없기 때문에 처음 함수의 이름은 main으로 정해져 있다. 순서에 대해 언급하지 않았다면 감점이다.

2장 연습문제 정답

개념

1. 토큰(단어)
2. 프리 포맷(자유 서식)
3. 구별한다.

4. 들여쓰기

5. 주석

프로그램 만들기

6. 다음과 같이 작성한다.

 프로그램 2.11

```
int main(void)
{
    return 0;
}
```

3장 연습문제 정답

개념

1. printf 함수. 그 밖에도 puts등 여러 가지가 있지만, printf 함수가 기본이다.

2. #include <stdio.h>도 정답으로 간주한다.

전처리 지시자	#include
파일명	stdio.h

3. 이스케이프 시퀀스

프로그램 읽기

4. return에서 함수가 끝나므로 그 이후는 실행되지 않는다.

☑ 실행 결과

```
The pen is mightier
Than the sword
```

5. 줄바꿈 여부와 어디서 이스케이프되는지를 확인한다.

☑ 실행 결과

```
C Language
₩n is NewLine Symbol ₩t is Tab Symbol
```

프로그램 만들기

6. ₩t를 사용하지 않고 공백으로 맞춰도 상관없지만 ₩t를 사용하는 것이 편하다. 문장 끝의 줄바꿈 (₩n)은 고급 개발자라도 쉽게 잊으니 주의하길 바란다.

🖥 프로그램 3.14

```c
#include <stdio.h>

int main(void)
{
    printf("Intel₩t: Core i7₩n");
    printf("AMD₩t: Phenom Ⅱ₩n");
    return 0;
}
```

4장 연습문제 정답

개념

1. 문자열 리터럴
2. *('애스터리스크'로 읽음)
3. /
4. 부동소수점

프로그램 읽기

5. 정수의 나눗셈은 반올림이 아니라 버림한다는 사실에 주의한다. 실수 답은 소수점 이하 두 자리까지 맞으면 정답으로 본다.

```
2
2.857143
```

6. 16진수 및 8진수도 수이므로 계산할 수 있다. 앞에 0이 붙으면 8진수이므로 주의가 필요하다.

☑ 실행 결과

```
93
19
150
```

프로그램 만들기

7. 나눗셈과 나머지 기호가 틀려도 정답이다. 식을 문자열로 표시하더라도 정답으로 간주하되, 앞으로는 형식 지정자를 많이 사용하기 때문에 이 방식에 익숙해져야 한다. 계산을 수행하지 않고 답을 문자열로 표시한 경우는 오답이다.

🖥 프로그램 4.15

```
#include <stdio.h>

int main(void)
{
    printf("%d / %d = %d ... %d\n", 40, 13, 40 / 13, 40 % 13);
    return 0;
}
```

주관식

8. 반올림을 실행하면 '몫×나누는 수'를 수행했을 때 그 결과가 원래 나눠지는 수보다 커지는 모순이 발생하므로.

개념

1. 변수 선언('변수'도 정답으로 간주)

2. 대입

3. 증가 연산자

프로그램 읽기

4. %5d를 지정했기 때문에 앞 부분에 두 자리 공백이 들어 있다.

 실행 결과

```
  120
```

프로그램 만들기

5. 변수를 사용하지 않고 풀어도 좋지만, 사용한다면 나중에 변경하기 편하다. 명시적 형 변환을 잊었을 경우 감점한다. 답을 실수로 표시한 경우 감점한다. 계산 방법에 따라 답이 조금 다를 수 있으므로 ±1원 이내는 정답으로 간주한다.

🖥 프로그램 5.18

```c
#include <stdio.h>

int main(void)
{
    int juice,milk,money,payment,change;
    double tax;

    juice = 198;
    milk = 138;
    money = 1000;
    tax = 1.05;

    payment = (int)((juice + milk * 2) * tax);
    change = money - payment;
```

```
    printf("%d원\n",change);

    return 0;
}
```

503원

주관식

6. 소수점 이하의 수치가 잘릴 것을 방지하기 위해

6장 연습문제 정답

개념

1. scanf 함수(이외에도 여러 함수가 있다.)

2. &

프로그램 읽기

3. 삼각형의 면적을 계산하는 프로그램이다. 변수명(base, height, area)과 처리 내용(base × height ÷ 2)을 통해 알 수 있다.[1] 기계적으로 프로그램을 읽지만 말고, 프로그램의 의미도 함께 읽을 수 있도록 하자.

프로그램 만들기

4. 여기에서는 10% 할인에 0.9를 곱하는 방법을 사용하지만, 10% 할인임을 더욱 분명하게 나타내고 싶다면 (int)(price * (1 - 0.1))을 사용하면 좋을 것이다. 각각의 할인마다 별도의 변수를 만들어 대입하거나 결과가 실수로 나와도 상관없다. 계산 방법에 따라 결과는 다를 수 있다. 다만, scanf 함수에서 변수에 붙이는 &를 빠트리지 않게 주의하라.

---

1 base: (도형의) 밑변, height: (도형의) 높이, area: (도형의) 면적

프로그램 6.7

```c
#include <stdio.h>

int main(void)
{
    int price;

    printf("정가를 입력해 주세요. :");
    scanf("%d",&price);

    printf("10%할인 = %d원\n", (int)(price * 0.9));
    printf("30%할인 = %d원\n", (int)(price * 0.7));
    printf("50%할인 = %d원\n", (int)(price * 0.5));
    printf("80%할인 = %d원\n", (int)(price * 0.2));

    return 0;
}
```

주관식

5. scanf 함수에서 입력한 내용이 실수인지 아니면 의도한 것인지 확인할 수 없기 때문이다.

7장 연습문제 정답

개념

1. 참(true)

2. 거짓(false)

3. 블록(또는 복합문)

프로그램 읽기

4. 입력값이 홀수인지 짝수인지를 표시하는 프로그램. O는 odd(홀수)의 약자이며, E는 even(짝수)의 약자다. %는 나머지(remainder)를 계산하는 연산자이고, 마지막 printf 함수는 줄바꿈을 위해 사용한다.

5. 여기에서는 입력한 연도가 2로 나누어떨어지면 올림픽이 개최된 해로 판단하였으며, 4로 나누어떨어지면 하계 올림픽이 개최된 해로 판단했다. 다른 계산 방법으로 프로그램을 작성해도 좋다. 계산이 실행되면 정답으로 간주한다. 계산하지 않고 연도를 그대로 비교하는 것은 오답이다.

🖥️ 프로그램 7.13

```c
#include <stdio.h>

int main(void)
{
    int year;

    printf("연도를 입력해 주세요. :");
    scanf("%d", &year);

    if (year % 4 == 0) printf("하계올림픽\n");
    if (year % 2 == 0 && year % 4 != 0) printf("동계올림픽\n");
    if (year % 2 != 0) printf("올림픽 없음\n");

    return 0;
}
```

주관식

6. if문에서 0 이외 수치는 모두 참으로 판단하므로 음수 값도 실행된다.

8장 연습문제 정답

개념

1. else문

2. else-if문

3. switch문(또는 switch-case문)

4. 연도를 입력하면 해당 연도의 올림픽 개최 여부를 표시한다. (7장 연습문제 **5**를 if-else문으로 고쳤을 뿐이다.)

5. if문도 좋지만 많은 분기가 있는 경우 switch문이 적합하다. default문이 없으면 감점한다.

🖥️ 프로그램 8.13

```c
#include <stdio.h>

int main(void)
{
    int month;

    printf("달을 입력하세요. :");
    scanf("%d", &month);

    switch (month) {
    case 1:
        printf("Jan\n");
        break;
    case 2:
        printf("Feb\n");
        break;
    case 3:
        printf("Mar\n");
        break;
    case 4:
        printf("Apr\n");
        break;
    case 5:
        printf("May\n");
        break;
    case 6:
        printf("Jun\n");
        break;
    case 7:
        printf("Jul\n");
        break;
    case 8:
        printf("Aug\n");
```

```
            break;
        case 9:
            printf("Sep\n");
            break;
        case 10:
            printf("Oct\n");
            break;
        case 11:
            printf("Nov\n");
            break;
        case 12:
            printf("Dec\n");
            break;
        default:
            printf("그런 달은 없다.\n");
            break;
    }

    return 0;
}
```

6. switch문은 어디까지나 case문으로 이동하는 기능을 수행하므로 break문을 추가하여 각 case문의 끝에서 switch문 전체를 빠져나갈 수 있도록 해야 한다. 그러나 각 case문 처리에 공통점이 있는 경우에는 break문 없이 연결해도 좋다.

9장 연습문제 정답

1. 카운트 변수(또는 루프 변수)
2. 무한 루프

3. 가격을 입력하면 10~90%까지의 할인 가격을 표시하는 프로그램. (10.0 – i)에서 할인율을 구하고 그것을 10으로 나누어 계산용 할인율을 구할 수 있다.

4. 줄마다 줄바꿈을 위해 print("₩n")을 사용한다. for문은 물론 다른 구문도 컴퓨터 메모리에 문제가 없는 범위에서 중복하여 사용할 수 있다.

🖥 프로그램 9.7

```
#include <stdio.h>

int main(void)
{
    int x,y;

    for (x = 1;x <= 9;x++) {
        for (y = 1;y <= 9;y++) {
            printf(" %2d ", x * y);
        }
        printf("₩n");
    }

    return 0;
}
```

주관식

5. 처음 변수에 1를 넣고 그 변수를 매번 1씩 증가시켜 변수 값이 반복 횟수보다 커졌을 때 루프를 종료시켜 정해진 횟수의 루프를 구현한다.

10장 연습문제 정답

개념

1. 사전 검사(pre-test)

2. 사후 검사(post-test)

프로그램 읽기

3. 연 금리 1%의 은행에 10,000원을 맡긴 경우 원금 10,000원이 15,000원이 되기까지 몇 년이 걸리는지 표시하는 프로그램

4. 다음과 같이 작성한다.

🖳 프로그램 10.6

```
#include <stdio.h>

int main(void)
{
    int score;

    do {
        printf("점수를 입력하세요. :");
        scanf("%d", &score);
    } while (score < 0 || score > 100);

    printf("입력한 점수 %d\n", score);

    return 0;
}
```

재입력을 요구하는 메시지를 표시하고 싶다면 다음과 같이 하면 된다. 변수 score 값이 0인지 검사하여 처음 입력인지 재입력인지 판단한다. score에 0이 입력되면 루프에서 빠져나오기 때문에 입력을 검사하는 조건과 겹치지 않는다.

🖳 프로그램 10.7

```
#include <stdio.h>

int main(void)
{
    int score = 0;

    do {
        if (score != 0) printf("0~100의 범위에서 입력해 주세요. \n");
        printf("점수를 입력해 주세요. :");
        scanf("%d", &score);
    } while (score < 0 || score > 100);

    printf("입력한 점수 %d\n",score);

    return 0;
}
```

5. do-while문은 사후 검사로 처음에 반드시 1회는 실행되기 때문에 입력 검사를 할 수 있다.

11장 연습문제 정답

개념

1. 프로토타입 선언

2. 가인수

3. 실인수

4. 반환값

프로그램 읽기

5. 삼각형의 면적을 계산하는 함수

프로그램 만들기

6. olympic 함수의 반환값을 개회 여부에 대응시켰다. 프로토타입 선언을 잊기 쉬우므로 주의한다.

🖳 프로그램 11.15

```c
#include <stdio.h>

int olympic(int year); /* 프로토타입 선언 */

int main(void)
{
    int year,hold;

    scanf("%d", &year);
    hold = olympic(year);

    switch (hold) {
    case 0:
        printf("열리지 않는다.\n");
        break;
    case 1:
```

```
        printf("하계올림픽\n");
        break;
    case 2:
        printf("동계올림픽\n");
        break;
    };

    return 0;
}

int olympic(int year)
{
    if (year % 2 == 0) {
        if (year % 4 == 0) {
            return 1;
        } else {
            return 2;
        }
    } else {
        return 0;
    }

}
```

* hold: 보유하다(여기서는 데이터 전달에 사용된다는 의미로 이해하자.)

주관식

7. 기능별로 함수를 만든 다음 이를 조합하여 프로그램 전체를 완성할 수 있으므로 대규모 프로그램도 만들기가 쉬워진다.

12장 연습문제 정답

개념

1. 지역 변수
2. 전역 변수
3. 정적 지역 변수

4. 다음과 같이 구분한다.

지역 변수	전역 변수	정적 지역 변수
count	public	arc

5. 전역 변수의 기본 값은 0이다.

☑ 실행 결과

```
0
```

주관식

6. 다른 함수와 같은 변수명을 사용하는지 신경 쓰지 않고 함수를 만들 수 있도록.

13장 연습문제 정답

개념

1. 배열

프로그램 읽기

2. 배열 전체 요소의 평균값을 계산한다.

3. for문을 역순으로 반복 수행하고 있음을 주의해라.

☑ 실행 결과

```
19 : 75 : 13 : 79 : 42 : sum = 228
```

프로그램 만들기

4. 다음과 같이 작성한다.

```
#include <stdio.h>

int main(void)
{
    int data[10];
    int i;

    for (i = 0;i < 10;i++) {
        printf("%d 번째 수치를 입력하십시오 :", i);
        scanf("%d", &data[i]);
    }

    for (i = 9;i >= 0;i--) {
        printf("%d ", data[i]);
    }
    printf("₩n");

    return 0;
}
```

여기에서는 루프를 역순으로 반복 수행하고 있지만, 이해하기 어렵다면 다음과 같은 방법으로 번호만 반복 수행할 수도 있다.

프로그램 13.15

```
for (i = 0;i < 10;i++) {
    printf("%d ", data[9 - i]);
}
```

주관식

5. 번호를 변수로 지정함으로써 많은 변수를 한 번에 만들 수 있다.

개념

1. 문자 코드

2. EOS(또는 종료 문자)

프로그램 읽기

3. 실행 결과는 다음과 같다.

☑ 실행 결과

```
ABCDEFGHIJKLMNOPQRSTUVWXYZ
```

프로그램 만들기

4. 다음과 같이 작성한다.

🖥 프로그램 14.24

```c
#include <stdio.h>
#include <string.h>

int main(void)
{
    char fname[256],lname[256];

    printf("성을 입력하십시오.:");
    scanf("%s",fname);

    printf("이름을 입력하십시오.:");
    scanf("%s",lname);

    strcat(fname,lname);
    printf("전체 이름은 %s\n", fname);

    return 0;
}
```

* fname: first name(성)의 약자. 여기에서는 변수의 역할을 이름에 반영하고 있다.
　lname: last name(이름)의 약자. 여기에서는 변수의 역할을 이름에 반영하고 있다.

여기서는 문자열을 연결하여 표시했지만, 다음과 같이 표시해도 정답으로 간주한다.

💻 프로그램 14.25

```
printf("전체 이름은 %s%s\n", fname, lname);
```

주관식

5. 문자열은 경우에 따라 길이가 다양하기 때문에 길이를 바꿀 수 있는 배열을 이용하여 메모리를 절약할 수 있다.

15장 연습문제 정답

개념

1. 주소

2. 포인터

프로그램 읽기

3. sum 함수의 세 번째 인수가 포인터형 변수로 선언되어 있어서 여기에 주소를 전달하여 변수 내용을 직접 변경할 수 있기 때문이다.

프로그램 만들기

4. 이 문제는 초보자에게 상당히 어려운 문제다. 정답을 천천히 읽어 보자.

💻 프로그램 15.24

```
#include <stdio.h>

void maxmin(int array[], int *max, int *min);

int main(void)
{
    int i = 0, array[10], max, min;

    do {
```

```
        printf("%d 번째수", i + 1);
        scanf("%d", &array[i]);
        i++;
    } while (array[i -1] != -1);

    maxmin(array, &max, &min);

    printf("최댓값 %d : 최솟값 %d\n", max, min);

    return 0;
}
void maxmin(int array[], int *max, int *min)
{
    int i = 0;

    *max = 0;
    *min = 100;

    while (array[i] != -1) {
        if (array[i] > *max) *max = array[i];
        if (array[i] < *min) *min = array[i];
        i++;
    }
}
```

주관식

5. 어떤 변수의 바로 가기 기능이다.

16장 연습문제 정답

개념

1. 구조체

프로그램 읽기

2. typedef를 쓰지 않았다. (또는, 태그명은 struct 다음에 써야 한다.) 덧붙이면, 이 프로그램은 "이름을 알

수 없는 구조체 변수 products"로 인식되기 때문에 오류는 발생하지 않는다. 다음과 같이 사용할 수 있지만 이런 사용법은 권장하지 않는다.

🖥 프로그램 16.22

```c
#include <stdio.h>

struct {
    int id;
} products;

int main(void)
{
    printf("%d", products.id);
    return 0;
}
```

프로그램 만들기

3. 다음과 같이 작성한다. 이 프로그램을 확장하면 간단한 주소록 관리 프로그램을 작성할 수 있다.

🖥 프로그램 16.23

```c
#include <stdio.h>
#include <string.h>

typedef struct {
    char name[256];
    int age;
    int sex;
} People;

void InputPeople(People *data);
void ShowPeople(People data);

int main(void)
{
    People data[3];
    int i;

    for (i = 0;i < 3;i++) {
        InputPeople(&data[i]);
    }
```

```
    for (i = 0;i < 3;i++) {
        ShowPeople(data[i]);
    }

    return 0;
}

void InputPeople(People *data)
{
    printf("이름:");
    scanf("%s", data->name);
    printf("나이:");
    scanf("%d", &data->age);
    printf("성별(1-남성, 2-여성):");
    scanf("%d", &data->sex);
    printf("\n");
}

void ShowPeople(People data)
{
    char sex[16];

    printf("이름:%s\n", data.name);
    printf("나이:%d\n", data.age);

    if (data.sex == 1) {
        strcpy(sex, "남성");
    } else {
        strcpy(sex, "여성");
    }

    printf("성별:%s\n", sex);
    printf("\n");
}
```

* sex: 성별
  InputPeople: '사람의 데이터를 입력한다'는 임의의 표현
  ShowPeople: '사람의 데이터를 표시한다'는 임의의 표현

주관식

4. 구조체를 사용하면 관련 있는 어떤 데이터를 묶어서 관리할 수 있어 편리하기 때문이다.

개념

1. 텍스트 파일

2. 바이너리 파일

프로그램 읽기

3. file.dat 파일에 10,20,30이라는 값이 바이너리 형식으로 쓰여 있다.

프로그램 만들기

4. 다음과 같이 작성한다. 여기서는 문자열 리터럴로 지정하고 있지만 배열 등을 이용해도 좋다. fclose
함수를 잊었다면 감점이다

🖥 프로그램 17.21

```c
#include <stdio.h>

int main(void)
{

    FILE *fp;

    fp = fopen("test.csv", "w");

    fprintf(fp,"번호, 이름, 시험 평균점수\n");
    fprintf(fp, "1, 홍길동, 0\n");
    fprintf(fp, "2, 이순신, 90\n");
    fprintf(fp, "3, 김유신, 40\n");
    fprintf(fp, "4, 신사임당, 70,\n");

    fclose(fp);

    return 0;
}
```

주관식

5. 파일로 저장하면 반영구적으로 보존할 수 있어 파일 편집과 파일 전송이 쉽기 때문이다.

개념

1. 상수

2. 매크로

프로그램 읽기

3. 삼각형 면적을 구하는 매크로

프로그램 만들기

4. enum 상수를 사용하면 수치로 구별하는 것보다 상수의 의미를 파악하기 쉽다.

🖥 프로그램 18.19

```
#include <stdio.h>

int olympic(int year);

enum {
    OLYMIPC_NON,
    OLYMIPC_SUMMER,
    OLYMIPC_WINTER,
};

int main(void)
{
    int year,hold;

    scanf("%d",&year);
    hold = olympic(year);

    switch (hold) {
    case OLYMIPC_NON:
        printf("열리지 않음\n");
        break;
    case OLYMIPC_SUMMER:
        printf("하계올림픽\n");
        break;
```

```
    case OLYMIPC_WINTER:
        printf("동계올림픽\n");
        break;
    };

    return 0;
}

int olympic(int year)
{
    if (year % 2 == 0) {
        if (year % 4 == 0) {
            return OLYMIPC_SUMMER;
        } else {
            return OLYMIPC_WINTER;
        }
    } else {
        return OLYMIPC_NON;
    }

}
```

주관식

5. 이름을 붙이면 알기 쉽고 변경도 편리하다. 게다가 상수는 대입할 수 없기 때문에 값을 잘못 변경하는 일도 없다.

19장 연습문제 정답

개념

1. 동적 배열
2. 힙

프로그램 읽기

3. 동적 배열을 해제하지 않았으므로 메모리 영역이 낭비될 수 있다.

4. 이 프로그램은 InputPeople과 ShowPeople 함수는 변경하지 않지만 InputPeople 함수를 변경하면 더 쉽게 입력할 수 있다. realloc 함수 호출을 줄이기 위해 메모리를 10씩 증가시킨다. free 함수를 호출하지 않았다면 크게 감점한다.

🖵 프로그램 19.5

```c
#include <stdio.h>
#include <string.h>
#include <stdlib.h>

typedef struct {
    char name[256];
    int age;
    int sex;
} People;

void InputPeople(People *data);
void ShowPeople(People data);

int main(void)
{
    int i,count,datasize;
    People *data;

    datasize = 10;
    data = (People*)malloc(sizeof(People) * datasize);

    count = 0;
    while (1) {
        InputPeople(&data[count]);
        if (data[count].age == -1) break;
            count++;

            if (count >= datasize) {
                datasize += 10;
                data = (People*)realloc(data,sizeof(People) * datasize);
            }
    }

        for (i = 0;i < count;i++) {
            ShowPeople(data[i]);
        }
```

```
        free(data);

        return 0;
}

void InputPeople(People *data)
{
    printf("이름:");
    scanf("%s", data->name);
    printf("나이:");
    scanf("%d", &data->age);
    printf("성별(1-남성, 2-여성):");
    scanf("%d", &data->sex);
    printf("\n");
}

void ShowPeople(People data)
{
    char sex[16];

    printf("이름:%s\n", data.name);
    printf("나이:%d\n", data.age);

    if (data.sex == 1) {
        strcpy(sex, "남성");
    } else {
        strcpy(sex, "여성");
    }

    printf("성별:%s\n", sex);
    printf("\n");
}
```

주관식

5. 요소 개수를 프로그램 실행 중에 자유롭게 결정할 수 있기 때문에 메모리를 효율적으로 처리할 수 있다.

개념

1. 헤더 파일

2. 소스 파일

프로그램 만들기

3. 분할에는 다양한 방식이 있다. 모든 #include를 소스 파일에 작성할 수도 있지만, 나는 헤더 파일에 작성하는 것이 수고를 덜 수 있다고 생각한다. 프로토타입 선언 시 extern을 붙이지 않는 경우도 있다. 팀에서 개발하는 경우 그 팀의 규칙을 따르고(그 규칙이 자신에게 맞지 않거나 구식이더라도 팀 개발에서는 규칙 통일이 최우선이다), 개인 개발의 경우에는 자신에게 어울리는 방식을 사용하면 된다.

🖵 프로그램 20.13

```
/* People.h */
#ifndef __PEOPLE_H__
#define __PEOPLE_H__

#include <stdio.h>
#include <string.h>

typedef struct {
    char name[256];
    int age;
    int sex;
} People;

/* 개인데이터를 입력한다. */
extern void InputPeople(People *data);

/* 개인데이터를 표시한다. */
extern void ShowPeople(People data);

#endif
```

```
/* People.c */

#include "People.h"

void InputPeople(People *data)
{
    /* 내용은 같으므로 생략 */
}

void ShowPeople(People data)
{
    /* 내용은 같으므로 생략 */
}
```

주관식

4. 파일을 분할하면 프로그램의 유지보수에 좋으며, 재사용 및 대규모 개발이 편리해진다.

찾아보기